HEYNE BÜCHER

Vom gleichen Autor erschienen
außerdem als Heyne-Taschenbücher

Getreu bis in den Tod · Band 165
Lebensborn E.V. · Band 5171
Kriegsgericht · Band 5283

WILL BERTHOLD

DER GROSSE TRECK

Die Vertreibung aus den deutschen Ostgebieten

WILHELM HEYNE VERLAG
MÜNCHEN

HEYNE-BUCH Nr. 5369
im Wilhelm Heyne Verlag, München

Die Originalausgabe dieses Buches
erschien unter dem Titel
DIE GROSSE FLUCHT

Genehmigte, ungekürzte Taschenbuchausgabe

Printed in Germany 1977
Bildnachweis:
dpa, Frankfurt (3); Eupra Press Service GmbH,
München (13); C. Henrich, Traben-Trarbach (5); Hanns
Hubmann, München (1); Hans Schürer, München (1);
Sudetendeutsches Bildarchiv, München (6); Süddeutscher
Verlag, München (10); Staatsbibliothek (Bildarchiv
Preußischer Kulturbesitz), Berlin (6); Ullstein Bilderdienst,
Berlin (1)
Umschlagfoto: Süddeutscher Verlag, Bilderdienst, München
Umschlaggestaltung: Atelier Heinrichs, München
Gesamtherstellung: Ebner, Ulm

ISBN 3-453-00746-8

TEIL 1

OSTPREUSSEN

Sie kommen, von Norden wie von Osten. Mit Hunderttausenden von Infanteristen und Tausenden von Panzern. Es ist der 16. Oktober 1944, und in weniger als einem Jahr ist die Rote Armee von der Krim bis an die deutsche Grenze gestürmt und drängt nach Ostpreußen, das offen vor ihr liegt wie ein Scheunentor. Die Ernte ist unter Dach, aber kassieren werden sie die Russen oder die Flammen. Der Altweibersommer verwandelt sich in einen blutigen Herbst.

Finnland hat sich den Sowjets ergeben. Bulgarien ist in den Krieg eingetreten. Griechenland wurde geräumt. Rumänien machte Schluß, und die Sowjets rüsten zum Marsch auf Budapest und Wien. Im Norden ist die Kurland-Armee eingeschlossen und kann nur noch über See versorgt werden. Zwar halten in Italien die deutschen Linien im Apennin noch, aber im Westen rasseln Eisenhowers Panzerspitzen in Richtung Trier und Aachen. Die Anglo-Amerikaner machen sich fertig für den Sprung über den Rhein.

Das Ruhrgebiet ist zerstört. Die deutschen Großstädte liegen im Bombenhagel. In einer Lagebesprechung im Führerhauptquartier stellt Generaloberst Guderian fest: »Die Ostfront ist wie ein Kartenhaus; wird sie an einer Stelle durchstoßen, so fällt sie zusammen.« Obwohl damit zu rechnen ist, daß die Sowjets sie an allen Stellen durchbrechen werden, überschlagen sich im Großdeutschen Rundfunk die Siegesmeldungen über die angeblich verheerende Wirkung der V-2-Raketen in der britischen Hauptstadt – aber London ist weit und der Russe nah.

»Vielleicht zwanzig, bestenfalls fünfundzwanzig Kilometer«, sagt Werner Held, Hauptmann und Bataillonskommandeur. Seine Einheit ist in Ostpreußen stationiert, und er ist auf das Gut Zerkaulen zwischen Rominten und Buylien, südlich von Gumbinnen, gekommen, um seinen Schwiegervater zu warnen. »Der Iwan kann vielleicht schon morgen hier sein.«

»So bald?« fragt der alte Zerkaulen erschrocken. Er ist ein Mann Anfang Sechzig mit silbergrauen Haaren und gütigen Augen, deren Blick immer ein wenig nach innen gekehrt wirkt, mehr Privatgelehrter als Gutsbesitzer. Seine Welt ist die Antike. Deshalb hat er auch seinen Töchtern lateinische Namen gegeben: Prisca heißt die älteste, Claudia die zweite und Jucunda das Nesthäkchen.

»Im Norden sind sie durchgebrochen«, erwidert Held müde. »In Memel ist der Teufel los. Heydekrug wurde geräumt. In der Elch-Niederung jagen die T-34 die Zivilisten von den Straßen. Hast du schon erlebt, wie die Tiere verzweifelt um sich schlagen, immer tiefer sinken, die Augen verdrehen und brüllen, brüllen – bis sie ersticken? Und du stehst daneben und kannst nichts tun, und – «

»Werner, bitte –«, sagt Prisca.

»Besser, ihr hört, was draußen vorgeht«, entgegnet der Hauptmann rauh, »als ihr erlebt es.«

Eine Kette von Detonationen unterbricht ihn. Er steht auf, geht ans Fenster. Er zieht den linken Fuß ein wenig nach: ein Souvenir an Kreta, wo er 1941 als Fallschirmjäger eingesetzt war. Jetzt ist die Zeit der ›Grünen Teufel‹ vorbei. Die Elitetruppe, der er angehörte, wird seit langem wegen Spritmangels im Erdeinsatz verheizt. Was blieb, sind die vielen Narben am Körper, die Orden an der Brust und dieses glitzernde Dingsda am Hals, das Ritterkreuz.

Werner ist überraschend gekommen, und er kürzte die Wiedersehensfreude ganz gewaltig ab, küßte Prisca und hob seinen Jungen auf den Arm. Der dreijährige Fabian wollte tapfer sein gegenüber diesem fremden Mann und lächelte ihn ein wenig verkrampft an.

Werner Held hat nur einen Tag Urlaub genommen, denn wenn schon die Panzerfahrzeuge seines Bataillons bloß auf dem Papier vorhanden sind, dann sollte wenigstens der Kommandeur bei seiner Einheit sein. ›Sonderurlaub zwecks Sicherung der bürgerlichen Existenz‹ steht in seinen Marschpapieren – aber ein paar Stunden sind wohl zu wenig, um eine Familie, die in der sechsten Generation auf dem gleichen Grund und Boden lebt, zu überreden, unverzüglich die geliebte Heimat zu verlassen, um das nackte Leben zu retten.

Die Scheiben klirren im Rhythmus der Druckwellen. Am Horizont steigen dunkle Rauchsäulen hoch.

»Was ist das?« fragt die Schwiegermutter erschrocken.

»Luftangriff auf Gumbinnen«, antwortet der Offizier. Die alte Soldatenstadt, das Potsdam Ostpreußens, steht in Flammen.

»Luftangriffe gibt's im Westen viel mehr«, sagt Martha Zerkaulen. »Vielleicht siehst du doch ein bißchen zu schwarz, Werner. Schließlich gibt es ja auch noch den Ostwall.«

»Der hält die Sowjets drei Stunden und drei Minuten auf«, versetzt der Hauptmann sarkastisch. »Drei Stunden brauchen die Iwans zum Lachen, und drei Minuten zum Stürmen.«

Rechts neben ihm sitzt Prisca, die Jugendfreundin, die er heiratete. Eine blonde, ruhige Frau von herber Schönheit. Sie verstehen sich blendend, aber das ist auch keine Kunst, wenn die Gemeinsamkeit von Feldpostbriefen und Genesungsurlauben lebt.

Claudia, links von ihm, ist ganz das Gegenteil ihrer Schwester und eigentlich der Erbsprung in der Familie: braune Augen, dunkle Haare und sogar ein Schuß südländischen Temperaments. Sie ist zwar schon zweiundzwanzig, aber beim Reiten noch immer mehr Junge als Mädchen.

Jucunda, das Nesthäkchen, lebt als Studentin in Königsberg.

»Macht euch nichts vor«, sagt Held. »Die Russen können morgen schon hier sein. Übermorgen ganz bestimmt.«

»Und was sollen wir tun?« fragt der Gutsherr gepreßt.

»Verschwinden«, erwidert sein Schwiegersohn hart. »Und zwar sofort!«

Es ist eine Schlacht mit verkehrten Fronten: Die Jungen, sonst den Parolen der Partei gegenüber aufgeschlossener als die Alten, begreifen, daß es um die Entscheidung über Leben oder Sterben geht. Prisca und Claudia sind sich darüber im klaren, was ihnen droht, wenn sie den Russen in die Hände fallen. Die Eltern erinnern sich noch an das Wunder des Ersten Weltkrieges, als Hindenburg die russische Dampfwalze zertrümmerte, an die hunderttausend Russen in Gefangenschaft führte, und dadurch die Ostfront für die ganze Dauer des Krieges stabilisierte. Aber Hindenburg, der Sieger des Ersten Weltkrieges, wird bald, in seinem Sarkophag aus dem Tannenberg-Mahnmal gerissen, noch im Tode zum Flüchtling des Zweiten Weltkrieges werden. Wenn die Partei schon nicht für die Lebenden sorgt, dann wenigstens für diesen Toten.

»Wir haben ja nicht einmal einen Packbefehl«, sagt der alte Zerkaulen.

»Dann machen wir es ohne«, antwortet Werner Held. »Und zwar gleich jetzt, bevor ich zurück muß.«

Das Bataillon Held ist dreißig Kilometer weiter nordwestlich in Stellung. Der Hauptmann hat es erst vor ein paar Wochen übernommen. Sein eigener Verein war wieder einmal aufgerieben worden. Als Werner hörte, daß die Luftwaffen-Division Hermann Göring in Ostpreußen eingesetzt würde, ließ er sich zu dieser Einheit versetzen. Daß er den Namen Görings jetzt am Ärmel trägt, ist ihm egal, dem Königsberger Professorensohn kommt es nur auf seine Heimat an.

»Die Lage kann nicht so schlimm sein«, leistet Martha Zerkaulen letzten Widerstand. »Sonst hätte die Partei einen Räumungsbefehl gegeben.«

»Hast du eine Ahnung, Mama«, entgegnet Werner. »Ich hab's erlebt. Entweder kommt die Treckerlaubnis überhaupt nicht – oder gleichzeitig mit den Russen.« Er steht auf. »Kommt, Mädchen«, sagt er mit erzwungener Fröhlichkeit und hakt sich bei Frau und Schwägerin unter: »Helft mir!«

Sie gehen zu dritt über den Gutshof, den sie nun verlassen müssen. Der Altweibersommer zieht seine Fäden, die Herbstsonne hängt in den Kronen der Eichen, als könnte auch sie sich nicht vom Gut trennen – so wie die Menschen.

Werner Held schluckt. Er, der Königsberger, ist zwar hier nicht aufgewachsen. Und doch – dieser Abschied fällt auch ihm schwer. Wenn er sich nicht zusammennimmt, wird er noch weich vor Prisca und Claudia, statt ihnen Mut zu machen.

Mit langen Schritten geht er in die Werkstatt. Die Frauen haben Mühe, ihm zu folgen.

Jean, der französische Kriegsgefangene aus der Provence, kommt auf ihn zu. »Isch fertig«, sagt er und zeigt auf sein Meisterwerk. »Très comfortable.«

»Mensch«, sagt Claudia überrascht. »Geländegängige Autoreifen an einem Pferdewagen. Hast du sie organisiert, Werner?«

»Beute«, entgegnet der Schwager mit einem erzwungenen Lächeln. »Selbstgeschossen. Jean wird euch in dieser Luxuskarosse kutschieren. Dich, Prisca und den Jungen.«

»Und die Eltern?« fragt Prisca.

»Für sie wird der zweite Wagen gerade fertiggemacht«, antwortet der Hauptmann.

Er geht um den geräumigen Wagen herum, dessen Seitenteile mit Holz verkleidet sind. Eine wetterfeste Plane wölbt sich wie eine Krinoline darüber. Er nickt zufrieden, zieht einen Wisch aus der Tasche und macht sich auf den Weg zu den Stallungen.

»So, Mädchen«, sagt er, »nun spiel ich den Ortsbauernführer, der liebe Gott mit der Peitsche.« Er horcht einen Moment auf den Gefechtslärm, der näher zu kommen scheint, aber vielleicht ist es nur der Wind. »Zuerst mal die Pferde.« Er liest von seinem Handzettel ab: »Nur gute und ausdauernde Tiere sind zu nehmen. Die

Auswahl der für den Treck vorgesehenen Wagen, Geschirre und Pferde ist an Ort und Stelle durch den Ortsbauernführer zu treffen.«

Der Rappe Kasimir wendet den Kopf zum Hauptmann und wiehert zur Begrüßung. Held klopft ihm auf die Kruppe, geht weiter zu den Fuchsstuten Liese und Hilda, schiebt dem Hengst Jaromir ein Stück Würfelzucker ins Maul. Welche Pferde soll er für den Treck einteilen, welche zurücklassen? Und welche werden das bessere Schicksal haben?

Flucht ist Scheiße, denkt er und hat plötzlich nasse Augen. Er verläßt die Box; er hat noch drei Pferdeställe vor sich, von den Rinderbeständen nicht zu reden.

Die vorgeschobene Provinz Ostpreußen, dieser Balkon über dem Osten, ist die Kornkammer, in der jedes zehnte Brot wächst, das in Deutschland gegessen wird. Und das klassische Land des Pferdes; auf riesigen Weiden, auf den natürlichen Koppeln zwischen Memel und Weichsel, tummeln sich fast eine halbe Million Stuten, Wallache, Hengste und Fohlen. Ganz in der Nähe von Zerkaulen liegt das Hauptgestüt Trakehnen, die berühmte Warmblutzucht. Um den Trakehner, dieses Spitzenprodukt der Pferdezucht, reißt sich seit Jahrhunderten die ganze Welt.

An diesem 16. Oktober hat der Landesstallmeister bereits die Gauleitung beschworen, die Koppeln räumen zu dürfen. Aber Erich Koch, der wildgewordene Kleinbürger mit dem Biergesicht, lehnt ab, während er die Pferde seines eigenen Gestütes Krasne im Kreis Zichenau in Sicherheit bringen läßt.

Der Landesstallmeister bittet, droht, schimpft, versucht es immer wieder.

»Wenn die Russen wirklich kommen«, erwidert der Reichsverteidigungskommissar wörtlich, »können die Pferde ja im Wettlauf mit den roten Panzern ihre Leistungsfähigkeit unter Beweis stellen.«

Auf Räumung ohne Befehl steht die Todesstrafe. Stunden später kommen die Russen. Frauen und Kinder laufen mit den Panzern um ihr Leben. Die meisten schaffen es, aber ihre Väter und Männer, die ihre edlen Pferde nicht im Stich lassen wollen, werden von den Rotarmisten eingeholt und erschossen.

Schwere Kämpfe in den Kreisen Tilsit – Rangsit, Schloßberg, Ebenrode und Goldap. Auch in Angerapp kommt das Trommeln der Front immer näher. Der Landrat gehört zu den Männern, die beim Weltuntergang Haltung bewahren. Er ruft in Königsberg an und drängt auf Räumungserlaubnis.

»Ihr habt wohl die Hosen voll«, erwidert Organisationsleiter Dargel. »Von einem Durchbruch der Russen ist hier nichts bekannt.«

»Sie stehen nur ein paar Kilometer vor uns«, meldet der Landrat: »Ihre Panzer können in einer halben Stunde hier sein.«

»Schießen Sie einfach ein paar Flüchtlinge über den Haufen, um die Disziplin wieder herzustellen. Die Frauen sollen Wasser heiß machen und den Russen auf die Köpfe gießen«, ist die Antwort.

Die Frauen schlachten Geflügel, als brauchte man für die Flucht ohne Gnade nur einen Tagesproviant. Wer ein Schwein schlachtet, riskiert seinen Kopf.

»Was ist mit Roger?« fragt Werner Held den Franzosen Jean nach seinem Kumpel.

»Der schlachtet schon das zweite Schwein«, versetzt der Poilu grinsend.

»Um Gottes willen«, sagt Prisca erschrocken, »Schwarzschlachtung kann ihm den Kopf kosten.«

»Es wird bloß keiner mehr da sein, um ihn zu köpfen«, konstatiert ihr Mann.

Er läßt die beiden Fluchtfahrzeuge mit Matratzen, Decken, Schlafsäcken beladen. Dann beauftragt er seine Frau, alle Urkunden, Personalpapiere, Sparkassenbücher, Wertpapiere, sonstige Dokumente und Schmuckstücke herbeizuschaffen.

»Reservehufeisen brauchen wir noch«, ruft er Jean zu. »Auch Draht, Werkzeuge, Eimer, Sensen, Reservedeichseln.«

»Und ich steh so herum«, beklagt sich Claudia.

»Hör zu«, sagt der Hauptmann. »Du bist die Härteste. Wenn irgend etwas passiert, übernimmst du die Treckführung. Ich weiß, daß ich mich auf dich verlassen kann.« Er verfolgt, wie die Gutsarbeiter Futtermittel herbeischleppen, und fährt fort: »Und jetzt geh und stell eine Hausapotheke zusammen, Claudia. Ich fürchte, ihr werdet sie brauchen.«

Er hakt Stück um Stück von seiner Liste ab, ein unbestechlicher, genauer, ja sturer Lademeister. Nichts Wichtiges darf fehlen, nichts Unwichtiges soll die Wagen belasten.

Als Martha Zerkaulen die wertvolle Standuhr anschleppt, sagt er: »Nein, Mama.«

»17. Jahrhundert –«, protestiert sie. »Ein unersetzliches Stück.«

»Ist ja nur vorübergehend«, antwortet Werner. »Ihr kommt doch wieder zurück.«

Prisca sieht ihren Mann an, der so miserabel lügt. Es ist einer der Gründe, warum sie ihn mag. Aber wer kann schon überzeugend lügen, wenn es darum geht, Heim und Hof aufzugeben? Die Heimat wirft man nicht weg wie zerrissene Socken. Heimat ist, wo man seine erste Liebe in die Rinde schnitt, wo Oma am Friedhof liegt, wo die Kinder aufwuchsen, wo man seinen festen Platz auf der Kirchbank hat und wo sich der Fleiß von Generationen in Besitz verwandelte.

Dann erscheint der Gutsherr mit einem großen Koffer voller Bücher. Werner Held weiß, daß er die ganze Flucht gefährden würde, wenn er nicht nachgäbe. Also läßt er das schwere Stück auf einem Wagen verstauen.

Polnische und russische Arbeiter helfen willig beim Verladen. Manche wirken traurig, als verlören sie ihr eigenes Mustergut.

»Bestecke, Kochtopf, Spiritus«, kontrolliert Werner: »Habt ihr Schnaps? Und genügend Wintersachen?«

»Aber glaubst du denn, daß wir noch in den Winter kommen?« fragt Prisca.

»Besser, man rechnet mit jeder Möglichkeit«, sagt Werner und zählt weiter auf: »Dicke Wollhandschuhe. Zwei Paar für jeden. Stiefel. Wollstrümpfe. Denk auch bei den Kindersachen daran.«

Er blickt auf die Uhr. Er muß zurück. Die Sache geht ihm mehr an die Nieren, als er dachte. In diesem Moment sieht er seinen Fahrer mit der üppigen Polin Sinaida herumschäkern.

»He, Schneider!« schreit er über den Hof: »Auspussiert! In zehn Minuten müssen wir zurück.«

Der Fahrer kommt näher. »Die wollen alle mit, Herr Hauptmann«, meldet er.

»Wer?« fragt Werner. »Die Frauen? Die Polen?«

»Jawohl, Herr Hauptmann«, antwortet sein Fahrer, »Auch die drei Russen.«

»Kluge Jungs«, erwidert der Offizier und überlegt: Für fünf Familienangehörige – die Jüngste, in der Familie Juca genannt, ist als Medizinstudentin an der Uni Königsberg aus der Schußlinie – und die zwei Franzosen reichen zwei Wagen. Für dreizehn Polen und drei Russen sind noch einmal fünf Gespanne erforderlich, das heißt, daß mindestens fünfzehn weitere Pferde gerettet werden können.

Gespannt erwarten die ausländischen Arbeiter die Entscheidung des jungen Herrn. Große Unterschiede zwischen Herr und Knecht sind in Ostpreußen zu keiner Zeit üblich gewesen. Auch nicht zwischen den Deutschen und ihren ausländischen Arbeitern, und auch nicht im Krieg. So ist es nicht nur bei den Zerkaulens, sondern fast überall im Land. Diese gute Behandlung trägt Früchte. Als alle Dämme brechen, als der Selbsterhaltungstrieb viele Menschen zu Bestien macht, werden sich in Ostpreußen die zurückbleibenden Zwangsarbeiter wegen der guten Behandlung fast nie zu Gehässigkeiten gegen ihre gestürzten Herren hinreißen lassen, ja sie werden sich häufig schützend vor sie stellen.

»Wer will, kann mit«, entscheidet Hauptmann Held. »Roger soll weiterschlachten.«

Seine Worte lösen eine erhöhte Aktivität aus. Weitere Wagen werden fertiggemacht, Kisten und Bündel darauf verstaut.

Hauptmann Held versteht nicht ganz, warum sich diese Menschen im Augenblick ihrer nahen Befreiung für ein hartes Flüchtlingsschicksal entscheiden. Aus Anhänglichkeit? Aus Angst, als Kollaborateure erschossen zu werden?

Held stapft ins Herrenhaus zurück, drückt seinem Schwiegervater die Hand, küßt seine Schwiegermutter auf die Wange, zieht Prisca an sich, wirft einen Blick auf den schlafenden Fabian, nickt Claudia zu.

»Und macht euch häßlich, Mädchen«, sagt er. »So häßlich ihr könnt. Für den Fall, daß euch die Russen einholen sollten.« Sein Ratschlag ist so dumm, als würde er einem Riesen empfehlen, künftig als Liliputaner aufzutreten.

Prisca bringt ihn zur Tür. Noch ein rascher Kuß, dann dreht er sich um. Schließlich hat er gelernt, schnell Abschied zu nehmen, von den Lebenden und von den Toten.

»Und paß auf dich auf«, hört er seine Frau noch sagen, bevor er in der Dunkelheit verschwindet.

Räder müssen rollen für die Flucht. Hunderttausende von Rädern unter unzähligen Wagen, in den Achsen scheppernd, von scheuenden Pferden gezogen, von Rotarmisten gehetzt, an die Armeegeneral Tschernjachowski, Oberbefehlshaber der 3. Weißrussischen Front, den Tagesbefehl gerichtet hat:

»Gnade gibt es nicht – für niemanden, wie es auch keine Gnade für uns gegeben hat. Es ist unnötig, von Soldaten der Roten Armee zu fordern, daß Gnade geübt wird. Sie lodern vor Haß und vor Rachsucht. Das Land der Faschisten muß zur Wüste werden so wie unser Land, das sie verwüstet haben. Die Faschisten müssen sterben, wie auch unsere Soldaten gestorben sind.«

Die Zerkaulens sind nur Statisten in dem dreckigsten Millionenspiel, das die Geschichte sich je ausgedacht hat. Allein 2653000 Ostpreußen sind die Mitwirkenden und bringen ihr Leben als Einsatz. Und die Menschen aus den nördlichen und nordöstlichen Kreisen, die ersten Flüchtlinge, müssen zweimal auf die Spiel- und Schlachtbank.

Wie besprochen, zieht der Treck aus Zerkaulen auf eigene Faust im Morgengrauen des 17. Oktober los. Jeder Wagen ist mit zwei Pferden bespannt und zieht hinter sich noch ein Fohlen her. Auf dem Kutschbock des ersten Wagens sitzt Jean, der Franzose, im Innern sind die beiden Töchter und der kleine Fabian, im nächsten Gespann die Eltern, die sich gegenseitig daran erinnern, daß sie ihrem Schwiegersohn versprochen haben, sich nicht umzudrehen. Ihnen folgen, im Abstand von jeweils zwanzig Metern, die fünf Leiterwagen der polnischen und russischen Dienstleute.

Die Kolonne hat einen weiten Weg vor sich, aber nach drei Kilometern wird sie bereits gestoppt. Die Männer, zwischen 16 und 60 Jahre alt, vor zwei Tagen eingezogen, mit Gewehren aus dem Ersten Weltkrieg bewaffnet und mit je drei Schuß Munition versehen, werden von einem Parteibonzen kommandiert. Sie schauen teilnahmslos zu, wie der brüllende Hoheitsträger den Treck wenden läßt und ihn in Richtung Romintener Heide schickt. Genau dahin, woher die Russen kommen.

Außer Sichtweite kehren die Flüchtlinge wieder um und warten. Dadurch verlieren sie den rettenden Vorsprung, denn sie kommen erst weiter, als der Goldfasan eineinhalb Tage später türmt.

Im Raum Gumbinnen greift die Rote Armee mit zwei starken Stoßkeilen an. Der nördliche kommt aus Richtung Ebenrode und bleibt am Bahnhof von Trakehnen liegen. Aber auf der Südflanke rollen Stalins Panzer am 19. Oktober an Gumbinnen vorbei, walzen einen dünnen deutschen Infanterieschleier nieder, wühlen sich weiter nach Westen.

Nur vereinzelt stoßen sie auf deutsche Widerstandsnester, die dann durch Artillerie ausgeschaltet werden. So überrennen die Sowjets Ortschaft um Ortschaft. Häufig kommt es vor, daß ihnen aus den Häusern noch die deutsche Rundfunkpropaganda entgegendröhnt: »Jedes Haus eine Burg. Jedes Dorf eine Festung.«

Von Nemmersdorf muß der Treck aus Zerkaulen einer motorisierten Infanterieeinheit, die auf dem Rückzug ist, Platz machen. Ein Kradmelder hält auf der Höhe des ersten Gespanns. »Haut bloß ab!« brüllt er zu Claudia hinauf. »Das sind Säue. Die bringen alles um.« Er dreht das Gas auf. »Sogar die Kinder«, schreit er noch und rast weiter.

Vor dem Sturm herrscht in dem kleinen Ort Nemmersdorf Friedhofsruhe. Der Treckbefehl kam erst, als die russischen Panzer in unmittelbarer Nähe waren. Einen Tag vorher hätten sie noch eine Chance gehabt. Aber jetzt, unter Direktbeschuß, können sie weder anspannen noch aufladen. Was sollen sie also tun?

Ein paar Arbeiter versuchen, über den kleinen Fluß zu entkommen. Alte Ehepaare wie die Wagners und die Hobeks, der Viehhändler Brosius oder das 70jährige Fräulein Berta Aschmoneit flüchten in die Kirche. Die Kalchers verkriechen sich in ihrem Haus.

Ein paar Frauen flüchten in das Gasthaus ›Weißer Krug‹. In stockenden Gesprächen reden sie sich Mut zu, versichern sich gegenseitig, daß die Russen gar nicht so schlimm seien. Die Alten wissen es ja noch von Anno 14 her. Natürlich, die Russen haben Häuser angezündet und Scheunen, aber schließlich haben die meisten Deutschen es überlebt.

Der Zerkaulen-Treck passiert die Kirche mit dem charakteristischen Turmaufbau. Ein mächtiger Klotz, auf dem noch ein kleines Türmchen sitzt; es sieht aus wie eine Burgzinne, aber dieses Gotteshaus ist keine feste Burg.

Jean treibt die Pferde an, gibt Claudia ein Zeichen, in den Wagen zu kriechen, aber sie bleibt, dreht sich um, lächelt Prisca zu, die den dreijährigen Jungen mit den grauen Augen seines Vaters umklammert.

Das letzte Haus von Nemmersdorf. Weiter. Die braven Pferde jagen schnaubend vorwärts. Hundert Meter Abstand zum nächsten Wagen. Auch Roger kann gut mit den Gäulen umgehen, und die Gummiräder machen ihnen das Ziehen leichter.

Dann wird es laut in Nemmersdorf. Ein versprengter deutscher Panzer jagt mit Vollgas über die Ortsstraße. Die Frau des Gendarmen stürzt aus dem Haus, zwei Kinder an der Hand, bleibt stehen, winkt verzweifelt.

Zu spät. Der ›Tiger‹ jagt vorbei, mit rasselnden Ketten, die ihr Dreck in die Augen werfen. Sie steht benommen da, starrt dem letzten deutschen Panzer nach, dessen Besatzung sie vielleicht gar nicht gesehen hat. Die Kinder schreien, aber bei dem Höllenlärm ist nichts zu hören. Die Mutter zieht ihre Kinder ins Haus zurück.

Noch ein Fahrzeug. Ein Panzerspähwagen. Der Fahrer hält. Die Frau hievt die Kinder hoch, steigt ein – und starrt entsetzt in das Gesicht eines sowjetischen Offiziers.

»Frau, nix Angst«, beruhigt er sie und studiert seine Straßenkarte.

Das gepanzerte Fahrzeug fährt wieder an. Der Offizier sichert vorsichtig nach allen Seiten, schaut wieder auf seine Karte. Als er das Wegschild nach Sodehnen sieht, hält er an.

»Frau, snell«, sagt er zu der Verstörten, »Russki hinter mir. Nix gutt. Stalinschüler.«

Sie steigt aus; der Offizier reicht ihr die Kinder. Als sie querfeldein hetzt, fällt ihr ein, daß sie sich nicht einmal bedankt hat.

Von irgendwo dröhnen Lautsprecher: »Deutsche, werft die Waffen weg! Hebt die Hände hoch! Es passiert euch gar nichts. Die Rote Armee garantiert es euch.«

Jean hört den Aufruf. Er sieht Claudia an; sie schüttelt den Kopf. »Weiter – so schnell wie möglich.«

Dann kommen sie. Von der Flanke. Ein ganzes Rudel Panzer, sieben oder acht T-34. Der erste, noch 300 Meter entfernt, schneidet den Fluchtweg ab, feuert.

Der Rappe Jaromir geht senkrecht hoch, scheut, bricht aus. Kasimir will nach der anderen Seite durchgehen. Der Wagen rast im Zickzack hin und her. Endlich hat Jean die Tiere wieder in der Hand.

Plötzlich platzt der vordere Russenpanzer wie eine faule Konserve. Sekunden später wird der Turm des zweiten weggefetzt. Ein einsames deutsches Panzerabwehrgeschütz hat die Russen unter Feuer genommen. Die anderen T-34 haben die Stellung erkannt, wenden und rollen auf sie zu. Der Kampf ist kurz und mörderisch . . .

Inzwischen schafft der vordere Wagen den Durchbruch. Wild galoppieren die beiden Rappen davon, Jean hat sie sicher in der Hand. Die anderen sechs Fuhrwerke aus Zerkaulen entkommen den anrollenden vier Stahlkästen mit dem roten Stern jedoch nicht mehr.

Der vorderste T-34 ist noch zwanzig Meter von dem Wagen entfernt, auf dem Roger das alte Gutsbesitzerehepaar fährt. Verzweifelt schlägt der Franzose auf die Pferde ein.

Der T-34 erfaßt das Fuhrwerk von der Seite. Die Ketten zermalmen die Stuten Hilda und Liese. Während der Wagen in den Graben kippt, stürzt Roger vom Wagen. Die Ketten quetschen ihm die Oberschenkel ab. Roger überbrüllt den Gefechtslärm, bis ihm der nächste Panzer das zuckende Gesicht zermalmt.

Ein anderer T-34 rollt die Kolonne von hinten auf, fährt über die brechenden Wagenräder, über brüllende Verwundete hinweg, verwandelt Menschen, das Ebenbild Gottes, in Abdrücke von Gliedketten.

Infanteristen, die auf den Panzern aufgesessen waren, durchwühlen das Fluchtgepäck in den umgestürzten Wagen nach Schmuck und Schnaps.

Die Lebenden werden herausgezogen. Männer rechts raus – zum Erschießen.

Jan, der polnische Ackerknecht, kann Russisch. Er redet auf die Soldaten ein. Vergeblich.

»Hast du dir weh getan, Vater?« fragt Martha Zerkaulen ihren Mann, der sich aus seinen Büchern herauswühlt: Livius, Vergil, Cäsars ›Gallischer Krieg‹. Ein barbarischer Krieg war das vor zweitausend Jahren, aber der interessiert die Eroberer nicht; sie führen ihren eigenen – und der ist nicht humaner.

Ein sowjetischer Unterleutnant stößt den Gutsherrn ein paar Meter zur Seite, brüllt ihn an, hält ihm die Pistole an die Schläfe.

Ein dünner Knall. So schnell stirbt ein Mensch . . .

Sinaida zieht ihre Herrin in den Wagen: »Nix deutsch«, raunt sie ihr zu, bindet ihr ein geblümtes Kopftuch um, wirft ihr einfache Kleidung über: »Du Polski.« Sie legt den Finger an den Mund.

Die anderen Arbeiter nehmen Martha Zerkaulen in die Mitte, schirmen sie mit ihren Körpern ab. Wie viele Ostpreußen spricht die Gutsherrin ein bißchen Polnisch. Sie hört, daß ihre Arbeiter von den Russen mit dem Tod bedroht werden, falls sie einen Deutschen verstecken.

Alle halten dicht. Die Russen weisen ihnen einen zerschossenen Bauernhof in der Nähe als Unterkunft an. Die Überlebenden des Trecks stützen Frau Zerkaulen, und zwei Knechte schleppen, in eine Decke eingewickelt, den toten Gutsbesitzer hinterher.

Nachts begraben sie ihn heimlich im Garten. Die russischen Bewacher sind unterwegs, um Beute zu machen. Sie kommen nicht mehr zurück, und Martha Zerkaulen begreift, daß nur überlebt, wer von den Russen vergessen wird – und selbst vergessen kann.

Zwei Tage lang lebt sie unter den Landarbeitern, ißt, was man

Im Herbst 1944, nach dem Zusammenbruch der deutschen Abwehrfront im Mittelabschnitt der Ostfront, setzen sich Trecks der Bauern in panischer Angst vor den bekanntgewordenen Grausamkeiten der russischen Soldaten in Bewegung, werden aber schon im Inneren von Ostpreußen durch den Befehl des NS-Gauleiters Koch gestoppt.

So werden viele überrollt und getötet. Auch hier kommen die deutschen »Tiger« (im Hintergrund) zu spät.

Hitlers Gauleiter Erich Koch verkündet: »Wer seinen Hof verläßt, verliert seinen Besitz.« Für seine eigene Flucht aber hielt er zwei Eisbrecher unter Dampf.

So stirbt ein Dorf ... Ein Treck hatte sich bereits formiert, doch die sowjetischen Panzer waren schneller und schossen Häuser und Wagen zusammen.

Während sich im Vordergrund deutsche Panzer und Grenadiere zum Gegenstoß sammeln, zieht im Hintergrund der endlose Flüchtlingstreck über die vereisten Straßen, um sich in Sicherheit zu bringen.

Bei Schneestürmen und eisiger Kälte – in den Nächten fällt die Temperatur bis auf zwanzig Grad minus – quälen sich die Flüchtlinge über die Straßen. Wer nicht mehr weiter kann, stirbt im Straßengraben; nie ist genau festgestellt worden, wie hoch die Zahl der Opfer wirklich war.

Über das zugefrorene Haff, dessen Eisdecke die Pferdewagen trägt, versuchen Tausende von ostpreußischen Flüchtlingen die rettenden Schiffe der Kriegsmarine zu erreichen. Ihr Weg über das Eis führt sie vorbei an den Resten anderer Trecks, die in dem deckungslosen Gelände ein Opfer russischer Tiefflieger wurden.

ihr reicht, gewöhnt sich an die Sprache und beginnt zu hoffen, daß wenigstens ihre Töchter und ihr Enkelkind durchgekommen sind.

Dann werden die Polen unruhig. Der Gefechtslärm flammt wieder auf.

»Die Deutschen kommen zurück«, sagt Jan, der Ackerknecht. Und man weiß nicht, ob bei ihm die Angst oder die Hoffnung überwiegt.

Das Fallschirm-Panzergrenadier-Regiment 2, ›Hermann Göring‹ wirft den Feind zurück. Das Bataillon Held wurde überraschend mit Panzerfahrzeugen, Sprit und Munition ausgerüstet. Nun fährt der junge Kommandeur in einem offenen Schützenpanzerwagen an der Spitze.

Wenn er an einem überrollten Treck mit toten Flüchtlingen und aufgedunsenen Pferdekadavern vorbeikommt, läßt er halten. Er springt ab und atmet erst auf, wenn er feststellt, daß auf den Wagenschildern nicht Zerkaulen steht.

Bei Sodehnen kämpft sein Bataillon eine russische Panzerkolonne nieder. Dann ist der Weg frei nach Nemmersdorf – dem Ort, der zu einem Begriff des Schreckens wird. So wie andere Stätten, an denen entsetzliche Kriegsverbrechen geschahen: Katyn, Oradour, Lidice.

Vor dem Ort stößt Werner Held auf eine überrumpelte deutsche Feldwache: vier Infanteristen, mit durchschnittenen Kehlen. Er erreicht das Gasthaus ›Weißer Krug‹, von dem rechts eine kleine Straße zu den umliegenden Gehöften führt. Vor dem ersten Anwesen steht ein Leiterwagen. An ihm hängen vier nackte Frauen, gekreuzigt, durch die Hände genagelt.

»Stopp!« ruft Werner Held seinem Fahrer zu, springt ab, lehnt sich gegen einen Baum und wundert sich, daß man auch noch mit einem leeren Magen kotzen kann.

Das gleiche Bild vor dem ›Roten Krug‹. An den Scheunentoren hängen gekreuzigte Frauen.

In der ›Dokumentation der Vertreibung der Deutschen‹, herausgegeben von der Bundesregierung, ist der Erlebnisbericht eines Volkssturmmannes veröffentlicht. Darin heißt es (Bd. I/1, Seite 7):

›Wir fanden in den Wohnungen insgesamt 72 Frauen, einschließlich Kindern und einem alten Mann von 74 Jahren, die sämtlich tot waren, fast ausschließlich bestialisch ermordet, bis auf wenige, die Genickschüsse aufwiesen. Unter den Toten befanden sich auch Kinder im Windelalter, denen mit einem harten Gegenstand der Schädel eingeschlagen war.

In einer Stube fanden wir auf einem Sofa in sitzender Stellung eine alte Frau von über 80 Jahren vor, auch bereits tot. Dieser Toten fehlte der halbe Kopf, der anscheinend mit einer Axt oder einem Spaten von oben nach dem Hals weggespalten war.

Diese Leichen mußten wir auf den Dorffriedhof tragen, wo sie dann liegenblieben, weil eine ausländische Ärztekommission sich zur Besichtigung der Leichen angemeldet hatte. So lagen diese Leichen dann drei Tage, ohne daß diese Kommission erschien.

Inzwischen kam eine Krankenschwester aus Insterburg, die in Nemmersdorf beheimatet war und hier ihre Eltern suchte. Unter den Ermordeten fand sie ihre Mutter von 72 Jahren und auch ihren alten Vater von 74 . . . Die Schwester stellte dann fest, daß alle Toten Nemmersdorfer waren.‹

Dr. Heinrich Amberger, damals Oberleutnant in einer Fallschirmjägerkompanie, berichtet an Eides Statt:

›Am Straßenrand saß, zusammengekauert, eine durch Genickschuß getötete alte Frau. Nicht weit davon lag ein mehrere Monate alter Säugling, der durch einen Nahschuß durch die Stirn (stark verbrannter Einschuß, faustgroßer Ausschuß am Hinterkopf) ermordet worden war.

Eine Anzahl Männer waren durch Schläge – wohl mit Spaten oder Gewehrkolben – in das Gesicht getötet worden. In mindestens einem Fall war ein Mann an ein Scheunentor genagelt worden.

Aber nicht nur in Nemmersdorf selbst, sondern auch in den benachbarten, zwischen Angerapp und Rominten gelegenen Ortschaften, die bei dem gleichen Gegenangriff von russischen Truppen gesäubert wurden, wurden zahllose gleichartige Fälle festgestellt. Lebende deutsche Zivilisten habe ich weder in Nemmersdorf noch in den Nachbarortschaften angetroffen . . .‹

Die Toten von Nemmersdorf werden in zwei Massengräbern beigesetzt, aber sie kommen nicht zur Ruhe. Endlich trifft die Ärztekommission aus Genf ein. Die Ermordeten werden noch einmal exhumiert und auf ausgehängten Scheunentoren und Böcken aufgebahrt. Die Untersuchung ergibt, daß sämtliche Frauen, darunter auch Mädchen zwischen acht und zwölf Jahren, vor der Ermordung vergewaltigt worden waren.

Übertrieben interessieren sich die Ärzte aus neutralen Ländern nicht für die Greuel von Nemmersdorf: Sowjetische Kriegsverbrechen sind im Oktober 1944 wenig gefragt; in vielen Zeitungen der Welt überschlagen sich die Berichte über die deutschen.

»Wenn Sie noch zehn Minuten Zeit haben«, sagt der Ortskommandant von Nemmersdorf zu einem Arzt aus der Welsch-Schweiz, »dann zeige ich Ihnen noch an die fünfzig französische Kriegsgefangene, die von Rotarmisten liquidiert worden sind.«

»Sie meinen Männer in französischen Uniformen?« erwidert das Kommissionsmitglied.

»Jetzt brauchen Sie nur noch zu sagen, daß wir ihnen fremde Uniformen angezogen haben«, fährt ihn der Offizier gereizt an.

»Nein«, erwidert der Schweizer. »Aber die Uniform ist noch kein Beweis.«

»Genickschuß auch nicht? . . . Und diese armen Teufel hier von Nemmersdorf?«

»Das ist schrecklich«, antwortet der Arzt, zuckt die Schultern und geht.

Zu dieser Zeit ist das Bataillon Held weiterhin im zügigen Vormarsch. Während einer Gefechtspause meldet sich über Sprechfunk der Regimentskommandeur.

»Hören Sie, Held«, sagt der Oberst. »Ich hab' hier einen Polen, der Stein und Bein schwört, daß er Sie kennt. Er heißt Jan, ist aus Zerkaulen, und . . .«

»Ich komme sofort«, erwidert der Hauptmann, übergibt sein Bataillon einem Kompaniechef und rumpelt in seinem Kübelwagen los.

Stockend berichtet ihm der langjährige Ackerknecht aus Zerkaulen die Vorfälle und führt ihn zu dem zerschossenen Hof.

Martha Zerkaulen ist im Garten allein. Werner tritt neben sie, legt den Arm um ihre Schulter. Einen Moment stehen sie schweigend.

»Du mußt hier weg, Mama«, sagt er leise.

»Aber jetzt doch nicht, wo Prisca und Claudia zurückkommen . . .«

»Sie werden nie mehr zurückkommen, Mama«, erwidert er und setzt in Gedanken hinzu: hoffentlich.

Werner Held hat eine Vorahnung von dem Millionendrama der endlosen Flüchtlingskolonnen, die in einem Meer von Blut und Tränen nach Westen ziehen. Von den mehr als 277 000 Ostpreußen, die auf der Flucht erfrieren, verhungern oder ertrinken, oder von Bomben zerfetzt, von Granaten zerrissen, von Panzern zerquetscht, von Sowjets ermordet werden.

Es ist die letzte Weihnacht in Ostpreußen, aber es leuchtet kein Stern. Man denkt mehr an Nemmersdorf, als an Bethlehem, mehr an den Untergang des Abendlandes als an die Geburt des Menschensohns im Morgenland.

Zum letztenmal brennen in Deutschlands östlichster Provinz die Lichterbäume, glänzen Kinderaugen und schmoren die Bratäpfel auf den Kachelöfen. Es ist behaglich warm in den festlich geschmückten Wohnstuben. Das Land der tausend Seen, das alle Jahre wieder unter einer hohen Schneedecke erstarrt, ist auf lange, strenge Winter eingerichtet.

Das größte Geschenk, das man sich an diesem noch friedlich anmutenden Weihnachtsabend im Kriege macht, ist die Hoffnung, daß die Heimat erhalten bleibt. Man läßt die Kerzen nicht ganz abbrennen, denn mit Sicherheit folgt im nächsten Jahr wieder eine Weihnacht, und selbst wenn bis dahin Frieden sein sollte, gibt es bestimmt Wichtigeres zu tun, als Wachskerzen zu ziehen.

»Vornehm geht die Welt zugrunde«, raunt Claudia ihrer älteren Schwester zu, als der Gastgeber das Zimmer betritt. Er trägt einen dunklen Anzug, weißes Hemd und Silberkrawatte – aber was im ersten Augenblick wie Snobismus aussieht, ist nur Trotz, gemischt mit Hilflosigkeit. »Ich trinke auf Ihre baldige Heimkehr«, prostet der Gutsherr Schmidke seinen Gästen zu.

Eigentlich sind sie Zwangsgäste, vom Gauleiter einquartiert, der bestimmte, daß die Flüchtlinge aus dem Kreis Gumbinnen geschlossen im Kreis Osterode aufgenommen werden. So sind sie in der Heimat und doch nicht zu Hause, haben den ersten Russensturm überstanden, um jetzt in das Inferno zu geraten.

Da die beiden Schwestern aus Zerkaulen schon vor drei Wochen angekommen sind, haben sie im Haus ein Zimmer erhalten. Ihre Pferde stehen im Stall. Außer ihnen hat Herr Schmidke, der Witwer ist, noch weitere Flüchtlinge aufgenommen; insgesamt siebzehn Frauen, sechs Kinder und einen Greis.

Neunundsiebzig ist Grawutke der Älteste, und Priscas Junge Fabian mit drei Jahren und vier Monaten der Jüngste.

»Du sollst auch nicht trocken sitzen«, sagt der Gastgeber launig und schenkt dem Kleinen Limonade ein.

»Danke schön«, antwortet Fabian artig und deutet eine kleine Verbeugung an. Er hat die grauen Augen seines Vaters und dessen schmales Gesicht. Er ist staksig wie das Fohlen, das sie auf der Flucht fanden und hinten am Wagen angebunden haben.

Auf den Tischen stehen Speisen, die das Land bietet: Gänse-Weißsauer, Schmandschinken, der eigentlich nur ein raffiniert aufgemachter Kasseler Rippensper ist, Schmunzelsauce, daneben selbstgebrauter Bärenfang, der sündige Honigschnaps, und dazu ein Kuchen nach dem Rezept der Großmama: ›Man nehme Mehl nach Bedarf, fünf Eier und fünfhundert Gramm Bienenhonig usw.‹ Tatarenkuchen nennt sich das. Der Honig spielt in der ostpreußischen Küche eine bedeutende Rolle wie die Tataren in der ostpreußischen Geschichte. Sie kamen immer wieder wie die Pest, zündeten die Dörfer an, töteten die Männer, verschleppten die Frauen. Sie fielen so oft über Masuren her, daß der Volksmund behauptet, die Seen seien dunkel vom Blut der Erschlagenen.

Der Tatarensturm dieses Jahrhunderts kommt – abgesehen von den Einbrüchen im Regierungsbezirk Gumbinnen – an der Grenze zum Stehen. Die Ostfront ist siebenhundert Kilometer lang. Sie reicht von den Karpaten bis an die Memel. Die Sowjets nutzen die Zeit, ihren Nachschub zu organisieren und Reserven heranzuführen; sie haben aus Hitlers Fehler 1941 vor Moskau gelernt.

Zwar lassen die Aussagen von Überläufern und Kriegsgefangenen auf eine bevorstehende Offensive der Roten Armee schließen – deren Planung bis zum letzten Gefecht in Berlin reichen soll –, doch Hitler hält die Berichte des Generals Gehlen für Hirngespinste und einen bevorstehenden Russensturm für den ›größten Bluff seit Dschingis-Khan‹.

Denn seit dem Gegenstoß bei Nemmersdorf steht die Front. Im bescheidenen Maße scheint sich das ostpreußische Wunder von 1914 zu wiederholen, und selbst in der Hauptkampflinie herrscht Ruhe, als respektierten die Sowjets die stille heilige Nacht.

Aber ihre Weihnachtsbotschaft lautet anders als die Friedensbotschaft des Evangeliums. ›Junger Krieger‹, heißt es in einem Aufruf an die sowjetischen Jugendverbände, ›für das Leben jedes sowjetischen Menschen nimm zehn Deutschen das Leben. Denke daran, daß ein Tag, an dem du keinen einzigen Deutschen getötet hast, ein verlorener Tag war.‹

›Erzittere, Deutschland!‹ steht in ›Bojewaja Trewoga‹, einer Soldatenzeitung. ›Erzittere, verfluchtes Deutschland! Wir werden dich mit Feuer und Schwert durchziehen und in deinem Herzen den letzten Deutschen, der russischen Boden betreten hatte, erstechen.‹

Die Antwort auf diese Haßgesänge hieß zunächst einmal Nemmersdorf. Nackte, gekreuzigte Frauen, an Scheunentoren genagelt, zuvor von rasenden Soldaten vergewaltigt, verbreiteten ein Grauen, das die Sowjetmarschälle auch als taktische Waffe einsetzten, um das rückwärtige Aufmarschgebiet der deutschen Wehrmacht durch Flüchtlingskolonnen hoffnungslos zu verstopfen.

Die Rote Armee sammelt sich zum Sturm: Kirgisen, Usbeken, Turkmenen, Tscherkessen, Georgier, ein Völkergemisch, stellen sich bereit zum Angriff auf Deutschland. An diesem Abend ist Claudia, die sonst immer aussieht wie ein Pferdejunge, festlich gekleidet.

Nachdem ihnen bei dem Angriff der sowjetischen Panzer der Durchbruch gelungen war, wartete sie auf das Gros ihres Trecks mit den Eltern. Sie hörte, daß die Russen durch den deutschen Gegenstoß zurückgeworfen wurden, aber sie durften nicht zurück, sondern wurden wie alle anderen Flüchtlinge aus den östlichen in die westlichen oder südlichen Kreise Ostpreußens umgeleitet.

Es war ein weiter Weg über schmale Straßen, vorbei an Rinderweiden, Pferdekoppeln, Gehöften, Gütern und Dörfern – 51,6 Prozent der Bewohner Ostpreußens lebten in Gemeinden unter zweitausend Einwohnern –, und die meisten Häuser waren noch heil, aber die Menschen standen mit verstörten Gesichtern davor. »Warum haut ihr ab?« fragten sie verbittert. »Warum bleibt ihr nicht?«

Stunden später packten auch sie ihre Sachen und reihten sich ein in den Zug der Trostlosigkeit.

»Entschuldigt mich mal«, sagt Claudia und verläßt die festliche Tafel.

Prisca, ihre Schwester, sieht ihr lächelnd nach. »Sie paßt wirklich besser auf die Pferdekoppel als in die gute Stube«, stellt sie ohne Bosheit fest. Prisca Held ist schlank und blond. Ohne es zu wollen, fällt sie auf in dieser uniformierten Zeit. »Und jetzt gehst du zu Bett, Fabian«, sagt sie.

»Jetzt schon?« protestiert der Junge und verteilt dann doch Gutenachtküsse.

Claudia geht über den Hof. Die Tiere kennen ihren Schritt. Kasimir, der Rappe, wiehert, der Hengst Jaromir hebt den Kopf, und zwischen beiden steht Jean, der Franzose – und da sind ihre drei Lebensretter beisammen.

»Pourquoi du nicht kommst zu uns, Jean?« fragt Claudia in ihrem drolligen Deutsch-Französisch.

»Toute de suite, Mademoiselle«, erwidert Jean, der aus der Provence stammt. »Isch bientôt fertisch.«

Der junge Franzose hat seinen Kaffee bitter getrunken und den Zucker den Pferden gegeben. Sie stehen prächtig im Geschirr und haben sich von den Strapazen der Flucht erholt. Claudia und Jean betreuen sie bestens. Sie wissen, sie werden die Pferde noch brauchen. Ihr Wagen steht bereit, gewissermaßen ständig unter Dampf. Futter für die Tiere ist geladen, das Gepäck kann mit ein paar Handgriffen verstaut werden.

»Also, du kommst nach!« ruft Claudia dem Franzosen zu und kehrt in die Weihnachtsrunde zurück.

Die Stimmung verebbt, bevor sie überhaupt aufkam. Prisca sitzt am Bett des Jungen. Höchste Zeit, daß er einschläft. Zehnmal schlägt die Uhr an der Dorfkirche dumpf.

Dann klingelt das Telefon.

»Major Held.« Aufgeregt winkt der Hausherr Claudia zum Apparat.

»Bist du befördert worden?« fragt sie ihren Schwager.

»Du brauchst mir nicht zu gratulieren«, erwidert Werner.

»Moment, ich ruf Prisca.«

»Bleib!« sagt er hart. »Gut, daß du am Apparat bist.«

»Wo steckst du?« fragt Claudia.

»Irgendwo«, erwidert der Offizier, ein perfekter Soldat, der seinen Einsatzort nicht nennt, auch wenn der Krieg schon im Eimer ist. »Ich möchte, daß ihr weiterfahrt. Sofort. Mit dem Zug.«

»Aber wohin?« fragt Claudia betroffen.

»So weit ihr kommt.«

»Und die Pferde?«

»Verschenkt sie«, erwidert Werner.

»Sieht es so schlimm aus?« fragt Claudia.

»Beschissen wäre geprahlt«, antwortet der Major. »Sprecht nicht darüber, denkt auch nicht nach! Tut, was ich euch sage!«

»Gut, Werner«, sagt Claudia matt.

»Ich kenn die Hindernisse«, erwidert Werner. »Aber wenn jemand damit fertig wird, dann bist du es, Claudia.«

»Moment«, ruft sie. »Da kommt Prisca . . .«

Sie übergibt den Hörer der Schwester, aber die Verbindung bricht zusammen, als wollte ein Mithörer weitere defaitistische Äußerungen unterbinden.

»Zu dumm«, sagt Claudia zu Prisca. Sie spürt, daß es mit der Verbindung nicht mehr klappen wird, und spricht wie ein Wasserfall: »Er wollte uns frohe Weihnachten wünschen, besonders dir und dem Jungen. Unsere Mutter ist in Königsberg bei Werners Eltern, und Juca, unser Nesthäkchen, auch, und –«

»Was hat Ihr Herr Schwager über die Lage an der Front berichtet?« fragt Herr Schmidke.

»Nichts«, weicht sie ihm aus.

Was Werner, dieser hochdekorierte Bataillonskommandeur, sagt, ist für Claudia immer Evangelium, auch wenn es sich ganz anders anhört, aber seine Stimme war noch zwingender und drängender als seine Worte. Eine Nacht lang sucht sie einen Ausweg.

Am nächsten Morgen fragt sie Prisca: »Was hältst du von deinem Mann?«

»Was soll die Frage?« entgegnet die Schwester lächelnd. »Was habt ihr beide denn hinter meinem Rücken ausgekocht?«

»Werner will, daß wir weiterfahren. Er hat schon einmal recht behalten. Du nimmst den Jungen, und ihr fahrt zusammen weg!«

»Aber warum denn?« versteift sich Prisca.

Sie hat, wie ihr Vater, keinerlei Sinn für Realitäten – aber auch realistische, nüchterne Menschen glauben in diesen Tagen, daß Ostpreußen zu halten ist. Was für Hitler ein Traum bleibt, sein persönliches Schicksal weitgehend mit dem des deutschen Volkes koppeln zu können, erreicht Stalin, denn die Grausamkeit der Roten Armee spannt die Ostdeutschen vor den Karren der Braunen – auch viele, die bisher ganz anderer Anschauung waren.

Eine Woche lang redet Claudia gegen eine Wand. Die Front bleibt ruhig, das scheint Werner unrecht zu geben. »Hältst du ihn für einen Narren?« fragt sie rauh, »oder für einen Feigling? Er hat mehr Mumm als –«

Prisca sieht starr ins Leere. »Du gewinnst«, sagt sie dann. »Ich beuge mich der Mehrheit.«

In ein paar Tagen beginnt der Untergang Ostpreußens, aber die Flüchtlinge aus dem Lande selbst müssen bleiben. Der Reichsverteidigungskommissar schnürt seinen Gau zu wie einen Sack – es ist der Gabensack für die Rote Armee, gefüllt mit 1750000 Flüchtlingen, von denen jeder dritte stirbt.

Zwar läßt man wenigstens die ›Bombengäste‹ aus Berlin und dem Rheinland in ihre Heimat zurückkehren, aber die Einheimischen haben – von den Alten und Kindern abgesehen – zu bleiben.

Die Männer sind ohnedies beim Volkssturm und die Frauen dienstverpflichtet. Wer seinen Arbeitsplatz verläßt, begeht Sabotage.

Manche haben Beziehungen zur Partei und besorgen sich auf dunklen Wegen eine Genehmigung zur Evakuierung. Zum Glück riskieren Tausende, gerade noch rechtzeitig, die Flucht auf eigene Faust, weil ihnen Zuchthaus, Standgericht und Strang milder erscheinen als die Angreifer. Hitler und seine Jasager, die ihr Hauptquartier in Rastenburg aufgeben, brauchen keinen Marschbefehl – sie verlassen heimlich die Wolfsschanze.

Claudia kämpft erbittert um eine Fahrkarte für Prisca und ihren kleinen Neffen; sie läuft von Pontius zu Pilatus, doch dies sind keine biblischen Figuren, sondern örtliche Hoheitsträger, die meisten von ihnen vor lauter Feigheit stramm, bis der erste Schuß fällt.

Als sie endlich die Genehmigung erhält, sind die Züge überfüllt. Bevor sie für Prisca einen Platz erzwingt, meutert der kleine Fabian, weil er sein Fohlen nicht im Stich lassen will. Bis sie ihn endlich beruhigt haben, ist der Zug weg – der letzte, der abgeht und vielleicht nie mehr ankommen wird.

Die Rote Armee ist zum Sturm angetreten.

Zuerst kommt der Frost. Dann der Russe. Mit den stärksten Schneefällen seit vielen Jahren beginnt eine der größten Durchbruchsschlachten. Zunächst sieht es aus, als wären die aus dem Weichselbogen zum Sturm angetretenen Rotarmisten nur auf Schlesien angesetzt. Einen Tag später, am 13. Januar 1945, tritt Schukows Armee mit der Marschrichtung mittlere Oder an, die sie schließlich nach Küstrin und Berlin führen wird.

Und dann beginnt Stalins von Grauen begleiteter Blitzkrieg in Ostpreußen. Tschernjakowskis nördlicher Stoßkeil tritt mit der Sturmrichtung Königsberg an. Die deutsche Front bricht wie ein Kartenhaus zusammen. Die Verteidiger weichen bis zur Deime zurück. Im Süden stößt Rokossowski in Richtung Danzig vor.

Die Verteidiger kämpfen gegen eine elffache Übermacht, doch selbst diese Zahl lügt. Man hatte fast vergessen, daß durch den weitgehenden Ausfall der U-Boot-Waffe pausenlos Konvois aus Amerika durch das Nordmeer nach Murmansk gelangt waren. Roosevelts Waffen- und Materiallieferungen haben eine schlecht ausgerüstete Armee in überlegene Angreifer verwandelt.

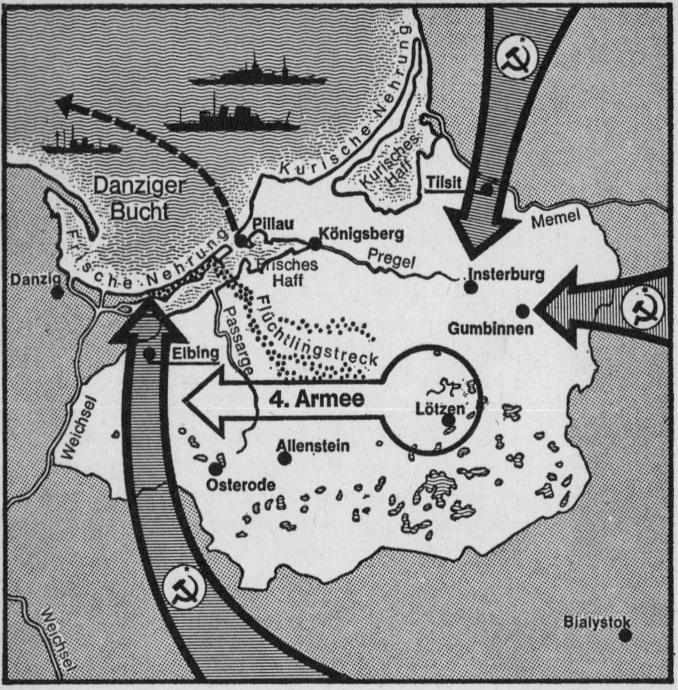

Städte fallen wie Fallobst: Am 20. kapituliert Tilsit. Einen Tag später strecken Gumbinnen, Tannenberg, Goldap und Lyck die Waffen. Die Dampfwalze rollt über Allenstein und Osterode zum Frischen Haff. Im OKW kommen die Offiziere mit dem Stecken der Fähnchen auf der Generalstabskarte nicht mehr mit – die Bevölkerung in den betroffenen Gebieten nicht mehr mit dem Davonlaufen vor den T-34.

Das gräßliche ›Urräh‹ der siegestrunkenen Rotarmisten schallt durch das nördliche, östliche und südliche Ostpreußen. Es verliert sich in der Johannisburger Heide, Deutschlands größtem Waldgebiet, es bricht sich an den Mauern Insterburgs, der Turnierstadt des deutschen Ostens, es fegt über Deutschlands größten Marktplatz in der kleinen Stadt Treuburg.

Es gellt in Neidenburg wider, so daß die Bewohner des Schmidke-Gutes in der nordöstlichen Zunge des Landkreises Osterode den Gefechtslärm bereits hören. Die Panzer sind schon in der

Stadt. Nur mehr jeder zehnte kann fliehen. Die Schwerverwundeten aus dem Hilfslazarett in der Oberschule Bahnhofstraße versuchen bei 26 Grad minus in Hemd und Unterhose zu entkommen. An den Ausgängen der Stadt drücken ihnen Volkssturmleute Panzerfäuste in die Hand.

Am 18. Januar gegen 15 Uhr ermannt sich der Landrat von Neidenburg, in Königsberg anzufragen, ob er die Trecks losschicken darf. »Wer das Wort Räumung in den Mund nimmt«, bellt ihn ein Goldfasan an, »begeht Landesverrat.«

Zehn Panzerminuten davon entfernt, schreckt Claudia in der Nacht hoch, sieht den brandroten Himmel, die Bahnen der Leuchtspurmunition, hört das Rumpeln der Motoren, die trockenen Abschüsse der Ratsch-Bum. Sie wollte noch den Morgen abwarten, doch da entschließt sie sich, sofort zu handeln.

»Los, dalli!« scheucht sie Prisca hoch. »Weck den Jungen!«

Jean hat die Pferde schon eingespannt, das Gepäck verstaut. Es fällt nicht auf, denn seit Stunden proben Unschlüssige die Flucht, laden auf, laden ab und nehmen schließlich doch das Falsche mit. Es wird sich herausstellen, daß der am glücklichsten ist, der nicht mehr bei sich hat, als die wertlosen Leistungsbescheinigungen über seine beschlagnahmten Pferde.

Der Wagen mit den Gummirädern rollt vor den Eingang.

»Aber Fräulein Zerkaulen«, mahnt der Gutsherr Schmidke verstört. »Sie müssen doch noch den Räumungsbefehl des Ortsbauernführers –«

»Der Ortsbauernführer hockt auf dem Klo«, erwidert Claudia kalt.

»Bitte, Claudia –«, sagt Prisca. »Du sprichst ja wie Werner.«

»Bestens!« ruft sie und hievt den schläfrigen Jungen auf den Wagen.

»Aber du bist doch eine Frau –«

»Was meinst du, was die Russen sind?« ruft Claudia vom Kutschbock und reicht Prisca die Hand zum Aufsteigen. »Hüh!« feuert sie die Pferde an.

Wie erlöst steigt auch der Gutsherr in sein Gefährt. Andere Wagen schließen sich an, sechs, sieben. Zunächst Richtung Osterode. Aber die Stadt brennt wie eine Fackel. Claudia an der Spitze hält sich rechts. Die Kälte schneidet ihnen in die Gesichter. An den Wimpern hängen Eisperlen. Die Straßen sind spiegelglatt, wie gescheuert von Tausenden von Rädern.

Die anderen folgen Claudia willig. Dieses zweiundzwanzigjährige Mädchen hat die Führung des Trecks übernommen.

Im zweiten Wagen kreischt die alte Schimansky: »Ich hab' das Licht brennen lassen!«

»Sei doch vernünftig, Mutter«, versucht sie ihr Mann zu beruhigen. »Wir können jetzt nicht mehr umkehren.«

Räder blockieren. Pferde ohne Stollen rutschen, stürzen, werden wieder hochgerissen. Wagen schlittern, stellen sich quer, rutschen ab, überschlagen sich, oder werden von Wehrmachtskolonnen rücksichtslos beiseite gedrängt. Der Rückzug der Truppen hat Vorfahrt.

Aus Pferdewagen werden Treckkolonnen, vom Zufall zusammengestellt, hundert Wagen, tausend, noch mehr, keiner zählt sie, keiner würde vermißt. Man schätzt, daß mit einem einzigen Treck im Kessel von Sensburg an die 30000 Frauen, Kinder, Greise, Franzosen und Polen nach Westen ziehen.

Sie schaffen vier Kilometer in fünf Stunden. Es wird hell. Gnadenloses Licht reißt den Himmel auf. Aus dem Gewölk stoßen Jabos, jagen im Tiefflug über die Flüchtlingskolonne, schießen sie zusammen. Fahrzeuge verkeilen sich ineinander. Getroffene Tiere brüllen. Wer nicht aus eigener Kraft aufstehen kann, verblutet oder erfriert, vom Schnee zugeweht, der sich, einen halben Meter hoch, wie ein riesiges Leichentuch über die Landschaft breitet.

Die Trecks rollen Tag und Nacht. Ohne Rast. Ohne Verpflegung. Keine NS-Volkswohlfahrt mehr, nirgendwo gibt es einen Teller heißer Suppe. Als einzige NS-Einrichtung funktioniert nur noch das Standgericht. Soldaten, sogar Pimpfe, baumeln an den Bäumen mit heraushängenden Zungen. Der Schneesturm dreht sie an ihren Stricken. Im Rhythmus des Windes sieht es aus, als schüttelten sie ihre Köpfe über ein Elend, das sie überstanden haben.

»Schau nicht hin!« ruft Claudia ihrer Schwester zu. »Halt doch den Jungen zurück! Verdammt noch mal!«

Der nächste Luftangriff. Jean fährt den Wagen in den Graben.

»Raus!« ruft Claudia.

Das gepanzerte Kampfflugzeug fliegt an. Prisca wirft sich über den Jungen, deckt ihn mit ihrem Körper. Jean wühlt sich unter die Decke. Die Pferde bäumen sich auf.

Bord-MGs steppen eine Naht in den Schnee. Als Prisca benommen wieder aufsieht, kann sie nachmessen, daß der Tod in einer Linie, 30 Zentimeter entfernt, an ihr vorbeigelaufen ist.

Claudia beruhigt die Pferde. »Still, Jaromir«, sagt sie. »Ist ja alles überstanden.«

Seine Flanken zittern noch, aber der Hengst nickt bedächtig mit dem Kopf, als verstünde er jedes Wort.

Während Jean den Tieren die Hafersäcke umbindet, sieht Claudia, daß Schmidke, ihr Gastgeber, im Schnee liegt, die Hände ausgestreckt, die Augen aufgerissen.

»War so ein feiner Herr«, sagt einer seiner Arbeiter. »Muß es ausgerechnet ihn erwischen.«

»Vielleicht hat er Schwein gehabt«, erwidert ein anderer. »Der Iwan hätt' ihn bloß erschlagen, als Kapitalisten.«

Mütter nutzen die Pause und reichen ihren Babys die Brust, die dabei vielen erfriert. Andere treiben selig irgendwo ein Glas warmer Milch auf, um dann festzustellen, daß ihr Kind schon tot ist. Der Frost macht sich zum Auftragsmörder der Sowjets. Man wikkelt die kleinen Toten in Zeitungspapier, legt sie beiseite, oft zehn, zwanzig in einer Reihe. Die Bestattung übernimmt der Schnee. Einen Blick noch, weiter.

Der weiße Tod greift sich die Menschen massenweise, so wie die alte Schimansky, die erfroren am Straßenrand liegt, weil sie doch noch einmal umgekehrt ist, um die Stromrechnung nicht so hoch werden zu lassen.

Aber das alles, klirrende Kälte, pausenlose Tieffliegerangriffe und mahlende Panzerketten ist für Hunderttausende von Flüchtlingen, die vermummt um ihr nacktes Leben laufen, ein noch barmherzigeres Schicksal, als den Sowjets in die Hände zu fallen, denn fast überall, wo die Rotarmisten auftauchen, übertreffen sie noch den Ruf, der ihnen vorauseilt.

Zum Beispiel auf Gut Herholz im Kreis Sensburg.

»Chef tot, Frau tot, alles tot«, ruft ein flüchtender Franzose den von den Russen überrollten deutschen Familien zu. Sie wagen sich nicht aus ihrem kümmerlichen Versteck. Aber zwei mutige Polen erklären sich bereit, nachzusehen. Sie finden die junge Ursel Leszinski schwerverwundet zwischen ihren toten Eltern im Bett und bergen sie auf einem Schlitten.

»Als wir gestern gerade den Tisch deckten, kamen drei Russen«, berichtet das Mädchen dem Augenzeugen Johann Gollub aus Jesken. »Sie lachten, holten eine Flasche Schnaps aus der Tasche und forderten Herrn Biallas auf, in das danebenliegende Zimmer zu gehen. Erst war es ganz still, dann fiel plötzlich ein Schuß. Die

Russen kamen mit lachenden Gesichtern wieder herein. Herr Biallas war nicht dabei; er war erschossen. Dann fragte ein Russe meinen Vater: ›Würdest du mich erschießen?‹ Darauf antwortete mein Vatchen: ›Nein, du hast mir doch nichts getan.‹ Worauf der Russe höhnisch lächelnd sagte: ›Und wenn ich schieße?‹ Und schon schoß er mit seiner Maschinenpistole mitten in uns hinein. Liesbeth Biallas, Herta Biallas, meine Schwester und ich versuchten, uns ins Freie zu retten, aber schon wurden wir verfolgt. Ich wurde getroffen und blieb im Garten liegen. Vielleicht glaubten die Russen, ich sei tot, denn sie verfolgten nun die drei anderen bis in den Weidegarten. Ich hörte drei Schüsse, dann war alles still. Ich wartete noch, es blieb still. Ich begann im Schnee zu frieren, die Wunden schmerzten. Ich schleppte mich mühsam ins Haus. Mir war alles gleich. In der Küche fand ich mein Muttchen. Sie war völlig verstört, aber noch unverletzt. Vater lag im Nebenzimmer mit einem Rückenschuß im Bett, er lebte noch. In der Tür zum Eßzimmer lag Frau Biallas auf dem Gesicht und wimmerte. Sie konnte nicht sterben. Im Eßzimmer hockten auf den Stühlen Frau Dombrowski aus Bittkau, Kreis Treuburg, und ihre drei Kinder Hilde, Erika und Rainer, der erst sechs Monate alt war, und Frau Stachel mit ihren zwei Kindern aus Legenquell, Kreis Treuburg. Tot. Keiner lebte mehr. Sie hatten erst gestern auf ihrer Flucht hier haltgemacht.

Meine Mutter wollte mir helfen; sie zog mir meine Schuhe aus und die Trainingshose. Alles war voll Blut. Da hörten wir die Russen wiederkommen. Meine Mutter lief zu Vater und warf sich neben ihm ins Bett. Ich blieb in meinem Blut auf dem Fußboden reglos liegen. Die Russen traten über mich hinweg, töteten Frau Biallas, die noch immer stöhnte, durch einen Kopfschuß und gingen dann in das Zimmer meiner Eltern. Ich hörte zwei Schüsse, gleich darauf kamen die drei Russen wieder an mir vorbei und gingen fort. Als alles still blieb, schleppte ich mich zu meinen Eltern. Sie waren tot. Sie hatten Schüsse in der linken Schläfe. Ich kletterte über meinen toten Vater und blieb zwischen meinen Eltern liegen.«

»Ich bin Augenzeuge gewesen«, berichtet der ehemalige Bürgermeister von Kurwien, Kreis Johannisburg, Robert Killisch, »wie eine Frau mit drei Töchtern in einem Haus hinter Johannishöhe von zirka hundert Russen vergewaltigt wurden. Die jüngste der Töchter war etwa acht, die älteste vielleicht zwölf Jahre. Die Ärmsten wurden so lange mißbraucht, bis alle vier besinnungslos dalagen.«

»Mein Kind Marianne war damals fünfzehn Jahre alt«, berichtet Mutter Brodowski aus Lyck, der Hauptstadt Masurens. »Sie wurde von zehn Russen vergewaltigt. Als sie versuchte, wegzulaufen, waren die Russen hinterher, zerrten sie in den Schnee, traten sie mit Füßen und rissen an den blonden Zöpfen. Nach etwa zwei Stunden erst durfte sie dann zu mir zurück. Ihre Kräfte reichten nur bis zu der Tür des Raumes, in dem wir, etwa dreißig Personen, eingesperrt waren . . .

Mein Kind war so verseucht, daß es am 17. Dezember starb, sie war nur noch eine Mumie, kaum fünfzig Pfund schwer. Sie lag im Behelfskrankenhaus. Es lagen da auch drei zwölfjährige Mädchen, die von den Russen vergewaltigt worden waren und einen Darmriß hatten . . .«

Die Saat der Haßparolen geht in beispiellosen Mordexzessen auf. Es war die Rache für Verbrechen, die im Osten von Deutschen – ohne Wissen der meisten Deutschen – verübt worden waren. Die Kampftruppen benahmen sich in der Regel anständiger als die Nachschubeinheiten. Es gibt Verbände, die sich wie Mordbrenner im 30jährigen Krieg benahmen, und gleichzeitig im Nachbarabschnitt Einheiten, die zwar die deutsche Zivilbevölkerung mit kalter Verachtung behandeln, deren Kommandeure aber jede Ausschreitung verhindern. Ein Oberleutnant der Roten Armee in Ostpreußen heißt übrigens Solschenizyn und wird Jahrzehnte später als Nobelpreisträger wie als Widerstandskämpfer weltberühmt werden.

Es gibt aber nicht nur die Greuel der ersten Stunde, sondern auch Zeugnisse der Menschlichkeit; eine Zeit ohne Gnade kann kleine humane Aufhellungen mitunter nicht verhindern. Sieger wie Besiegte begegnen sich jenseits der Propaganda trotz allem wie Menschen. Immer häufiger tauchen von den Russen überrollte deutsche Zivilisten an den Feldküchen auf und erhalten einen Schlag Suppe: Menschlichkeit ist genauso international wie das Verbrechen.

»Als eines Tages wieder zwei russische Soldaten auf dem Hof herumsuchten«, berichtet die Zeugin Gertrud Schaar aus Tannenberg, »zeigt mein Mann ihnen unseren alten Hofhund mit der Bitte, sie möchten ihn erschießen. Keiner der beiden will es tun. Sie geben meinem Mann das Gewehr, erklären ihm die Handhabung, und er kann den alten, leidenden Hund erlösen.«

Am 27. Januar, gespenstisch rasch, erreichen die sowjetischen Panzerspitzen Elbing. Die Falle Ostpreußen schnappt endgültig zu. Die Rettung vor Augen, rollen die Flüchtlinge aus den südlichen Landkreisen – mit dem kürzesten Weg in den Westen – der Roten Armee direkt in dic Arme, versuchen noch umzukehren und verkeilen sich dabei in die nachdrängenden Treckkolonnen.

Es gibt nur noch einen Notausgang. Er führt in Richtung Nordwesten über das zugefrorene Frische Haff. Claudia Zerkaulen gelingt es, auf einen Feldweg auszuscheren. Andere Wagen hängen sich sofort hinten an. Der Neuschnee bremst die Fuhrwerke wie Sand – aber die geländegängigen Reifen, die Werner Held montieren ließ, bewähren sich, und so kommt sie zügig voran. Noch hat sie auch Futter für die Pferde und genügend Proviant.

»Und du legst dich jetzt in den Wagen und wärmst dich auf, Jean«, sagt Claudia zu dem Franzosen, der neben ihr auf dem Kutschbock sitzt.

Jean schüttelt den Kopf, aber er kippt vor Übermüdung nach hinten. Prisca zieht ihn in den Wagen, deckt ihn zu.

Claudia hat doch noch ein Loch gefunden, auf der Landstraße zwängt sie sich in Richtung Wormditt, erreicht am späten Nachmittag die Brücke über die Passarge.

»Stopp!« ruft ein Unteroffizier von den Pionieren. »Hier könnt ihr nicht durch, die Brücke geht gleich hoch.«

»Ihr habt doch nicht alle Tassen im Schrank!« schreit Claudia wütend zurück.

Die Sowjetpanzer können ohne weiteres über die hohe Böschung rollen und den zugefrorenen Fluß passieren – nur die Fuhrwerke nicht. Die Pioniere wissen natürlich, daß die Sprengung militärisch idiotisch ist, aber auf Befehlsverweigerung steht der Tod.

»Hüh, Jaromir!« ruft Claudia und schnalzt mit der Peitsche.

Die Pferde bäumen sich auf, ziehen an, galoppieren genau auf die fluchenden Soldaten zu, die auseinanderspritzen. Die anderen folgen blindlings, der zweite, ein dritter Wagen. Das vordere Gefährt hat die Hälfte geschafft, zwanzig Meter, noch zehn. Die Pferde galoppieren wild. Der Wagen schleudert hin und her, immer knapp am Geländer vorbei, erreicht das andere Ufer.

Vorwärts, weiter. Der zweite Wagen, der dritte, der vierte.

Mit einem ungeheuren Krach geht die Brücke hoch, reißt zwei Fuhrwerke mit; Menschen, Pferde, Trümmer, Gepäck wirbeln im hohen Bogen durch die Luft.

Claudia duckt sich, sieht sich nicht um. Man darf nicht nach rechts oder links schauen, wenn man weiterkommen will, denkt sie.

In diesem Inferno behält ein Mann seinen Kopf, ist jedoch auch bereit, ihn zu riskieren. Der General der Infanterie Hoßbach, Oberbefehlshaber der 4. Armee. Er entschließt sich zur Tat – gegen Hitlers ausdrücklichen Befehl, sich mit seinen 350000 Soldaten in der masurischen Seenplatte einzuigeln und Stalingrad zu wiederholen.

Er befiehlt die Kommandeure in seinen Gefechtsstand, um ihnen den Plan, nach einer Kehrtwendung in Gewaltmärschen gegen Elbing vorzustoßen und die tödliche Umklammerung zu sprengen, zu unterbreiten.

Ein kühner Entschluß. Eine Operation Luftröhrenschnitt. Wenn sie gelingt, kann der General neben seiner Armee vielleicht noch einmal achthunderttausend oder neunhunderttausend oder eine Million Flüchtlinge vor den Russen retten. Keiner kennt ihre Zahl genau. Denn Menschenleben im Hunderttausend sind in diesen Tagen – statistisch gesehen – fast ohne Stellenwert . . .

General Friedrich Hoßbach eröffnet seinen Kommandeuren den Plan, mit Duldung des Oberbefehlshabers der Heeresgruppe Mitte, Generaloberst Reinhardt, aber gegen den ausdrücklichen Befehl Hitlers, die Todesklammer an der Südflanke aufzusprengen und dadurch den Weg nach Westen zu öffnen. »Ich möchte Ihnen nicht verhehlen, meine Herren«, sagt der General, »daß nicht die geringste Chance besteht, die Zustimmung des Führers zu diesem Durchbruchsversuch zu erhalten.«

Der Chef der 4. Armee hat genug Zivilcourage, um in schwerster Stunde die enge Tradition des preußischen Offiziers zu sprengen. »Die Sache kann nur klappen, wenn es Ihnen gelingt, jedem einzelnen Mann – ob Soldat, ob Zivilist – klarzumachen, worum es geht.« Er nickt seinen Kommandeuren zu: »Ich danke Ihnen, meine Herren.«

Die 4. Armee hat sich zwischen den masurischen Seen bei Lötzen eingeigelt. Die südlichen, östlichen und nördlichen Kreise, Johannisburg, Lyck, Treuburg, Goldap sind längst im ersten Anlauf der Eroberer gefallen. Die Rote Armee breitet sich wie ein Steppenbrand aus.

Major Held, der drahtige, hagere Bataillonskommandeur, stapft zu seiner Einheit zurück. Als Ostpreuße braucht er nicht erst mit dem Zeigefinger auf der Generalstabskarte nachzumessen, was seinen Leuten abverlangt wird. Als Junge hat er einmal ungefähr die gleiche Strecke mit dem Fahrrad abgefahren; Sommer, Sonne, Ferienzeit. Es war einmal.

Damals waren die Urlauber auf Achse, heute ist ein ganzes Land auf der Straße, zieht durch Frost und Nacht und Trommelfeuer, ein Lindwurm des Elends. Ohne Anfang, ohne Ende. Auf allen Straßen. Auf sämtlichen Wegen. Erschöpfte Pferde, vermummte Menschen, keine Rast, kein Trost. Hunderte, Tausende von Fahrzeugen verklemmen sich in einem Stau – und Gnade Gott, wenn ihn sowjetische Panzer auflösen.

Werner Held rechnet damit, daß seine Frau, sein Junge und seine Schwägerin von Osterode aus dieser riesigen Falle noch entkommen sind – aber an Königsberg, wo seine Eltern, Martha Zerkaulen, seine Schwiegermutter, und Juca, das Nesthäkchen sind, darf er nicht denken. Eine ›Festung‹, die offen daliegt und binnen Stunden von den Sowjets eingenommen werden kann. Auffangort zahlreicher Trecks, mit weit über hunderttausend Zivilisten belegt, und mit dem Mund von einem Gauleiter verteidigt, der die Stadt längst heimlich mit seinen Windhunden, Likörkisten und Saufkumpanen verlassen hat. Erich Koch, in Hitlers Kamarilla fraglos der Raffgierigste, Brutalste und Feigste, sitzt in einer Villa in der Nähe des Hafens Pillau, hält für seine persönliche Flucht zwei Eisbrecher unter Dampf und verkündet in Rundfunkaufrufen: »Wer seinen Hof verläßt, verliert seinen Besitz.«

Und wer bleibt, sein Leben. Der junge Offizier kann nach einer Hoffnung suchen, wie er will. Mit seinem Vater ist in dieser Situation nicht zu rechnen. Er ist und bleibt Internist, Wissenschaftler und sonst nichts auf der Welt. Aber vielleicht, so versucht Werner Held etwas Zuversicht zu gewinnen, hat Vater wenigstens Mutter mit einem der letzten Züge noch losgeschickt, zumal Martha Zerkaulen sicherlich aus eigenem Erleben eindringlich geschildert hatte, was geschieht, wenn man von den Russen überrollt wird.

Der junge Offizier, der auf drei Kriegsschauplätzen gekämpft hat, ist seit Jahren mit dem Leben und Sterben vertraut, eingebettet in die Intervalle von Wehrsold und Fronturlaub, aber daß dieser Scheißkrieg nun in der eigenen Heimat tobt, daß auch Frau und Kind, Mutter und Vater, und andere, die ihm nahestehen, von den Schrecken des Krieges unmittelbar betroffen werden, das macht die Situation so verzweifelt.

Werner Held hat seine Einheit erreicht; er trommelt seine Offiziere und Unterführer zusammen, in der Gaststube einer Dorfwirtschaft, in der längst nur noch Latrinenparolen verzapft werden.

»Nu' hört mal her, Freunde«, sagt der Major und deutet auf eine Straßenkarte. »Hier sind wir, und da liegt Elbing. Wenn wir uns in aller Stille von den Russen lösen, können wir einen geschlossenen Sprung in zwei Tagen schaffen. Wenn wir drei brauchen, ist es bestimmt einer zuviel.«

Er sieht seine Leute der Reihe nach an. Viele Gesichter der ein halbes dutzendmal aufgefüllten Einheit sind neu, aber der Laden funktioniert noch immer wie in den Glanzzeiten der Wehrmacht.

»Pferdegespanne an die Spitze!« befiehlt der Kommandeur. »Sie geben die Marschgeschwindigkeit an. Am Ende unsere motorisierte Pracht als Feuerwehr. Drückt aufs Tempo, Freunde. Ihr könnt ja im Gehen pinkeln und beim Schießen essen . . . Noch 'ne Frage?«

»Jawohl, Herr Major«, erwidert ein Oberfeldwebel. »Wir haben in der Nähe ein volles Tanklager entdeckt. Aber so'n Parteibonze hockt mit seinem fetten Hintern –«

»Schmeißt ihn runter!« befiehlt der Chef. »Wenn es sein muß, mit Gewalt.«

»Mit Vergnügen«, erwidert der Oberfeldwebel.

»Und sagt euren Männern überdeutlich«, schließt Werner Held die Befehlsausgabe, »daß sie nicht nur eine Gelegenheit haben, ihre köstlichen Luxuskörper in den noch köstlicheren Westen zu transportieren, sondern auch unseren Zivilisten wieder in die Augen sehen zu können. Ende.«

Das Gerücht von dem beabsichtigten Durchbruch ist noch schneller als die Russen, und die Vorauskommandos der Einheiten tun alles, um Hunderttausenden von Flüchtlingen klarzumachen, daß sie nicht abermals verschaukelt werden. Nur wenn sie sofort die Straßen freimachen für die Kampfverbände kann der große Stellungswechsel gelingen. Das heißt: stehenbleiben. In die Gräben ausweichen. Über Feldwege weiterziehen.

Der Millionenaufbruch beginnt am 24. Januar 1945 in Nacht und Nebel, und davon abgesehen, daß die erschöpften, ausgebluteten Divisionen am Tag mindestens hundert Kilometer vorwiegend zu Fuß schaffen müssen, kann er nur gelingen, wenn er der Roten Armee genauso verborgen bleibt wie dem Führerhauptquartier.

Als sich die 4. Armee vorsichtig von und um Lötzen löst, wird die Nachhut in schwere, wütende Kämpfe mit den Rotarmisten verwickelt. Zwar durchschauen die Sowjets die taktische Kehrtwendung des Generals Hoßbach nicht, aber sie nützen die Räumung auf ihre Art.

»Zuerst wird die Scheune des Bauern Hermann in Brand gesteckt«, berichtet die Augenzeugin Katharina Göbel aus Kronau. »Dann werden wir Frauen in ein Zimmer meiner Wohnung eingeschlossen, die Männer aus dem Hause geholt und erschossen, unter anderem auch achtzehn Franzosen, die bei Bauern in Kronau und Grundensee in Arbeit waren. Alle Männer und Frauen haben Genickschuß. Auf den Straßen tote Menschen, totes Vieh, Fleisch, Brot, Mehl, Zucker, alles durcheinander . . . Wir Frauen können nicht einmal weinen.«

Der Himmel hängt tief. Der Tag bringt die Augen nicht auf. An einem schwefelgelben Horizont sammeln sich schwere Schneewolken. Das Thermometer sinkt und sinkt und sinkt. Der weiße Tod arbeitet als Zuhälter für die Rote Armee.

In Dreierreihen, mehr stehend als fahrend, immer wieder abgedrängt, kommen die Kolonnen aus Süden, aus Osten, aus Norden. Die Pferde können kaum weiter, die Menschen haben die Hoffnung verloren. Viele wurden schon von den Russen überholt in den ungeheuren Ballungsgebieten von Sensburg, Rössel, Labiau, oder dem Kessel von Elbing. Sie haben sich noch einmal davongestohlen, quer durch die russischen Linien, ausgeplündert bis aufs Hemd, schleppen sie sich dahin, mit schwerem Herzen und leichtem Gepäck.

Wer nicht mehr kann, bleibt liegen; wer liegenbleibt, wird von den anderen überfahren. Den Toten tut es nicht mehr weh, und die Räder fragen nicht danach, ob sie jung oder alt sind. Man gewöhnt sich an ihren Anblick. Sie markieren den Weg anstelle der Straßenschilder.

Einen Moment lang bleibt Claudia stehen, betrachtet das eingefallene Geschicht eines Fünfzehnjährigen. Sie sucht seine Erkennungsmarke, bricht sie auseinander. Als sie weitergehen will, stellt sie fest, daß der Junge noch eine Pistole hat. Sie zögert, aber er kann die Waffe ohnedies nicht mehr brauchen. Claudia nimmt sie ihm weg und gelobt sich, daß weder an Prisca, noch an sie selbst, noch an den Jungen, je ein Russe Hand anlegen soll.

Panik verhindert jede Orientierung. Vorne ist auf einmal hinten, links wird plötzlich rechts. Der Lindwurm dreht sich um 180 Grad, weil vorne Panzer kommen, um dann direkt in die sowjetische Infanterie hineinzulaufen, aber meistens sind die Motoren der Panzer schneller als Pferde.

In jedem Moment dieser endlosen Reise über vereiste Straßen, über weglose Schneefelder sind die Menschen, die ihre Heimat verlieren, in Gefahr, von den Rotarmisten überrollt zu werden. Sie sehen nicht nach links, nicht nach rechts, treiben die Pferde an, die sich ins Geschirr stemmen und unglaubliche Strapazen durchstehen, als spürten sie, worauf es ankommt.

Niemand weiß, wie viele Trecks in diesen Tagen von den Russen überrollt werden. Hunderte, vielleicht viel mehr. Im glücklichsten Fall werden den Flüchtlingen die Pferde ausgespannt, die Wagen in den Graben gekippt, das Brauchbare geraubt und die Zivilisten mit Flüchen und Drohungen dorthin zurückgeschickt, woher sie kommen.

Die Kampftruppen, vor allem die ukrainischen und weißrussischen, sind nicht die schlimmsten. Sie warnen gar nicht so selten die Frauen und Mädchen vor den nachkommenden Einheiten. »Frau fort!« sagen sie in gebrochenem Deutsch. »Andere Russki nix gutt.«

»Unser Treck wurde bei Rössel von sowjetischen Panzern überrollt und zum Halten gezwungen«, bestätigt Hedwig Podschull die Warnung der Kampftruppen. »Die Flüchtlinge wurden von den Fahrzeugen gerissen, die, nach restloser Ausplünderung und nach Abschirren der Zugtiere, von den Soldaten einen steilen Abhang hinuntergestoßen wurden. Unbekümmert um die Menschen herum, begannen die grauenhaftesten Vergewaltigungen von Frauen jeden Alters, einerlei, ob sie in deutscher, polnischer, russischer oder litauischer Sprache um Gnade flehten. Unterwegs sahen wir nur Bilder des Grauens«, stellt die damals hochschwangere Augenzeugin weiter fest. »In den verschneiten Chausseegräben lagen die verstümmelten Leichen geschändeter Mädchen und Frauen, erschossener oder erschlagener Männer, sogar Kinder.«

Seit Mittag kauert Prisca am Kutschbock, hält die Zügel in ihren klammen Händen, ist froh für jede Stunde, in der Claudia, Fabian im Arm, hinten im Wagen etwas Schlaf findet. Jaromir und Kasimir, die Pferde, sind noch gut in Schuß. Sie ziehen scheinbar mühelos dahin, Stunden, Tage, mit nickenden Köpfen, mit Körpern, die unter den Decken dampfen.

Und dann heißt es wieder: Halt. Ein Kradmelder rollt an der Kolonne entlang. »Wo ist der Treckführer?« ruft er.

Genauso könnte er fragen, wo es Apfelsinen für die Kinder gibt, oder heißen Bohnenkaffee.

Der Mann fährt weiter; er fragt wieder. Nur Frauen, oder Mädchen, oder Kinder. Dazwischen mal ein alter Mann, den die anderen stützen müssen. Oder ein Pole. Oder ein französischer Kriegsgefangener auf Heimatkurs.

Der Melder wendet: »Verflucht noch mal, gibt's denn hier keinen, der zuständig ist?« schreit er die Flüchtlinge an.

»Nur der liebe Gott«, ruft eine mürrische Frau unter einer Plane.

»Was wollen Sie denn eigentlich?« fragt Prisca.

Der Mann atmet auf, erzählt, daß eine ganze deutsche Armee im Anrücken sei, um die Danziger Bucht freizukämpfen und bei Sportehnen der Übergang über die Passarge erzwungen werden soll.

»Wenn ihr vernünftig seid, schaffen wir das, und ihr kommt durch. Also«, ruft der Feldgraue laut, »räumt diese Straße! Geht über die Feldwege oder wartet, bis wir durch sind!«

Die Gestrandeten sind viel zu erschöpft, um überhaupt zuzuhören, aber Claudia erfaßt die Situation.

»Los, Leute!« sagt sie und lenkt ihr Pferdefuhrwerk als erstes beiseite, merkt, daß ihr keiner folgt. »Verdammt noch mal«, schreit sie, »seid doch nicht so transusig!«

Sie geht auf das Gefährt hinter sich zu, faßt den Gaul am Zügel und langsam, wie in Zeitlupe, folgen die anderen ihrem Beispiel. Die Hoffnungslosen wurden zu oft von den eisglatten Chausseen geschubst, um noch einen Sinn darin zu sehen, die Straße freizumachen. Aber als sie jetzt die Soldaten mit den entschlossenen Gesichtern vorbeifahren sehen, springt ein Funke Hoffnung auf sie über. Das sind keine Troßkolonnen, die flüchten und faule Ausreden vor sich hinmurmeln, sondern dies sind Kampftruppen, die das Letzte aus sich herausholen, um sie alle zu retten.

Die Soldaten winken ihnen zu. Ihnen folgen Paks, von Pferden gezogen. Offene Schützenpanzerwagen, ein paar Geschütze. Und Munitionswagen. Man hört sogar schon in der Ferne das dumpfe Rumpeln von Panzermotoren. Deutsche Panzer, das ist die größte Überraschung, die die Flüchtlinge seit Tagen erleben.

Claudia macht den Wagen wieder flott. Prisca versucht ungeschickt zu helfen.

»Es ist schlimm«, sagt sie. »Du bist so tüchtig und ich . . . ich bin so nutzlos –«

»Unsinn«, erwidert die Schwester, die im Drei-Mäderl-Haus des Zerkaulen-Gutes immer mehr Junge als Mädchen gewesen war, der Pferdejunge. »Du bist doch blendend in Latein und Griechisch.«

»Sag's den Russen«, versetzt Prisca trocken, dann lachen beide.

»Pst«, Claudia legt den Finger an die Lippen. »Fabian schläft.«

Sie gibt Jean einen Wink, im Wagen liegenzubleiben. Sie geht neben den Pferden her, um sich warmzulaufen. Es ist das einzig Richtige in dieser Kälte, aber es kostet Kraft. Und Kraft kostet Verpflegung. Aber dafür hat ja Werner Held gesorgt. Claudia wacht über den Proviant. Jeder bekommt das gleiche. Es gibt nur einmal Ärger bei der Verteilung, als Claudia sieht, daß Jean dem Jungen heimlich etwas zusteckt.

»Er noch so klein, so petit«, entschuldigt er sich für seine Selbstlosigkeit.

»Eben«, schimpft Claudia. »Du bist so groß. Und wir dich noch brauchen. Toujours.«

Sie müssen mit ihren Vorräten haushalten. Sie wissen nicht, wie lange die Flucht noch dauern wird. So ziehen sie weiter, nicht gerade satt, aber noch lange nicht so hungrig wie die anderen, die beginnen, den toten Pferden das Fleisch von den Rippen zu schneiden und es roh hinunterzuschlingen.

Es gibt aber auch Plünderer, die über die Wagen ihrer Schicksalsgefährten herfallen, oder ihnen die ausgespannten Pferde stehlen. Die Volksgemeinschaft ist genauso unter den Nullpunkt gesunken wie die Temperatur. Der Selbsterhaltungstrieb läßt zum Mörder werden.

Wieder zerstörte Häuser. Waren die Russen schon hier? Oder hat bloß ihre Artillerie hineingeschossen? Der Tod ist allgegenwärtig. Er versteht sein Geschäft; er lauert und lockt, droht und treibt, er schläfert den Lebenswillen ein, um ihn im nächsten Moment wieder hochzuputschen.

Wohin? Die Heimat ist ein Labyrinth. Hindernisse werden zu Massengräbern. Ortsschilder sind umgestürzt. Dörfer haben keine Namen mehr. Dazwischen wieder einmal ein Haus, völlig intakt, aber die Fensterläden sind geschlossen und die Türen verrammelt wie die Herzen.

»Halt mal eben an, Prisca«, sagt Claudia, als sie einen verschonten Weiler passieren.

Alles in Ordnung. In den Ställen schreit noch das Vieh. Daneben, sauber aufgeschichtet, unter einer Überdachung, die Buchenscheite. Ein Hofhund rasselt an seiner Kette, er ist zu erschöpft, um zu bellen, aber die Zähne zeigt er noch immer.

»Ich hab' jetzt genug«, schimpft Claudia. »Da sind doch Leute im Haus . . . Fabian braucht mal 'n Glas warme Milch und . . .«

Sie hämmert mit den Fäusten gegen die Holztür, doch nichts rührt sich drinnen.

»Die haben Essen und Futter für die Pferde und eine warme Stube. Verdammt noch mal!«

Claudia klopft wieder, aber die Türe bleibt versperrt. Vermutlich mit einer Eisenkette gesichert. Das resolute Mädchen will schon aufgeben, aber in diesem Moment hält ein Wehrmachtswagen, und einer der Soldaten fragt: »Was ist denn los, schönes Fräulein, warum so aufgebracht?«

»Halten Sie die Klappe!« kontert Claudia. »Oder sehen Sie lieber zu, wie wir ins Haus kommen.« Die Soldaten klettern aus dem Kübelwagen: »Entschuldigen Sie«, sagt Claudia etwas kleinlaut. »Aber wir sind jetzt schon wieder seit vier Tagen unterwegs, und –«

Mit vereinten Kräften, mit Gewehrkolben und Stiefelabsätzen schlagen die Soldaten die Tür ein: »So«, wendet sich ein Unteroffizier wieder an Claudia. »Jetzt können Sie ausschlafen. Aber machen Sie schnell, sonst weckt Sie der Russe.«

Es ist still im Haus.

»Ist da wer?« ruft Claudia.

Keine Antwort. Der Flur blitzt vor Sauberkeit. Claudia betritt die Küche. Die Töpfe hängen an ihrem Ort, Tassen und Teller sind gespült. Das Mädchen geht energisch weiter, reißt die Wohnzimmertür auf.

Die ganze Familie ist in der Stube versammelt: Vater, Mutter, ein achtjähriger Junge und zwei Mädchen, offensichtlich Zwillinge. Aber in dem Raum ist es gespenstisch still, obwohl Claudia Worte zu hören glaubt, die nicht gesprochen werden. Das Perpendikel einer Standuhr zerhackt die Zeit, das Werk muß noch einmal aufgezogen worden sein.

Der Bauer hat die Augen offen, das Kinn auf die Hand gestützt. Die Frau liegt neben ihm auf dem Sofa, wie im Schlaf zurückgelehnt. Der Junge kniet am Boden, und die beiden Mädchen, vielleicht fünfzehn Jahre alt, halten sich an den Händen. Die ganze Familie ist tot – und das Zeug, mit dem sie sich vergiftet hat, steht noch auf dem Tisch.

Die Giftflasche ist noch halbvoll, und einen Moment lang überlegt Claudia in dem blitzblanken Wohnzimmer, in dem eine Familie gemeinsam in den Tod ging, ob sie das Gift einstecken soll wie die Pistole des gefallenen Pimpfes.

Da hört sie Schritte, fährt hoch, dreht sich um. Fabian ist seiner Tante nachgerannt.

»Du sollst doch den Jungen festhalten, verdammt noch mal!« fährt sie Prisca an, legt die Hand um Fabians Kopf, zieht den Widerstrebenden hinaus, schließt die Türe sanft, als könnte sie den ewigen Schlaf der Hausbewohner noch stören.

Jean kommt aus der Vorratskammer, hält, was seine Arme tragen können, aber sein Lächeln vergeht, als er in Claudias Augen sieht. Sie gehen noch einmal zurück, holen, was sie finden. Es ist bereits als Proviant abgepackt, offensichtlich wollte die Familie trecken und hat sich dann zu einer anderen Fluchtart entschlossen.

»Wir müssen weiter«, drängt Prisca.

»Gleich«, erwidert Claudia.

Sie gibt dem Franzosen einen Wink. Sie gehen noch einmal in den Stall, in dem Pferde und Kühe vor Hunger brüllen. Ohne sich abzusprechen, beginnen sie, die armen Tiere zu füttern. Vielleicht kommt noch eine Wehrmachtseinheit und nimmt sie mit. Vielleicht –

»En avant, Jean!« sagt Claudia. »Fahrt schon voraus!« ruft sie dann Prisca zu. »Ich komm gleich nach.«

Jean nickt. Dann fällt dem Mädchen ein, wie sie ihren Dank den Toten gegenüber abtragen könnte.

Sie wirft dem Hofhund ein Stückchen Fleisch zu. Das Tier frißt gierig, wedelt mit dem Schwanz, blickt das Mädchen dankbar an. »Komm«, sagt sie, wirft der hungrigen Kreatur noch etwas Fressen zu. Der Hund schlingt, schmiegt den Kopf in Claudias Arm.

Es ist unlogisch, ein Tier zu füttern, bevor man ihm den Gnadenschuß gibt, aber das Herz hat seine eigene Logik.

Die Flucht geht weiter. Keine Zeit zum Denken und zum Fühlen. Und Tränen gefrieren ohnedies zu Eisperlen. Kasimir und Jaromir holen so kräftig aus, als witterten sie das zusätzliche Futter, wenn der nächste Stau eine Rast erzwingt.

Das Grollen der Front wird stärker – doch wo ist die Front? Was ist Gefechtslärm, was Echo? Jedenfalls ist das Brüllen der Geschütze nicht mehr einseitig. Man faßt wieder Mut.

Der Stromausfall läßt die Propagandalügen im Radio verstummen. Es gibt auch keine Zeitungen mehr, die man für ›hinterlistige Zwecke‹ verwenden könnte. Gerüchte ersetzen die Massenblätter, stündlich, minütlich.

Vielen Ostpreußen hatte die Flucht längst gelehrt, sich gegen voreilige Hoffnungen und Ängste abzuschirmen, aber an diesem 26. Januar spüren sie, daß diesmal sich wirklich eine militärische Wende anbahnt.

Vorausverbände der 4. Armee haben die Passarge erreicht, den tief eingeschnittenen Fluß, der sich in zahllosen Windungen zum Frischen Haff durchschlängelt. Bei Sportehnen schuften Pioniere der 170. Division im Eiswasser an einer Notbrücke. Im Feuer der russischen Artillerie erzwingen die deutschen Soldaten unter großen Verlusten den Übergang und stoßen gegen Liebstadt vor.

Claudia Zerkaulen rechnet die Kilometer auf der Straßenkarte aus, hakt ab, mißt die neue Entfernung zur Küste. Die Namen zerschossener Dörfer werden zu Meilensteinen einer erbarmungslosen Wanderung. War das noch Arnsdorf oder schon Oberheid? Soll man über Wormditt weiterziehen oder versuchen, über Open auszuweichen?

Weiter. Nichts wie weg, doch kein Pferdewagen kann schneller sein als die Kolonne, in die er eingekeilt ist. Es ist später Nachmittag. Der schneebedeckte Himmel hat sich entladen. Eine helle Mondnacht kündigt sich an.

Wieder stehen die Räder still. Wieder rollt eine Wehrmachtskolonne heran. Plötzlich ein Schreckensschrei: »Die Russen!«

Die ersten Panzer fahren in die Kolonne, zermalmen Mensch und Tier.

»Los, raus!« ruft Claudia ihrer Schwester und dem Jungen zu.

Während Jean, Jaromir am kurzen Zügel führend, einen Nebenweg einschlägt, hasten Prisca, Fabian und Claudia auf eine abseits stehende Scheune zu.

Noch zweihundert Meter, noch hundert.

Sie werfen sich in den Schnee, rappeln sich wieder hoch, erreichen keuchend den Eingang.

»Wirf die Pistole weg!« sagt Prisca.

»Ich denk nicht dran!« entgegnet die Schwester und betritt als erste die Scheune.

Der Mief schlägt Claudia entgegen wie eine Faust, als sie die morsche Tür der Feldscheune aufreißt. Hinter ihr keucht Prisca, den schlaftrunkenen Jungen an der Hand. Der Widerschein des Feuers züngelt über ihr kaltes, blasses Gesicht. Die junge Mutter sieht aus wie eine Marmorstatue, die in Blut getaucht wurde. Hinter den Eintretenden verwandelt sich ein Dorf in ein Tollhaus. Kurze, schnelle Feuerstöße, zischende, prasselnde Stichflammen. Die Todesschreie der Sterbenden. Die gellenden Hilferufe der Frauen. Ostpreußen 1945, Januar-Melodie.

»Snell – snell, come in – close the door!« fordert ein Uniformierter Prisca auf, die Türe rasch zu schließen. Claudia, die einen Moment lang befürchtet hatte, blindlings Russen in die Hände gelaufen zu sein, atmet wieder langsam auf.

Aus deutscher Gefangenschaft geflohene amerikanische Offiziere, zehn oder zwanzig, vielleicht noch mehr, liegen auf Stroh, eng zusammengepfercht. Stoppelige Gesichter, von den Strapazen gezeichnet. Keiner sagt ein Wort, aber die Männer in der Mitte versuchen auseinanderzurücken, um den beiden Mädchen und dem Jungen Platz zu machen.

Der Offizier an der Tür, ein Captain, sieht aus wie eine halbe Portion, aber er ist ein Bündel Energie, offensichtlich der Regisseur einer doppelten Flucht: ebenso vor den deutschen Bewachern wie vor der Roten Armee. Ein Fanatiker in deutscher Uniform, dem sie unvorsichtig in den Weg laufen, könnte die Offiziere auf der Flucht niederknallen wie räudige Hunde. Und wenn ihre roten Waffenbrüder auf sie zutaumeln, wissen die Befreiten nicht, ob sie umarmt oder umgelegt werden sollen.

Der Captain starrt durch einen Spalt, nickt, schließt die Türe. »Dirty bastard peoples«, flucht er und schiebt einen brüchigen Holzriegel vor. Außer diesem Schutz gegen die Rotarmisten verfügt Claudia noch über die gefledderte Walther 7,65, mit sechs Schuß Munition und hadert mit sich, daß es keine sieben sind, weil sie eine armselige Kreatur durch einen Gnadenschuß von ihrem Leiden erlöst hat.

»Du nix Angst, little boy«, radebrecht einer der Männer und winkt den kleinen Fabian heran. Er fährt ihm mit der Hand über den Blondschopf.

Der Junge lächelt ängstlich und tapfer zugleich.

»Take it«, sagt der Amerikaner und reicht ihm einen Riegel Schokolade, ein Überbleibsel aus einem IRK-Paket.

»Danke«, sagt Fabian, wickelt die Rarität aus dem Papier und bietet seiner Mutter und seiner Tante, die beide ablehnen, von der Kostbarkeit an. Die Hälfte will er für morgen aufheben.

»Iß das gleich!« drängt Claudia, weil die Philosophie des Überlebens vorschreibt, daß man nur sicher hat, was man gleich verschlingt. Sie läßt ihn nicht aus den Augen. Der Junge ist bewundernswert, er geht unberührt durch Dreck und Blut, fast so arrogant wie seine Mutter. Dazu hat er das Gesicht des Vaters, seinen schmalen Kopf, schmale Lippen, graue, forschende Augen, die viel zu früh lernen müssen, Lebende von Toten zu unterscheiden.

Die Schreie aus dem Dorf sind spitz und schrill, sie markieren letzte Not. So laut und so nah, daß die Menschen in der Scheune mit den Ohren den Untergang eines Dorfes sehen. Die Todesschreie der Väter. Das Flehen der Mütter, die sich anstelle ihrer Töchter der Soldateska anbieten. Der Jammer der Alten, die in die Nacht hinausgestoßen werden, bevor man ihre Gehöfte anzündet.

Die Amerikaner starren mit verkrampften Gesichtern ins Leere. Der Sieg, auf den sie jahrelang sehnsüchtig gewartet haben, kotzt sie an. Er stinkt aus dem Maul nach Blut, Fusel und Machorka. Und so versuchen sie, sicherheitshalber nach Westen zu fliehen. Es ist, als ginge nach dem Weltuntergang im Osten nun das Licht im Westen auf.

Aber die Richtung stimmt nicht immer. Auf einmal sind die Fronten so ineinander verkeilt, daß weder deutsche noch sowjetische Kommandeure sagen können, wie sie verlaufen. Im Gegensatz zu dem Wahnsinnigen tief unter der Reichskanzlei, der sich als ›größter Feldherr aller Zeiten‹ titulieren läßt, haben die Russen erkannt, daß die Entscheidung um Ostpreußen bei Elbing fällt. Wenn sie die Stadt nehmen und die Weichselübergänge sperren, haben sie das ganze Land abgeschnitten und in der Hand.

Deshalb stürmt, entgegen dem Befehl des Führerhauptquartiers, die 4. Armee des Generals Hoßbach von den Russen noch weitgehend unbemerkt in Gewaltmärschen heran, um die sowjetischen Panzerkeile vor Elbing zu zerschlagen, ihnen den Weg zum Frischen Haff zu versperren und die Straßen durch Pommern bis an die Oder und noch weiter freizuhalten. Aber die Rote Armee wirft den letzten Mann und das letzte Geschütz in den unheimlich rasch vorangetriebenen Panzerkorridor zur Ostsee, der sich immer mehr verbreitert, die Landschaft überflutet wie ein Strom bei Hochwasser – ein Strom von Blut, Auschwitz auf russisch.

Und das sieht, was die dreiundzwanzig Jahre alte Hausgehilfin des Bürgermeisters von Landberg betrifft, so aus: »Nachdem sie zehn bis zwölf sowjetische Soldaten über sich ergehen lassen mußte, verrichteten diese ihre Notdurft über ihrem Opfer und ließen es kotbedeckt liegen.«

Die Gutsherrin Eva von der Heyden aus Nerfken stellt fest: »Die Russen wüteten fürchterlich. In der Hauptsache suchten sie verborgene deutsche Soldaten und Frauen und Mädchen. Letztere wurden in den Nächten laufend vergewaltigt. Leider ist es vorgekommen, daß deutsche Flüchtlinge, hauptsächlich aus den Grenzkreisen, Frauen und Mädchen gegen Zigaretten den Russen verrieten . . . Ich habe mich dann drei Tage allein in einem Wald nahe der Chaussee aufgehalten. In meiner Verzweiflung versuchte ich, mir die Pulsadern aufzuschneiden«, berichtet die damals Neunundsiebzigjährige weiter. »Vorbeikommende Russen verbanden mir wieder die Wunden, nahmen aber die Gelegenheit gleich wahr und plünderten meinen Rucksack . . .«

»Auch die neun Monate alten Zwillinge der Frau Sawodni wurden ermordet«, berichtet als Augenzeuge Ernst Gortert aus Frögenau. »Die Kinder haben, als sie gefunden wurden, eine Eßgabel im Hinterkopf stecken.«

»Ich muß besonders darauf hinweisen«, berichtet der katholische Pfarrer, Dr. Gerhard Fittkau, der sich von den Sowjets überrollen ließ, »daß die Mordgier der Russen bei uns auch vor Alten und Kranken nicht haltmachte. Zwölf über sechzig Jahre alte Männer und mehrere alte Frauen wurden erschossen, von den vier über achtzig Jahre alten Opfern war eines seit Jahren gelähmt, aber bei vollem Bewußtsein. Weil er offenbar der roten Horde im Wege war, mußten die eigenen Kinder ihren sechsundachtzigjährigen Vater aus dem Bett in den Schnee hinter die Scheune werfen, wo er dann, als er in seiner Not schrie, brutal erschossen wurde. – Ähnlich erging es einem schwerkranken Invaliden. Als der Bauer, auf dessen Hof das Verbrechen geschah, versuchte, ihn zu bestatten, wurden ›zur Strafe‹ alle Leute, die sich dort aufhielten, mißhandelt, dem Bauern der Bart ausgerissen, alle zur Erschießung an die Wand gestellt, ein fünfzehnjähriges Mädchen niedergeschossen und zwei junge Mädchen mitgenommen. Die Leichen mußten in einen Torfbruch geworfen werden. Unser fünfundsechzig Jahre alter Glöckner wurde, selbst ein schwer lungenkranker Mann, vor dem Bett seiner fünfundachtzigjährigen Mutter in Gegenwart von acht kleinen Kindern ermordet, nachdem vier Schüsse über das Bett der alten Frau abgefeuert worden waren.

Im Nachbarort aber passierte es, daß ein russischer Posten den Befehl, Pfarrer Teschner zu erschießen, nicht ausführte. Er gab drei Schüsse in die Luft ab, sperrte sein Opfer in einen dunklen Raum und schickte es nachts in den Wald mit der Versicherung:

›Nicht alle Russen sind solche Schweine wie mein Kommandeur.‹«

Vielleicht sind nicht alle Russen, die in dieser Ortschaft wüten – ist es noch Schmauch oder bereits Göttchendorf? –, solche Schweine, überlegt Claudia ziemlich zwecklos, aber betrunken sind sie jedenfalls ausnahmslos. Die Hilferufe der Frauen und Mädchen kommen seltener, erstickter, aber die dünne Ruhe trügt, sie wird immer wieder zerrissen von Gelächter und Zurufen, noch in ziemlicher Entfernung, aber früher oder später müssen die Sowjets die Scheune entdecken.

Claudia Zerkaulen sitzt in der Falle, aber sie denkt nicht daran aufzugeben. Hat Jean mit den Pferden und dem Wagen noch den Wald erreicht? Wie soll sie ihn finden? Wo, verdammt noch mal, sind die deutschen Kampfverbände geblieben, die nun schon seit Tagen an ihnen vorüberrasseln?

Es ist Nacht, aber durch die Ritzen der Bretter dringt Helligkeit, sie kommt nicht nur von den im Dorf gelegten Bränden. Nach tagelangen Schneestürmen gleißt vom Nachthimmel heute ein hartes, kaltes Licht. Der Mond wird zum Verräter. Sein heller Schein bricht sich funkelnd in den Schneekristallen der endlosen Winterlandschaft.

»The Russians are coming«, sagt der schmächtige Captain, der an der Scheunentür Horchposten bezogen hat, und strafft sich. »Die Russen kommen.«

Ein paar Offiziere erheben sich, sehen sich um, wie nach Waffen. Einen Moment lang ist Claudia versucht, ihnen ihre Pistole zu geben.

»Go on, baby«, sagt der nette Ami, der Fabian mit Schokolade beschenkt hat, und bedeutet ihr durch eine Geste, sich so tief wie möglich unter das Stroh zu wühlen. Sie hält den Jungen fest. Für Prisca findet sich in der linken Ecke ein Versteck. Schnell, geschickt und wortlos decken die entflohenen Kriegsgefangenen die Flüchtlinge mit Heu und Stroh ab, setzen sich darum herum, geben ihnen so Wärme und Schutz. Der Captain tritt seinen verachteten Waffenbrüdern entgegen und sagt mit seinem gesamten russischen Sprachschatz, daß er und seine Leute Amerikaner seien.

Der vordere Iwan schießt zuerst einmal in die Luft, dann begreift er und ruft den anderen Rotarmisten etwas zu. Sie betreten lärmend die Scheune. Claudia spürt einen Niesreiz, drückt den Jungen an sich und hofft, daß diese schlaksigen, sportlichen Burschen aus den USA nicht soviel von den randalierenden Sowjets mich sich machen lassen wie gehetzte Mädchen oder wehrlose Bauern.

»Amerikanski Towaritschi«, plärrt einer der Sowjets und hält dem Captain die Schnapsflasche hin: »Nastrowje.«

»Son of a bitch«, murmelt der Amerikaner und schüttelt den Kopf. Der Rotarmist bietet dem nächsten seinen Fusel an, auch er lehnt ab, der übernächste ebenfalls, und der vierte giftet: »Fuck yourself.«

Es dauert eine Weile, bis die vernebelten Gehirne der Rotarmisten merken, wie sich die US-Offiziere vor ihnen ekeln. Die breite Gutmütigkeit auf ihren Gesichtern verschwindet. Während der eine den anderen beiden etwas zuruft, grinst er tückisch.

Fast gleichzeitig kippen die drei Russen ihren Fusel in das Stroh, zünden es an, lachen rauh über ihren Spaß und stürmen hinaus.

Stichflammen schießen hoch, fressen sich in andere Strohballen. An zwei Stellen gelingt es den amerikanischen Offizieren, das Feuer auszutreten, aber in der Nähe von Priscas Versteck züngeln die Flammen schon bis an die Decke. Die Amis ziehen die Strohballen weg, reißen die Entsetzte in dem Moment hoch, als die Flammen auf ihre Haare und ihren Pullover übergreifen.

Sie stürmen hinaus. Prisca in der Mitte. Sie reißen sie mit, auf die vor Lachen brüllenden Iwans zu.

Claudia zögert noch, obwohl es in der Scheune unerträglich heiß ist. Der Junge hustet. Die Glut versengt ihr Augenbrauen und Wimpern. Der Rauch macht die tränenden Augen blind.

»Look«, schreit einer der Offiziere und faßt sie am Arm. Fast im gleichen Moment sieht sie, daß das Feuer in die Rückwand der Scheune ein Loch gefressen hat. Ein Notausstieg. Sie zieht Fabian mit. Im nächsten Moment stürzen brennende Dachbalken herab. Sie springt durch das Loch. Der Amerikaner hievt den Jungen hinaus. Frische Luft sticht in die Lungen. Claudia hastet fünfzig Meter weit, achtzig. Sie erreicht einen Graben. Sie wirft sich in Deckung, verschnauft, bis zum Hals im Schnee.

Sie verfolgt, wie immer mehr Russen auf die brennende Scheune zurennen und sich johlend daran ergötzen, daß diese feinen Pinkel aus Amerika um ihr Leben durchs Feuer laufen müssen.

Und dann sehen sie die Frau, Prisca, sich im Schnee wälzend, um die Flammen zu ersticken. Ein Unteroffizier reißt sie an den Haaren hoch: »Frau, komm!«

Der schmächtige Captain fährt dazwischen, hat auf einmal eine russische MP in der Hand.

Der Rotarmist läßt Prisca los und weicht zurück, aber die anderen schieben sich näher. Die Situation ist hoffnungslos, aber im nächsten Moment bricht der Zauber los.

Eine motorisierte deutsche Vorausabteilung ist unbemerkt an das Dorf herangekommen.

Schon der erste Feuerstoß sitzt. Die trunkenen und durch das Geschehen an der Scheune abgelenkten Rotarmisten kommen nicht zur Gegenwehr.

Die Amerikaner werfen sich in Deckung, fliehen in den Wald, entkommen geschlossen, aber auf sie hat es die Kompanie des Oberleutnants Schramm auch nicht abgesehen.

Der Angriff der 4. Armee prallt mit solchem Ungestüm in die russische Flanke, daß eine Vorausabteilung im Dorf Sommerfeld achtzig Russen in den Betten der von ihnen vergewaltigten Frauen überrumpelt, herauszerrt, an die Wand stellt, erschießt und weiterstürmt. Erschöpfte, ausgeblutete Divisionen greifen ohne Rast nach tagelangen Gewaltmärschen den Feind an und werfen ihn zurück. Zwar werden während des geschlossenen Sprungs zwei Divisionen nach Samland abgezogen, zwar erreichen nicht alle Einheiten rechtzeitig die vorgesehenen Bereitstellungsräume, aber die Soldaten des Generals Hoßbach vollbringen eine der letzten Bravourleistungen in einem verlorenen Krieg. Nicht selten ersetzen sie die Munition durch Tapferkeit und die Motorenstärke durch Muskelkraft.

In jedem Dorf, auf jedem Gehöft begegnen sie den Spuren der Roten Armee. Der Krieg steht ihnen bis zum Hals. Hitler kann mit seinen Sprüchen keinen Hund mehr hinter dem Ofen hervorlokken, aber die Erbitterung über die Greuel, die Stalins Armee verübt hat, treibt sie noch einmal ins Feuer.

Am 26. Januar gegen 19 Uhr treten die 139. und 175. Infanteriedivision nach einem Gewaltmarsch von zweihundert Kilometern gegen eine sowjetische Übermacht zum Sturm an. Scharnigk wird erobert, geht verloren, wird wieder besetzt. Die 131. Division erreicht den Stadtrand von Liebstadt. Die 170. geht gegen die Passarge vor. Am Abend des 28. ist die Linie Rogehnen–Pergusen frei. Am 29. stehen die Infanteristen acht Kilometer südlich von Preußisch-Holland und zerschlagen sowjetische Nachschubkolonnen.

Unter unendlichen Strapazen haben die Menschen die Küste erreicht und sich einen Platz auf einem Schiff erkämpft. Aber die Pferde, denen sie ihre Rettung verdanken, müssen am Kai zurückbleiben. Auch die Ziege, die den Kindern Milch gab.

Die mit Flüchtlingen völlig überladene »Pretoria« trifft im Hafen von Kopenhagen ein.

Sie haben es geschafft, aber ein ungewisses Schicksal liegt vor ihnen: ostpreußische Flüchtlinge im Hafen von Kopenhagen. Im Hintergrund das Kriegsschiff »Prinz Eugen«.

Ein einsamer ostpreußischer Junge, ein Flüchtlingskind, im Hafen von Kopenhagen.

Die deutsche Kriegsmarine setzt alle ihre noch verbliebenen Schiffe ein, um aus den schon von den Russen besetzten Teilen Ostpreußens so viele Flüchtlinge wie möglich zu retten. Eng zusammengedrängt stehen die Menschen an Deck selbst der kleinsten Räum- und Schnellboote – froh, der Hölle der zusammenbrechenden Front und dem sicheren Tod entkommen zu sein.

Für alle, die weder Auto noch Pferdefuhrwerke zur Verfügung hatten, ist die Reichsbahn die einzige Möglichkeit, sich vor den vorrückenden Russen in Sicherheit zu bringen. Oft verlassen die überfüllten Züge erst die Bahnhöfe der ostdeutschen Städte, wenn die ersten Panzergranaten der Russen einschlagen. Die Bilder zeigen einen der Flüchtlingszüge bei einem kurzen Halt auf der Fahrt in den Westen (oben) und beim Eintreffen im März 1945 in Berlin (unten).

Während Gauleiter Koch, der aus Königsberg geflohen ist, in das Führerhauptquartier über Funk bewußt die Falschmeldung durchgibt: »Die 4. Armee auf der Flucht ins Reich, versucht feige sich nach Westen durchzuschlagen. Ich verteidige Ostpreußen mit dem Volkssturm weiter«, stößt eine Jägerdivision in den Raum von Elbing vor und steht vor dem Ziel.

Die Kampfgruppe Held wird in ihrem Abschnitt zur Feuerwehr des Eilmarsches. Sie hat Versprengte aufgelesen und mit ihnen ihren Mannschaftsbestand ergänzt. Seit langem ist die Einheit wieder vollbewaffnet und vollmotorisiert. Aus den Benzinlagern der Partei hat sie sich so gründlich mit Treibstoff versehen, daß sie mit aufgeschnallten Spritfässern in den Angriff rollt.

Die Panzerspitze wagt sich zu weit vor, zieht sich mit viel Geschick und Glück wieder zurück und schlägt dann sofort die Nachbareinheit heraus, kesselt eine sowjetische Troßkolonne ein, als sie per Funkspruch überraschend aufgefordert wird, anzuhalten und sich einzuigeln.

»Die haben doch wohl nicht alle Tassen im Schrank«, schimpft Major Held, obwohl ihm der Aufenthalt ganz gelegen kommt, um sowjetischen Sprit zu zapfen. Er weiß noch nicht, daß der Angriff nach Westen auf Befehl Hitlers ganz eingestellt werden muß, Oberbefehlshaber Reinhardt und General Hoßbach abgelöst und durch zwei Durchhalte-Generale ersetzt werden.

Werner Held sieht auf die Karte, schätzt annähernd die nur noch kurze Entfernung nach Elbing. »Wie weit seid ihr, Sportsfreunde?« fragt er ungeduldig.

»Wir bringen den Sprit nicht unter.«

»Dann gebt ihn den anderen«, erwidert der Major und sieht einem Infanterie-Oberleutnant entgegen, der auf ihn zukommt.

»Schramm«, stellt sich der Mann, außer Atem, vor.

»Sie bringen wohl die neuen Wunderwaffen?« grinst der Kommandeur.

»Nein, Post, Herr Major. Von Ihrer Frau. Mittlere Brandwunden. Unterwegs zu einem Lazarettschiff.«

Helds Gesicht versteinert. Seine Gesichtsmuskeln spannen sich unnatürlich. »Wo?« fragt er. »Wann? Wie?«

»Ihr Junge ist wohlauf«, berichtet der Oberleutnant weiter. »Und Ihre Schwägerin. Eine fabelhafte Frau. Sie hat die geklauten Pferde mit der Waffe in der Hand gegen einen Ortsbauernführer zurückerobert. Sie ist jetzt mit dem Jungen in Richtung Tolkemit unterwegs zum Haff.«

Werner Held bietet dem Kompaniechef eine Zigarette an und überläßt ihm 5000 Liter russischen Sprits.

»Besten Dank. Damit rollen wir bis Danzig«, entgegnet Oberleutnant Schramm und verabschiedet sich.

Aber er rollt nicht weiter. Der Angriff nach Westen ist eingestellt. Die Panzerverbände werden nach Königsberg abgezogen; die übrigen Truppen haben sich einzugraben und im Rahmen der Fußbreit-Boden-Taktik zu sterben. Ostpreußens Schicksal ist besiegelt und muß nur noch vollstreckt werden.

Es gibt nur noch einen Hinterausgang aus Ostpreußen: die Frische Nehrung. 56 Kilometer lang, 0,5 bis 1,8 Kilometer breit, eine Landzunge mit Dünenwegen, auf denen man – vorbei an den Rohren der russischen Artillerie – bis in die Danziger Bucht gelangen kann, falls es zuvor gelingt, das zugefrorene Haff, fünfzehn bis achtzehn Kilometer breit, zu überqueren.

Eine Karawane der Verzweiflung zieht zur Küste, Zehntausende von Fahrzeugen, gezogen von Pferden, die vor Hunger bereits die hölzernen Sprossen der Leiterwagen anfressen. Verzweifelte Menschen flüchten zu Fuß, mit dem Fahrrad, auf dem Schlitten, oder ziehen an einer Schnur einen Koffer mit ihrer letzten Habe hinter sich her. Verfahren kann sich keiner, die Wege sind markiert – mit Toten, die links und rechts die Straße säumen. Kinderleichen in Papier eingewickelt, Alte, die gebeugt auf einem Schneehaufen sitzen und aussehen, als würden sie noch über ihr Leben nachdenken. Viele wanken einfach zur Seite, lassen sich irgendwo nieder. Der Frost übernimmt die Euthanasie, aber oft ist er ein Pfuscher.

Die Mütter leisten Übermenschliches. Wenn sie einen Becher Milch ergattern, wärmen sie ihn an einer Kerze im Wagen und verbrennen sich die Finger dabei, oder sie temperieren die Milch im Mund und flößen sie schluckweise ihrem Baby ein, wie Vögel ihre Jungen füttern.

Jean sitzt am Bock. Claudia hat ihn und die Pferde nach ihrer Flucht aus der Scheune durch die Hilfe Oberleutnant Schramms wiedergefunden. Der Junge kauert neben Claudia im Wagen, vermummt bis an die Nasenspitze.

»Und Mutti ist noch nicht da«, klagt er.

»Sie kommt noch nach.«

»Das glaube ich dir nicht mehr.«

»Du bist ein kluger Junge«, antwortet Claudia. »Deshalb kann ich dir jetzt sagen, was los ist: Deine Mutti liegt in einem weißen Bett und fährt mit einem Lazarettschiff übers Meer und wartet auf uns –«

»Und warum fahren wir nicht mit?« fragt Fabian.

»Und die Pferde?« erwidert Claudia schnell. »Sollen wir Jaromir und Kasimir im Stich lassen?«

Seit ihr Marsch nach Westen angehalten wurde, steht die 4. Armee mit dem Rücken zum Haff in einem Halbkreis, den die Russen täglich weiter eindrücken. Tolkemit, der südliche Eckpfeiler, ist nicht mehr zu halten. Vor dem Rathaus des idyllischen Fischerdörfchens lodert ein Feuer, an dem sich Soldaten und Flüchtlinge wärmen. Echte Barockkommoden brennen so gut wie rohe Küchenschemel, wertvolle Bilder nähren die Flammen, Bücher, Stilmöbel, Standuhren, Klaviere. Es ist die letzte Habe, quer durch halb Ostpreußen geschleppt, mitunter Erbgut noch vom Großvater – aber sollen es die Russen erben?

An der ganzen Küste sind die Haffwiesen ein einziges Heerlager. Bei 28 Grad minus steht Wagen an Wagen, Menschen irren zwischen Kothaufen, Konservenbüchsen und Pferdekadavern umher. Jedes Dorf, jede Scheune, jeder Flur und jede Treppe sind überfüllt, obwohl der Tod immer wieder Platz schafft. Ganze Kompanien der Wehrmacht schuften als Beerdigungskommandos, heben Massengräber aus. Es gibt kein Durchkommen. Steifgefrorene Leichen werden zum Fenster hinausgeworfen. Jeder ist zu schlapp, um Platz zu machen. Die Sinne sind abgestumpft und die Herzen sind verhärtet. Sie werden, wie das Haffeis sein muß, wenn es ein paar hunderttausend Flüchtlinge mit ihren Wagen und Pferden tragen soll.

Ein Trottel im Admiralsrang bringt es fertig, den Fluchtweg vor den Augen der Flüchtlinge zu unterbrechen. Um drei halbfertige Torpedoboote aus dem umkämpften Elbing zu retten, läßt er mit einem Eisbrecher das Eis im Haff aufbrechen. In der rettenden Eisdecke klafft jetzt eine zwanzig Meter breite Wasserrinne. Sie soll weiter für Munitionstransporte freigehalten werden.

Pioniere bauen acht bewegliche Brücken. Sie verbinden Langbäume mit Eishaken, schleppen sie über das Festeis und rollen so in die klaffende Wasserrinne einen schwankenden Grund. Ortskundige rammen Tannenbäume als Markierungspunkte in das Eis. In Alt-Passarge, wo Claudia den Übergang versucht, ebenso wie in Leysuhnen, in Deutsch-Bahnau und in Rosenberg.

»Mindestens zwanzig Meter Abstand halten!« sagt ein Volkssturmmann zu Claudia. »Auf keinen Fall näher aufrücken. Wenn Sie von der Markierung abkommen, brechen Sie ein. Dann hilft Ihnen kein Schwein mehr.«

Ein eisiger Wind kommt von der Nehrung. Die Wolken hängen tief. Irgendwo schreit ein eingebrochenes Pferd. Mitten auf der Fahrbahn liegt ein alter Mann. Tot. Die Pferde weichen ihm aus. Unter den Rädern wirbelt schmutziges Wasser auf. Claudia darf nicht an die Tiefflieger denken, nicht an die Bombentrichter und nicht an die Mutter, die auf dem Eis in einer Nacht vier Kinder verlor.

»Zwei waren bereits erfroren, als sie die Mitte des Haffs erreicht hatte«, berichtet als Augenzeuge Pfarrer Bernecker. »Mit den beiden anderen zieht sie weiter. Bis sie in die Nähe der Nehrung kommt, sind auch diese erfroren.«

Am 27. Januar erreichen die Russen das Frische Haff und erobern Tolkemit, am gleichen Tag beschießt sowjetische Artillerie erstmals Königsberg, die Stadt Immanuel Kants.

Hier sind noch immer Martha Zerkaulen, Claudias Mutter, und ihre jüngste Tochter Juca. Sie leben bei Werner Helds Eltern in einem der schmalbrüstigen Giebelhäuser in der Nähe der Dominsel, die von der Pregel zärtlich mit beiden Armen umschlossen wird.

»Sie müssen weg, Professor«, sagt ein Assistenzarzt, der in Rußland schwer verwundet wurde, zu dem Internisten, aus dem der Krieg vorübergehend einen Chirurgen machte, weil die Uni-Klinik längst zum Frontlazarett wurde.

»Unsinn«, wehrt Walter Held ab. »Auch wenn die Russen kommen, brauchen wir Ärzte.«

»Sie kennen sie nicht«, erwidert der Arzt. »Und Sie wissen auch nicht, was diesem Volk von deutschen Einsatzkommandos angetan wurde.«

»Mag sein«, entgegnet der Professor. »Aber es gibt sowenig nur schlechte Menschen, wie es nur gute Menschen gibt. Ich bin Arzt. Ich bin kein Politiker. Ich unterscheide nicht zwischen brauner und roter Scheiße. Ich bin kein Feinschmecker in Fäkalien.«

Am gleichen Tag erzwingt der Professor die Abreise seiner Frau und Martha Zerkaulens. Er verspricht, mit Juca nachzukommen – eine Notlüge.

Die beiden Evakuierten erreichen mit einem der letzten Züge, die die Gartenstadt Metgethen passieren, den Hafen von Pillau, um über See abtransportiert zu werden. Sie warten am Kai. Stunde um Stunde. Bis man sie an Bord läßt, stehen sie zwischen den herrenlosen Pferden, die ihren Besitzern ein paar dutzendmal das Leben gerettet haben und die nun am Strand traurig und geduldig den Schiffen nachsehen, bis sie von russischen Granaten zerfetzt werden . . .

Die Wolken hängen niedrig, und das letzte Tageslicht ertrinkt in der Dämmerung des 27. Januar, als Claudia ihren gummibereiften Wagen auf das Eis lenkt. Sie reist mit leichtem Gepäck, hat noch einmal aussortiert. Alles, was nicht unbedingt lebenswichtig ist, hat sie weggeworfen. Dafür hat sie einen schwerverwundeten Volkssturmmann aufgenommen.

Nach mehrmaligen Versuchen gelingt es Claudia Zerkaulen, sich in den dunklen Lindwurm, in eine Menschenschlange ohne Kopf und ohne Ende einzureihen. Bis zur Frischen Nehrung sind es, je nach dem Verlauf der abgesteckten Straße, vierzehn bis sechzehn Kilometer.

Es ist schon dunkle Nacht. An den meisten Fuhrwerken schaukeln brennende Stallaternen. Wagen um Wagen folgt diesem kärglichen Schein. Zu dicht aufschließen erhöht die Gefahr, einzubrechen. Und wer den Vordermann aus den Augen verliert, irrt ziellos über das Haff, bis er in irgendeinem Loch ertrinkt.

Weiter. Vorbei an einer versprengten Kuhherde. Der Versuch, sie über das Eis zu treiben, ist gescheitert. Einige Tiere sind eingebrochen und brüllen im Todeskampf. Fleisch gibt es in rauhen Mengen – und trotzdem müssen viele Flüchtlinge erbärmlich hungern. Während ganze Herden verenden, werden oft ein paar Kilometer weiter für eine Scheibe Brot im Schwarzhandel bereits fünfzig Mark verlangt und bezahlt.

Weiter. Der Frost schneidet wie mit Messern in die Haut. Menschen, die seit Wochen keine Tränen mehr haben, weinen wieder, Eisperlen . . .

»Den Anblick meines wimmernden Kindes werde ich nie vergessen«, schildert Charlotte G. den Todesmarsch über das Eis. »Es ist an den Windeln angefroren. Vom Rücken, vom Gesäß, von den Füßchen löst sich die zarte Haut und bleibt an den Windeln kleben . . .«

Weiter. Die Leuchtbombe eines sowjetischen Flugzeugs knallt ins Haffeis, verbreitet eine grausige Helligkeit. Gleich werden die Flugzeuge angreifen. Vorsichtig geht Claudia auf den Wagen zu, während Jean die unruhig werdenden Pferde am kurzen Zügel hält. Ein Wunder, daß der Junge schläft. Der Verwundete rührt sich nicht mehr. Claudia winkt Jean heran, zeigt stumm auf den Volkssturmmann.

»Il est mort«, bestätigt der Franzose.

Das Mädchen winkt ihm mit den Augen. Ein Toter ist nutzloser Ballast. Jean und Claudia fassen den Namenlosen an den Händen und Füßen, zerren ihn aus dem Wagen, legen ihn behutsam aufs Eis, als könnten sie ihm noch weh tun.

»Was ist los?« fragt Fabian schlaftrunken.

»Nichts«, antwortet Claudia.

In diesem Moment detonieren entfernt Bomben. Der Tod ist weit weg, vielleicht sogar zwei Kilometer.

Weiter. Die Räder der anderen Wagen knirschen, aber die geländegängigen Gummireifen des Zerkaulen-Wagens gleiten leicht über das Eis. Claudia sieht in diesem Moment das kantige Gesicht Werner Helds, ihres Schwagers, vor sich, hört, wie er kühl-lächelnd sagt: »Selbst geschossen.«

Die Pferde Jaromir und Kasimir, seit Tagen auf Hungerration gesetzt, nicht noch halbwegs bei Kräften. Hafer ist Mangelware Nummer eins. In Alt-Passarge bot ein Gestütsherr für je drei Liter eine wertvolle Zuchtstute. Es war genauso vergeblich wie der Versuch eines anderen Flüchtlings, bei schlichten Bauersleuten einen echten Renoir gegen die Mitnahme über das Haff erkaufen zu wollen.

Zwischen Bergen von Hausrat, zwischen Truhen und Schränken, Sesseln und Tischen, geräucherten Schweinehälften und landwirtschaftlichem Gerät, bringt eine auf einem durchnäßten Mehlsack angefrorene Mutter ohne Hilfe ein totes Kind zur Welt und erfriert. Es ist kein Einzelfall in diesen Tagen.

Aber der mörderische Frost kann auch zum Retter werden, er kann den Hunderttausenden die Flucht über das Eis des Haffs ermöglichen. Der Weg ist nicht zu verfehlen.

Links und rechts markieren ihn Tote und Sterbende, Menschen, die eingebrochen sind und noch um sich schlagen, und andere, die fast erlöst erschöpft aufgeben. Hilfe bleibt Mangelware. Das Eis über den Trichtern, die sowjetische Bomben aufgerissen haben, ist noch dünn, und so gehen die Flüchtenden, um das Gewicht ihrer Fahrzeuge zu entlasten, hinterher und versuchen, sich leicht zu machen. Sie gehen vorsichtig, bleiben stehen, horchen, verfolgen das Knistern, das Krachen, die Schreie aus Nacht und

Nebel, Hilferufe wie aus dem Moor – und ziehen weiter. Die Menschen sind hart geworden, egoistisch – wer überleben will, muß sich selbst am nächsten sein.

Kein Weiter mehr. Bomben haben die Eisfläche aufgerissen. Der Lindwurm muß warten, bis die klaffenden Löcher im Eis mit Planken wieder gestopft sind. »Anhalten!« geistert der Ruf von Wagen zu Wagen. Die Flickarbeit wird Stunden dauern, und die Nacht ist kurz. Wenn am Morgen die Sonne den Nebel hochzieht, werden Menschen und Tiere zu Zielscheiben. Bleiben sie, wie die Vernunft es befiehlt, auf der Stelle stehen, werden sie von den Bord-MGs sowjetischer Tiefflieger durchsiebt. Fahren sie auseinander, sterben sie im berstenden Eis. Sie stehen und warten, sehen besorgt nach oben, unterhalten sich von Wagen zu Wagen. Latrinenparolen geistern über das Haff. Das Gerücht ist die einzige Massenzeitung, die noch erscheint – mehrmals täglich.

Vier Uhr morgens. Im Wettlauf mit der Zeit verlieren die Menschen die Hoffnung.

Fünf Uhr. Keiner weiß, was eigentlich los ist.

Sechs Uhr. Noch hält die Nebeldecke, aber langsam lichtet sich die Nacht. Noch längere werden sich anschließen – falls sie diese überleben. Sie wissen nicht, wie weit der Weg noch ist, von der Nehrung, vorbei an Westpreußen, hinein nach Pommern, durch Mecklenburg. Und erst in Schleswig-Holstein ist ein rettendes Ufer in Sicht.

Um neun Uhr geht es im Schneckentempo weiter. Bei jedem Schritt, in jeder Sekunde die Frage: Hält das Eis? Hält der Nebel? Werden es diese großartigen Pferde, die der Hunger zu Kleppern gemacht hat, deren Rippen vorstehen, durchhalten?

»Jean!« Claudia winkt ihren selbstlosen Begleiter herbei und fordert ihn auf, dem Hengst und dem Rappen den letzten Hafer zu geben. Der Franzose macht ein bedenkliches Gesicht, aber dann begreift er die bittere Logik. Wenn die erschöpften Tiere die Nehrung nicht erreichen, dann brauchen sie auch keinen Hafer mehr.

Elf Uhr. Vielleicht noch vier Kilometer. Von Tolkemit trägt der Wind den Gefechtslärm herüber. Aber gefährlich ist, daß er die dicken Nebelschwaden vom Horizont wegschiebt. Es wird zunehmend klarer.

Gleich müssen die Tiefflieger kommen. Claudia nimmt Fabian zu sich, hält ihn bei der Hand und geht mit ihm neben dem Wagen her.

Claudia hört die Flugzeuge schon bevor sie sie sehen kann.

»Attention!« ruft sie Jean zu und läuft mit dem Jungen weg, soweit sie kommt, ohne danach zu fragen, ob das Eis trägt. Sie schafft siebzig Meter, achtzig. Das Eis hält.

Die russischen Maschinen fliegen so tief, daß man deutlich den roten Stern sehen kann. Die Leuchtspurmunition der MGs spritzt in die Kolonne, prasselt in das Eis. Bordkanonen belfern, töten Mensch und Kreatur.

Der Spuk dauert nur Sekunden, aber sie werden wenden und wiederkommen. Immer wieder.

Trotz aller Warnrufe suchen die Mütter ihre eingebrochenen Kinder, sinken selbst ein, versuchen, die Kleinen schwimmend hochzuhalten. Wer nicht ertrinkt, stirbt an Unterkühlung, und das dauert viel länger und ist eine Qual auch für die Umstehenden, die nicht helfen können, ohne daß sie selbst untergehen würden.

Jetzt kommen sie von vorne. Zwei, drei Todeshornissen. Pferde bäumen sich auf, wiehern, Verwundete schreien. Das Eis kracht, birst. Scheuende Pferde brechen ein und ziehen die zerschossenen Wagen nach unten.

Die Panik erfaßt auch Jaromir. Ein Geschoß hat ihm die Seite aufgerissen. Er schlägt aus, trifft Jean, der ihn nicht mehr halten kann. Das gepeinigte Tier reißt Kasimir mit. Die Pferde brechen aus, zerren das umgestürzte Fuhrwerk hinter sich her, jagen auf Claudia zu.

Sie springt hoch, hechtet selbstmörderisch auf sie zu, erfaßt die Zügel, hält sich fest, wird mitgeschleift und schafft es, nach hundert Metern die Tiere zum Stehen zu bringen. Ein Wunder, daß das Eis gehalten hat.

»Du bleibst stehen, Fabian!« ruft sie dem Jungen zu.

Jean ist zwar angeschlagen, aber wieder auf den Beinen. Vorsichtig geht er auf sie zu wie über ein Hochseil. Sie braucht ihn, um den Wagen wieder auf die Räder zu stellen.

Als sie die Pferde losbindet, erkennt sie, daß es für Jaromir keine Hilfe mehr gibt. Der Rappe hebt den Kopf, sieht sie an, mit großen Augen, mit einem Vertrauen, das ihr ans Herz greift. Sie ist an Bergen erfrorener Säuglinge vorbeigegangen, sie hat die Alten reihenweise sterben sehen – und ist immer stark geblieben. Aber jetzt, als sie die bebenden Nüstern des Rappens in ihrer Hand fühlt, weint sie.

Sie stellt mit Jeans Hilfe den Wagen wieder auf die Räder. Sie hat fast alles verloren, und das Fahrzeug ist so leicht geworden, daß ihn künftig auch ein Pferd ziehen kann.

»Bitte, Jean«, flüstert Claudia mit brüchiger Stimme und reicht dem Franzosen die Pistole. Sie geht zum Jungen, nimmt ihn in die Arme, zieht ihn an sich, hält ihn noch fest, als der dünne Schuß längst gefallen ist.

Die Tiefflieger kommen noch einige Male. Nach zwanzig Minuten kann höchstens noch jeder zweite Mensch und jedes zweite Pferd in Richtung Nehrung weiterziehen. Jetzt erst bemerkt das verstörte Kind, daß an der Deichsel ein Pferd fehlt.

»Wo ist Jaromir, Claudia?« fragt Fabian.

»Im Pferdehimmel«, erwidert sie leise. Sie sieht in das zuckende Gesicht des Jungen, der tapfer bleiben will und sich gegen die Tränen wehrt.

»Kommen denn . . . Pferde in den Himmel?« fragt er stockend.

»Solche wie Jaromir schon«, sagt Claudia und wendet das Gesicht ab . . .

Nach fast vierundzwanzig Stunden, gegen siebzehn Uhr, ist die Nehrung erreicht. Der Weg an Land führt über eingebrochene Wagen, vor die noch tote Pferde gespannt sind. Aus dem Schmutzwasser ragen Beine ertrunkener Rinder heraus. Kasimir scheut. Dann legt er sich ins Geschirr. Er hat gelernt, über Tote zu gehen. Ein paar Soldaten helfen ihnen den Damm hinauf. Das Fuhrwerk hat wieder Land unter den Rädern und reiht sich auf der schmalen Fischerstraße in den endlosen Zug nach Westen ein.

Der Junge schläft. Jean fischt aus dem Dreckwasser einen halben Sack mit nassem Hafer. Keine Rast. Das Gefährt rollt durch die Nacht und erreicht gegen Morgen Kahlberg, den berühmten Badeort. Sie passieren die Stelle, an der im Frieden die Strandkapelle aufspielte. Die von Tolkemit heranjaulenden Granaten sind der Ton, der heute die Musik macht.

Weiter geht die Reise durch das Entsetzen. Das Ziel ist fern, und Claudia ahnt, daß ihre Leiden noch nicht zu Ende sind.

Der flache Bogen, mit dem die Reste der 4. Armee die Massenflucht der Zivilbevölkerung über das Haff decken, wird täglich kleiner. Die Front wankt, aber sie hält.

»Solange ein Flüchtling noch eine Chance hat, über das Haffeis zu entkommen, so lange müssen wir den Russen halten«, sagt Major Held, Kommandeur der Kampfgruppe im nördlichen Bogen. »Und wenn wir uns mit Taschenmessern und Fingernägeln verteidigen müssen.« Sein Gesicht ist hager, faltig, es sieht aus wie gesprungenes Glas. »Wenn das Eis schmilzt, werden wir uns mit Prahmen absetzen«, sagt er zu seinen Männern. »Keinen Tag früher. Und keine Stunde später. Mit oder ohne Befehl, das verspreche ich euch.«

Seine Männer glauben ihm, weil sie ihn kennen. Dabei stammt höchstens noch jeder dritte aus seinem alten Bataillon. Die anderen sind ein zusammengewürfelter Haufen von Versprengten, der mehr oder weniger Krieg auf eigene Faust führt, geformt vom Willen seines Kommandeurs.

Die deutsche Abwehr in Ostpreußen besteht nur noch aus zwei größeren Brückenköpfen, einem südlichen am Haff und einem nördlichen mit Königsberg und Samland.

Bevor die Verbindung von der 3. zur 4. Armee von den sowjetischen Panzerkeilen zerschnitten wurde, hat Werner Held seinen Vater, den bekannten Königsberger Internisten, noch einmal an die Strippe bekommen und erfahren, daß seine Mutter und seine Schwiegermutter per Schiff nach Westen evakuiert worden sind.

Haß und Grauen sind seit Monaten in Ostpreußen angesiedelt, aber in Metgethen, wenige Kilometer westlich von Königsberg, übertreffen sowjetische Truppen alles bisher Dagewesene an Grausamkeit. In der Nacht vom 29. auf 30. Januar hatten die Sowjets in einem Blitzeinsatz die idyllische Gartenstadt überrumpelt. Erst drei Wochen später wird die Verbindung zum Hafen Pillau wiederhergestellt und dabei Metgethen zurückerobert.

Die Befreier betreten eine Totenstadt. Leichenberge am Weg. Ermordete in jeder Wohnung, Frauen, Kinder, erschlagen, erdrosselt, erstochen, erschossen.

Der Augenzeuge H. A., Angehöriger einer Nachrichten-Ersatzabteilung, stellt fest: ›Bestialisch umgebrachten Frauen sind die Brüste abgeschnitten worden. Andere hängen an den Bäumen in den Gärten. Sie sind kaum bekleidet, von den Roten an den Füßen aufgeknüpft worden.

Frauen, die noch leben, steht das Grauen in den Augen. Alle wurden mißbraucht, auch achtjährige Mädchen.

Sie bergen eine dreiundsechzig Jahre alte Frau vom Fußboden ihres Wohnraumes. Fünfzehn Russen, so erzählt sie weinend, hätten sich an ihr vergangen.

Auf den Straßen von Metgethen klagen fünfzehn leere, umgestürzte Kinderwagen die an, welche die Säuglinge verschleppt haben. Nur wer sich von den Bewohnern Metgethens vorsorglich im nahen Wald verborgen hatte, blieb verschont.‹ (Bundesarchiv Koblenz, Ostdokumentation 20/5 VI)

Auf einem Tennisplatz wurden neunundzwanzig deutsche Soldaten mit einer geballten Ladung in die Luft gesprengt. Auf einem freien Platz fanden die Befreier zwei Mädchen im Alter von zwanzig Jahren, die an beiden Füßen zwischen zwei Fahrzeuge gebunden worden sind – zu Tode gequält.

Eine internationale Kommission kommt nach Metgethen und bestätigt die Kriegsverbrechen. Aber die Welt ist den roten Verbrechern gegenüber genauso blind, wie sie es lange Zeit gegenüber den braunen Verbrechern war.

Es läßt sich nicht annähernd abschätzen, wie viele Rotarmisten an solcherlei Kriegsverbrechen beteiligt waren. Ebenso wie für die Handschrift der Unmenschlichkeit gibt es Beweise, daß vielen russischen Soldaten vor den Ausschreitungen ihrer eigenen Kameraden graute.

›Endlose Kolonnen von Soldaten und Kraftwagen kommen hindurch‹, schrieb Jurij Uspenski, Leutnant in der 2. Garde-Artillerie-Division, beim sowjetischen Vormarsch auf Gumbinnen in sein Tagebuch: ›Ein für uns herrliches, für den Feind aber bedrohliches Bild. Das ist die Rache für alles, was die Deutschen bei uns angerichtet haben. Jetzt werden ihre Städte vernichtet, und ihre Bevölkerung erfährt jetzt, was das bedeutet: Krieg!‹

Beim weiteren Vormarsch sieht der Zeuge Greueltaten, verübt an der deutschen Bevölkerung, und notiert in seinem Tagebuch: ›Man soll sich rächen, aber nicht mit dem Penis, sondern mit den Waffen. Aber die Vergewaltigung von Mädchen, nein, das ist nicht zu billigen . . . Die Soldaten haben vieles angerichtet. Aber dieses Vergehen wird jetzt bekämpft. Man hat schon genug verwirtschaftet, so daß sich die hiesigen Deutschen noch hundert Jahre lang bekreuzigen werden in Erinnerung an den Winter 44/45.‹

Als das Tagebuch des gefallenen Leutnants Uspenski im Frühjahr 1945 von der Wehrmacht erbeutet wird, kämpfen russische Generale und Polit-Kommissare energisch gegen die Verwilderung in den eigenen Reihen. Es kommt zu Standgerichtsurteilen, zu Erschießungen.

Tatsächlich wird der Terror gegenüber den Deutschen nachlassen, um dann allerdings bei der Eroberung Berlins wieder aufzuflammen.

Am 29. Januar verbietet Marschall Schukow seiner 1. Bjelorussischen Heeresgruppe in einem Tagesbefehl: › . . . die deutsche Bevölkerung zu drangsalieren, die Wohnungen zu plündern, die

Häuser niederzubrennen.‹ Jetzt, da die Kommandeure verzweifelt versuchen, ihre verwilderten Truppen wieder in den Griff zu bekommen, wird Stalins Aufruf wieder aufgewärmt: › . . . Die auf dem besetzten Gebiet zurückgebliebene Bevölkerung, gleichgültig ob Deutsche, Tschechen oder Polen, soll nicht belästigt und nicht beleidigt werden, denn die Schuldigen werden nach Kriegsgesetzen bestraft. Im besetzten Feindgebiet darf kein intimer Verkehr mit Frauen stattfinden. Für Mißhandlungen und Vergewaltigungen werden die Schuldigen erschossen.‹

Die Kampfgruppe Held hat gerade eine Schnaufpause zwischen zwei russischen Angriffen, da erhält der Major die Meldung, daß ein Exekutionsstab des längst aus Königsberg geflüchteten Gauleiters Koch seinen Abschnitt nach Drückebergern durchkämmt.

»Schafft mir die Burschen her!« befiehlt der Major. »Wenn nötig, auch mit Gewalt.«

Ein Standrichter trifft ein.

»Ich habe unbeschränkte Vollmacht vom Reichsverteidigungskommissar, mit Feiglingen kurzen Prozeß zu machen«, sagt er.

»Mein Name ist Held«, erwidert der Major. »Und in meiner Einheit gibt es lauter Helden.«

In der Nähe brüllt jemand: »Panzeralarm!«

Das dumpfe Rumpeln der T-34 ist bereits deutlich zu hören.

»Dann ist ja alles in Ordnung«, sagt der Standrichter und will sich hastig verkrümeln.

»Sie bleiben!« befiehlt Werner Held. »Ich brauche jeden Mann. Auch Sie.« Er dreht sich grinsend zu einem Feldwebel um. »Los«, sagt er, »gib ihm eine Panzerfaust.«

Rechts ist eine Pak bereits im Duell mit den angreifenden Panzern, aber der Kommandeur weist dem Standrichter ohne Eile ein Panzerdeckungsloch zu.

»Klappen Sie das Visier auf!« befiehlt er. »Den Auslöseknopf werden Sie ja kennen. Vorsicht, Rückstrahl.« Er stellt befriedigt fest, daß die Angst das Gesicht des Parteiheinis aufquellen läßt wie Hefe. Held schnappt sich auch eine Panzerfaust, springt in ein zweites Deckungsloch. »Wer den Tod in Ehren fürchtet . . . so heißt es doch in Ihren Urteilen«, ruft er hinüber und lacht höhnisch. »Sollten Sie stiften gehen, leg ich Sie persönlich um.«

Die Pak fällt aus, aber eine gutgetarnte 8,8 schießt zwei Panzer ab. Einige T-34 ändern die Richtung, um das Geschütz niederzukämpfen. Das Gros rollt stur weiter, kommt so dicht heran, daß man die Infanteristen, die den Panzern folgen, schon sehen kann. Eine Vierlings-Flak schießt in die Flanke der russischen Panzer. Zwanzig Meter noch zu dem vorderen T-34. Der Standrichter verliert die Nerven, springt aus der Deckung, wirft die Panzerfaust weg. Er kommt nur ein paar Meter weit. Die Rotarmisten erledigen die Dreckarbeit.

Werner Held läßt sich vom ersten Panzer überrollen, hat den zweiten im Visier, drückt im gleichen Moment ab, wie einer der Infanteristen hinter dem T-34 die Handgranate abzieht. Der Panzer explodiert in einer Stichflamme. Eine Sekunde später bekommt der Major die halbe Ladung der Handgranate ab.

Seine Leute schlagen auch diesen Angriff zurück, holen ihren Kommandeur aus der Feuerzone heraus, schaffen den Schwerverwundeten auf einem Schlitten ins nächste Feldlazarett. Ein Unterarzt zieht ihm ein halbes Dutzend Splitter aus dem Leib, dann amputiert er ihm den rechten Arm.

»Was wollen Sie denn mit dem noch?« fuhr er vorher einen Unteroffizier an, der den Bewußtlosen angeschleppt hatte.

»Dafür sorgen, daß unser Kommandeur auf ein Lazarettschiff kommt«, erwiderte der Unteroffizier, und sein Marschpapier war die Maschinenpistole.

TEIL 2

POMMERN

Zu dieser Zeit ist die Rote Armee schon bis Pommern vorgestürmt, in das alte deutsche Kulturland, das nach Missionsreisen des Bischofs Otto von Bamberg im Jahre 1124 christianisiert und siebenundfünfzig Jahre später von Kaiser Friedrich I. in das Deutsche Reich eingegliedert worden war. Die blühende Provinz mit 2393844 (Vorkriegs-)Einwohnern und einer Fläche von rund 38409 Quadratkilometern gerät unter sowjetische Soldatenstiefel.

Die Rote Armee stürmt unaufhaltsam nach Westen. Obwohl zahlenmäßig schwache deutsche Kampftruppen, ergänzt durch Kompanien von Magenkranken und Landesschützen im Großvateralter, den Russen Verluste bis zu fünfzig Prozent zufügen, schaffen die Eroberer in zwölf Tagen fast dreihundert Kilometer. Sie stoßen bis an die Oder vor. Bei Küstrin bilden sie einen Brükkenkopf und bedrohen bereits die Reichshauptstadt Berlin. Den Russen folgt polnische Miliz. Den Polen war übel mitgespielt worden – von Hitler und von Stalin; jetzt rächen sie sich an den Deutschen.

Mit einem müden Pferd vor dem Wagen ist Claudia mit den sowjetischen Panzern um die Wette gelaufen, vorbei an Danzig, weiter über Lauenburg nach Stolp, das am 8. März, einen Tag nach Marienburg, von den Russen eingenommen wird. Am 4. März war bereits Bärwalde und am 5. März Greifenberg fest in sowjetischer Hand. Dievenow, der letzte pommersche Übergang zum Westen, geht am 10. März verloren. Damit ist die pommersche Küste, mit Ausnahme von Kolberg, in Feindeshand, während sich die Häfen Gotenhafen und die Halbinsel Hela noch halten.

Wann immer sich eine Möglichkeit ergibt, legt Claudia eine Rast ein, erhält jetzt auch öfter einen Teller Suppe, ein Glas Milch oder eine Handvoll Hafer. Nicht selten wird sie, wie auch die anderen Flüchtlinge, durch Parteidienststellen von der pommerschen Bevölkerung isoliert, die nichts über die wahre Situation in Ostpreußen wissen soll. Doch in Tagen oder in Stunden wird auch diese vom Krieg bisher noch unberührte Provinz das gleiche Schicksal erfahren.

Die Pommern haben den kürzesten Weg in den rettenden Westen, dafür erfolgt ihr Aufbruch am spätesten. Zwei Millionen Menschen warten – zwischen Angst und Hoffnung – auf den Räumungsbefehl. Und 310000 von ihnen müssen den Durchhaltewahnsinn mit ihrem Leben bezahlen.

Als die Russen den Fluchtweg nach Westen versperrt haben, schwenken ungezügelte Flüchtlingsströme nach Norden, um sich über See zu retten.

Am 30. Januar 1945 ist es in der Ostsee zu einer beispiellosen Katastrophe gekommen. Die ›Wilhelm Gustloff‹ ist von Gotenhafen ausgelaufen, mit offiziell 5000, tatsächlich aber etwa 7000 Flüchtlingen an Bord. Ohne Geleitschutz. Von einem russischen U-Boot torpediert, sank der ehemalige KdF-Dampfer mit ungeheurer Geschwindigkeit. Nur 904 Menschen überlebten den Untergang.

Aber Kriegs- und Handelsmarine geben nicht auf. Tausende von Flüchtlingen ziehen die Unsicherheit der Rettung über See der Sicherheit, den Sowjets in die Hände zu fallen, vor. So wiederholen sich die Katastrophen.

Die ›Goya‹ sinkt mit 6400 Flüchtlingen und Verwundeten – 165 werden gerettet. Von 3000 Menschen auf der ›Steuben‹ überleben nur 300, von 1000 Flüchtlingen auf der ›Karlsruhe‹ können lediglich 150 gerettet werden. Viele kleinere Einheiten sinken, niemand weiß genau, wie viele.

Aber insgesamt vollbringen die Matrosen eine der großartigsten Rettungsaktionen der Weltgeschichte, bei einer Verlustquote von knapp einem Prozent.

In 115 Tagen schaffen sie von Pillau, Kahlstadt, Gotenhafen, Stolpmünde, Kolberg und anderen kleinen Häfen auf Prahmen, Minensuchern, Handelsschiffen, Passagierdampfern, Barkassen, Übungsfahrzeugen über 2600000 Flüchtlinge nach Westen und retten sie vor den Sowjets.

Über dieser Zahl der Geretteten darf man nicht vergessen, daß jeder zweite Flüchtling versuchen mußte, sich auf dem Landwege durchzuschlagen. Und dabei kommen, statistisch gesehen, 15,5 Prozent um.

In Köslin erklärt Jean, der treue Franzose, Claudia, daß er nun versuchen wolle, sich allein durchzuschlagen. Claudia spürt, daß er ihr nur einen Esser und dem Pferd eineinhalb Zentner Gewicht ersparen will. Sie möchte, doch sie kann ihn nicht halten.

»Sie werden Fabian und mir sehr fehlen«, sagt sie und reicht ihm die Hand zu einem Abschied ohne Wiedersehen.

Sie zieht weiter. Fabian mit seinen drei Jahren benimmt sich weiter tapfer, weint kaum, fragt wenig, vertraut sich blind seiner Tante an. Kurz vor Kolberg werden Claudia und Fabian über Nacht von einem freundlichen Bauern aufgenommen. Am Morgen bekommen sie Eier zum Frühstück, einen Laib Brot als Wegzehrung.

Claudia fragt ihn: »Wollen Sie nicht mitkommen?«

»Ich bin zu alt, um meinen Hof zu verlassen«, erwidert er.

»Sie haben keine Ahnung, was Ihnen geschehen kann.«

»Vielleicht«, entgegnet der Mann. »Ich habe auch schon viele schlechte Deutsche kennengelernt –«

»Sicher«, sagt Claudia. »Aber jetzt kommen die Russen.«

Dann faßt sie einen spontanen Entschluß: »Wollen Sie meinen Wagen? Mein Pferd?«

»Und Sie?« fragt der Bauer.

»Ich brauche sie nicht mehr. Ich will versuchen, in Kolberg ein Schiff zu erwischen.«

Der Alte bedankt sich überschwenglich, für ein Pferd, das ihm mit Sicherheit die Russen abnehmen werden.

»Dreh dich nicht um«, sagt Claudia zu Fabian. Eine überflüssige Warnung, denn die Tränen nehmen dem Jungen genauso den Blick wie ihr.

Ihre Gedanken gehen den langen Weg zurück auf den Zerkaulen-Hof bei Gumbinnen, wo sie den braven Hengst erstmals zur Flucht eingespannt hatten. Zu Fuß eilen sie weiter, über eine endlose Landstraße. Was sie besitzen, tragen sie am Leib. Und um die Fluchtrichtung brauchen sie sich nicht zu sorgen: Tausende von gejagten Menschen, flüchtend vor den Sowjetpanzern, weisen ihnen den Weg nach Kolberg. Die Stadt an der Persante mit der berühmten Marienkirche aus dem dreizehnten Jahrhundert, wurde zur Festung erklärt, aber ihre Bastionen sind veraltet. Sie stammen aus dem siebzehnten Jahrhundert.

Einen Tag nachdem Claudia und der Junge Kolberg erreicht haben, schließt sich der Ring der Belagerer. Die Stadt wird zur Mausefalle. Nur der Weg über die Ostsee ist noch frei, ein schmaler Küstenstreifen. Hier bleibt das Strandgut des Krieges und der Flucht hängen wie in einem verstopften Sieb.

Wie viele Flüchtlinge drängen sich in der Stadt? 20000? 30000? Noch mehr? Niemand weiß es.

In der Masse eingekeilt, hofft Claudia für sich und Fabian auf den Abtransport über See.

Aber sobald ein Schiff an der Mole anlegt, bricht Panik aus. Tausende wollen an Bord gelangen . . .

Unübersehbare Menschenströme sind im März 1945 in die Stadt Kolberg geflüchtet, die man einst das Kleinod an der pommerschen Küste nannte.

Vollgestopft ist vor allem der Bahnhof, von dem kein Zug mehr abgeht. Kolberg bedeutet: Endstation. Alles aussteigen. Und draußen vor der Stadt warten noch zwölf lange Eisenbahntransporte, bis sie von der Roten Armee überrollt werden.

Rund 80000 eingeschlossene Zivilisten drängen gewaltsam zum Hafen. Wenn überhaupt noch eine Rettung möglich ist, dann nur über See.

Im Flüchtlingsstrom mitgetrieben wird auch Claudia Zerkaulen mit ihrem kleinen Neffen Fabian. So energisch, umsichtig und tapfer sie bisher gewesen ist, jetzt nach fünf Monaten Flucht – vom östlichen Ostpreußen über endlose Umwege bis Kolberg – ist auch bei ihr der Lebenswille fast aufgerieben. Erstmals spielt sie mit der gefährlichen Versuchung, der in diesen Wochen Zehntausende Verzweifelter im deutschen Osten erliegen. Dieses erbärmlich-erbarmungslose Leben wegzuwerfen, und eine Welt zu verlassen, in der Mord – so scheint es – Gott abgelöst hat.

Auf einmal merkt sie, daß ihr Fabian im Gedränge abhanden gekommen ist, und die Angst, den Kleinen endgültig verloren zu haben, gibt ihr die Kraft, weiter zu leben, zu hoffen und zu kämpfen. Claudia ruft, arbeitet sich durch die kopflose, von Panik getriebene Menge weiter, gelangt in die Nähe des Hafens, und – Glück, Bestimmung, Zufall, Verdienst oder Gnade – auf einmal hört sie Fabians helle Stimme. Und dann hat sie ihn wieder, der kleine Junge ihrer Schwester ist wieder da, er lacht und weint gleichzeitig.

Seit dem 9. März 1945 liegen die Kolberger und die Flüchtlinge in der Stadt fast schutzlos in einem Feuerhagel von Granatwerfern, Stalinorgeln und schweren Geschützen. Wenn sie in Ruinen flüchten, werden sie von den Trümmern erschlagen. Suchen sie in Kellern Schutz, werden sie von Bomben beerdigt. Verzweifelt heben sie Splittergräber aus, aber nach einem Meter quillt dreckiges Grundwasser aus der Erde und das Trinkwasser versiegt.

Die Russen – sie dringen bereits über die Lauenburger Vorstadt am Georgen-Friedhof und bei der Gasanstalt vor – erobern oder zerstören Haus um Haus. 3300 deutsche Soldaten, mehr als die Hälfte davon Pimpfe oder alte, unausgebildete Volkssturmmänner, halten sie noch auf. Mit acht Panzern, die sie zufällig in den Instandsetzungsräumen einer nach Kolberg verschlagenen Werkstattkompanie entdeckt und organisiert haben. Sie finden außerdem acht leichte Geschütze, wenn auch zunächst ohne Bemannung und Bespannung. So kämpft ein letztes Aufgebot gegen eine vielleicht hundertfache Übermacht. Ein vergeblicher Kampf, wie der Festungskommandant weiß, aber kein sinnloser Kampf. Es gilt, so lange standzuhalten, bis die Zehntausende von Zivilisten über die Ostsee abtransportiert und gerettet sind.

Nach zwölf Tagen verzweifelten Widerstandes zeichnet sich unaufhaltsam das Ende mit Schrecken ab. Dabei hat Goebbels gerade diese Stadt dazu ausersehen, den kriegsmüden Deutschen ein Beispiel vorzusterben. Während die Menschen im Osten als erste die fürchterliche Zeche des Hitlerkrieges bezahlen müssen, wird in den noch stehenden Kinos des Westens und Südens der Veit-Harlan-Film ›Kolberg‹ aufgeführt. Ein historischer Schinken, den Goebbels als Durchhaltefilm drehen ließ: 1807 verteidigte sich die Festung unter Nettelbeck und Gneisenau erfolgreich gegen die französischen Eroberer.

Aber 1945 ist nicht 1807; es kommen nicht die Franzosen, sondern die Russen; und nicht mit Pferden, sondern mit Panzern. Übergriffe an der Zivilbevölkerung sind diesmal nicht vereinzelt, sondern System. Und bei den Angreifern war damals der Haß nicht durch Einsatzgruppen in Polen und Rußland bis zum äußersten getrieben worden.

In seinem Buch ›Pommersche Passion‹ faßt Dr. H. E. Jahn Augenzeugenberichte zusammen:

›Frauen und Mädchen jeden Alters lagen auf dem Hof. Man hatte ihnen Pfähle in den Unterleib gestoßen . . . In einem Fleischerladen hingen an Fleischerhaken kahlgeschorene Frauen. Der Leib war aufgeschnitten, die Eingeweide entfernt. Sie hingen da wie Schweine. Es waren wohl ein Dutzend. Im ersten Augenblick haben wir gar nicht begriffen, was wir sahen . . .‹

Unter den Flüchtlingen in Kolberg gehen solche Schilderungen von Mund zu Mund. Es sind keine Gerüchte, sondern Tatsachen. Viele Menschen, die zu den Schiffen drängen, sind von den Russen schon ein- oder gar zweimal überrollt worden.

Von einer Beamtenwitwe aus Königsberg bekommt Claudia einen ausführlichen Bericht vom vorläufig letzten Luftangriff auf Ostpreußens Hauptstadt. Zweihundert Flugzeuge – keine russischen, sondern anglo-amerikanische – luden auf Wunsch der Sowjets den Tod über der mit Flüchtlingen überfüllten Stadt ab; es scheint, als probten sie Dresden. Daß dabei Claudias jüngere Schwester Juca, als Medizinstudentin dienstverpflichtet, durch eine Bombe getötet wurde, wird Claudia erst lange Zeit später erfahren.

Der Ring um Kolberg wird immer enger. Über den Pferderennplatz hetzen Frauen und Kinder – sie werden von sowjetischen MGs niedergemäht. Die Schiffsverladeplätze am Ufer der Plarsante geraten unter Beschuß.

Immer wieder sind Szenen der Panik zu beobachten. Männer lassen ihre Frauen allein, Mütter verlieren ihre Kinder. Feldgendarmen versuchen mit Gewehrkolben Ordnung zu schaffen. Sie werden überrannt, übertölpelt – und auch bestochen. Es gibt großartige Zeugnisse der Selbstlosigkeit und erbärmliche Auswüchse des Egoismus. Schiffer verlangen für eine Passage in ihrem alten Kahn nicht selten tausend Mark Papiergeld, mit dem sie sich jedoch schon bald eine Zigarette anzünden können.

Plötzlich geben es die Sowjets auf, in die Menschenansammlungen zu feuern. Sie gehen jetzt selbst in Deckung. Denn, gerade in dieser Bedrängnis, greifen zwei deutsche Zerstörer, Z 34 und Z 43, von See her in den Erdkampf ein und verzögern Kolbergs Zusammenbruch um eine kurze Zeit.

Claudia hat in einem flachen Splittergraben in Hafennähe gelegen. Als sie sich jetzt aufrichtet und den Jungen hochzieht, glaubt sie verblüfft, Werner Held vor sich zu sehen. Es sind die gleichen kühl-grauen Augen, das schmale Gesicht, das der Krieg wie ein Wetzstein geschliffen hat. Doch im nächsten Moment stellt sie enttäuscht fest, daß der Mann die blaue Marineuniform trägt.

Der Kapitänleutnant kommt soeben vom Festungskommandanten und muß schnellstens an Bord seines Zerstörers zurück.

»Würden Sie den Jungen mitnehmen?« fragt Claudia den Offizier spontan.

Der Kaleu betrachtet sie stumm, nachdenklich, mit dem kühlen Blick, den der Krieg geprägt hat.

»Warum nur den Jungen?« erwidert er dann. »Kommen Sie.«

Er geht voraus, auf seine schwerbewachte Barkasse zu.

»Schau dir diese verdammte Hure an«, geifert eine alte Frau hinter ihnen her . . .

Die neu aufgestellte Heeresgruppe Weichsel, die Pommern halten soll, besteht in dem Wunschdenken ratloser OKW-Generäle, und ihr Oberbefehlshaber Himmler ist eine militärische Null.

Drei von vier deutschen Panzern müssen wegen Mangels an Sprit und Munition gesprengt werden. Mit ihren restlichen Vorräten werden die wenigen verbleibenden Stahlkolosse ausgerüstet und an die Brennpunkte geworfen. Doch auch sie haben nur je zwölf Schuß Munition.

Während die Bewohner Pommerns noch überlegen, ob sie pakken sollen, steht der Feind bereits tief in ihrem Rücken an der Oder. Von der Görlitzer Neiße bis zur Mündung bei Stettin wird die Oder zur Hauptkampflinie. Doch nicht das Hochwasser, das der Fluß führt, bremst den sowjetischen Sturm auf Berlin, sondern die langen Nachschubwege der Roten Armee.

Für die Wehrmacht gibt es nur noch eine Aufgabe. Sie bietet alles auf, um der Zivilbevölkerung den Weg nach dem rettenden Westen offenzuhalten. Aber Hitler läßt die Kurland-Armee sinnlos im Nordosten verbluten und schickt Elitetruppen nach Südosten zu einem Angriff auf Budapest. Da er schlecht vorbereitet ist, Sprit und Munition fehlen, bricht er zusammen. Die einzige Konsequenz, die Hitler, der nur mehr ein Wrack ist, aus diesem sinnlosen Unternehmen zieht, ist der Befehl an die Soldaten seiner Leibstandarte, wegen angeblichen Versagens ihre Ärmelstreifen, die seinen Namen zeigen, abzutrennen. In dem riesigen Gebiet, das von der Roten Armee überschwemmt wurde, halten sich an der Ostsee nur noch wie Inseln einige Widerstandsnester. Doch auch sie sind zum Untergang verdammt. Der Heiligenbeiler Kessel im Frischen Haff, der Millionen die Flucht über das Eis ermöglicht hatte, ist am Ende. Königsberg hält noch mühsam die Verbindung mit dem Samland und der Küste offen. Gotenhafen und die Halbinsel Hela halten sich, ebenso wie Danzig, wo der gestauten Menschenflut der Terror der Braunen mitunter schlimmer erscheint als die Greuel der Roten.

An den Bäumen der Hindenburgallee ist kein Platz mehr frei. Hier hängen die angeblichen Defätisten, unter ihnen 15jährige Flakhelfer, die in ihrer Heimatstadt nur kurz ihre Eltern besucht hatten. Mord an den eigenen Leuten, an halben Kindern – die Wunderwaffe des Gauleiters Forster.

In aussichtsloser Lage wird sich Danzig noch bis zum 30. März halten. Und auf der Nehrung irren noch immer zahllose Flüchtlinge herum, planlos, verzweifelt. Ein Beispiel dafür schildert die

Abiturientin M. M. aus dem Masurenkreis Lyck in der ›Dokumentation des Bundesminsteriums für Vertriebene‹, Band I/1:

›Am nächsten Tag liefen wir in Richtung auf Danzig weiter. Unterwegs sahen wir grauenvolle Szenen: Mütter warfen ihre Kinder im Wahnsinn ins Meer. Menschen hängten sich auf; andere stürzten sich auf verendete Pferde, schnitten sich Fleisch heraus, brieten die Stücke über offenem Feuer. Frauen wurden im Wagen entbunden . . .‹

Nachdem Werner Held in dem Feldlazarett notdürftig versorgt worden war, wurde er in einem Schlitten auf die Nehrung geschafft. Mit anderen Verwundeten wurde er auf Stroh in einen Lastwagen gelegt, um nach Kahlberg abtransportiert zu werden. Unterwegs gerieten sie in sowjetisches Artilleriefeuer, eine Granate zerfetzte das Führerhaus und tötete den Fahrer und Beifahrer. Der zerschossene Laster stand während der Nacht neun Stunden in starkem Frost. Als Hungrige nachsahen, ob in dem LKW etwa Eßbares wäre, lebten von 13 Schwerverwundeten noch vier, unter ihnen Major Held.

Nun liegt er in der überfüllten Strandhalle von Kahlberg, die als Behelfslazarett dient. Die Granaten, die über das Haff heranjaulen, sind seine Schlummermelodie.

Immer mehr neue Verwundete werden in das Lazarett eingeliefert. Die Ärzte hasten bei ihren Visiten im Laufschritt durch die Halle, oft mit guten Worten und leeren Händen. Denn nicht immer bringen die Flugzeuge der Kriegsmarine – früher einmal als ›unbewaffnetes Wehrmachtsgefolge‹ verspottet – die Medikamente und Verbandstoffe rechtzeitig. Oft nur wegen schlechten Wetters, häufig genug jedoch auch, weil russische Jäger sie abgeschossen haben.

Auch von Kahlberg aus werden ununterbrochen Flüchtlinge und Verwundete über die Ostsee weggeschafft, auf Fischkuttern und Prahmen, denn große Schiffe können hier nicht anlegen.

Als Major Held an der Reihe ist, verzichtet er zugunsten eines Unteroffiziers, dem beide Oberschenkel amputiert wurden. Für Held ist dies selbstverständlich, doch der Mann bedankt sich überschwenglich, bevor er auf einer Bahre in den schaukelnden Kahn kommt. Eine halbe Stunde später wird das Boot durch Tiefflieger versenkt.

Held quittiert die Nachricht mit Gleichgültigkeit. Was soll's? Er hat zu viele Menschen sterben sehen. Dann wieder fragt er sich, ob

Prisca, seine schwerverletzte Frau, einen Platz auf einem Lazarettschiff bekommen hat. Und wenn – haben die Sowjets vielleicht auch dieses Schiff versenkt? Und was ist aus Claudia geworden, die sich selbstlos seines Jungen angenommen hat? Was aus seinem Vater in Königsberg, der trotz aller Warnungen in seinem OP-Raum verharrte?

Visite. Der Chef persönlich, im Zivilleben Ordinarius für Innere Medizin, verbraucht und gebeugt, als wäre er schuld an diesem Elend, als trüge er schwer an seiner Ohnmacht, die Sterberate zu senken. Unvermittelt bleibt er stehen, geht zurück, betrachtet den verwundeten Major. »Held?« fragt er, tastet noch einmal das Gesicht ab und nickt. »Der junge Held?«

»Jung?« versetzt der Offizier. »Nach fünf Jahren Krieg, Herr Oberfeldarzt?«

»Jedenfalls jünger als der alte Held, mein verehrter Kollege in Königsberg. Wie geht es Ihrem Vater?«

»Ich nehme an, er hält in seinem Lazarett aus – bis zum bitteren Ende.«

Der Chefarzt beschwört den Major, einen Platz auf einem Flugboot anzunehmen. Und Held sagt ja. Es ist ihm egal, ob er unterwegs abgeknallt wird. Was soll ein Ostpreuße ohne Heimat, ein Gutserbe ohne Hof, ein Rechtshänder ohne rechten Arm in dieser Welt noch anfangen?

Vielleicht muß man so fatalistisch sein, um den Tiefflug über die Ostsee heil zu überstehen. Die Maschine wassert jedenfalls glatt in der Nähe von Lübeck, und Major Held kommt in ein weiches, weißbezogenes Bett in einem Heimatlazarett.

Als der Kaleu mit Claudia und dem Jungen die Barkasse erreicht, die sie zu dem aus allen Rohren feuernden Zerstörer bringen soll, sieht es aus, als müßten die Marinesoldaten in die Menge schießen, um einen sinnlosen Ansturm auf die Nußschale zu verhindern.

»Hört mal zu, Leute!« ruft der Offizier. »Wir können jeweils nur ein paar hundert Flüchtlinge mitnehmen. Aber wir versorgen uns mit neuer Munition und kommen dann zurück. Wir werden das immer wieder tun. Und gleichzeitig das letzte Wasserfahrzeug aufbieten, um euch von hier wegzuschaffen.« Er sieht, daß seine Worte sitzen, daß auch Menschen, die immer wieder belogen worden sind, wieder Vertrauen finden können. »Wenn ihr vernünftig seid«, setzt er hinzu, »kommt ihr alle aus Kolberg heraus.«

Schweigend bleiben die Gestrandeten stehen und sehen der Barkasse nach. Der Zerstörer, auf den sie zufährt, wippt während der Kanonade wie ein riesiges Schaukelpferd. Im Feuerlee klettern sie hoch, voran Claudia, in der Mitte der Junge, der Kaleu zur Sicherheit am Schluß. Bald darauf legt Z 34 ab, braust mit äußerster Kraft nach Swinemünde. Mit einigen hundert Flüchtlingen und Verwundeten an Bord, die sich irgendwo in Niedergängen, in Zwischendecks, wo immer ein winziger freier Raum ist, zusammendrängen.

Claudia bleibt am Oberdeck. Der Wind schneidet in ihr Gesicht, bringt die Augen zum Tränen. Sie starrt auf die Ruinen Kolbergs, die immer kleiner werden, bis nur noch der Turm des Mariendoms wie ein zur Mahnung erhobener Zeigefinger in den Himmel ragt.

Die beiden Zerstörer wählen den kürzesten Weg. Sie fahren in Kiellinie in Küstennähe, an einem Stück Pommern vorbei, in dem bereits sowjetische Truppen wüten, und dem nun, gleich den anderen eroberten deutschen Ostprovinzen, ein Schicksal droht, für das das Nürnberger Tribunal ein neues Wort prägte: Genozid . . . Völkermord.

In Jürgen Thorwalds Buch ›Es begann an der Weichsel‹ schildert die Augenzeugin und Frau des Arztes Dr. Mackow: ›In unser Dorf kamen am 1. März die russischen Truppen. Alle Häuser wurden geplündert und die Frauen, von der ältesten Greisin bis zum zwölfjährigen Mädchen, geschändet. Wir alle, ohne Unterschied, litten dieselbe Not. Am nächsten Tag fanden wir einige junge Frauen, die sich mit ihren Kindern erhängt hatten . . .

Eine junge Lehrerin des Dorfes Kriescht, die sich im Wald versteckt hatte, wurde gefunden. Splitternackt wurde sie auf die Landstraße zurückgejagt, wo viele Soldaten sie nacheinander mißbrauchten. Im Straßengraben, durch Schnee und Morast, auf Händen und Füßen kriechend, kaum noch zu erkennen, erreichte sie ihr Dorf . . .‹

Eine Woche später, so berichtet die Augenzeugin weiter, mußte das Dorf innerhalb von zehn Minuten geräumt werden.

›Wer krank wurde, war verloren; Tag und Nacht kamen immer wieder die Soldaten. Sie plünderten, mißhandelten und mißbrauchten uns Frauen, wo sie uns erreichen konnten. Ab und zu tauchte ein Russe auf, der uns freundlich behandelte und uns insgeheim ein Stück Brot schenkte. Vielleicht gab es sehr viel mehr von ihnen, als ich weiß. Aber nie ist mir so klar geworden, wie sehr das Böse ansteckt, und das Düstere über das Helle siegt, wie damals . . .‹

Zwangsarbeit für alle, Steineschleppen für eine Flugzeugrollbahn, von sechs Uhr morgens bis neun Uhr abends. Ein Stück Brot, ein Teller salzloser Suppe aus ungeschälten Kartoffeln. So schufteten die Frauen, deren Söhne und Männer, die im Alter zwischen fünfzehn und sechzig Jahren und daheim waren, nach Rußland verschleppt wurden.

›Dazu kam der Hunger‹, berichtet die Zeugin weiter. ›Alte Leute und Kinder starben schnell. Schlimm war das Los der Säuglinge. Die Milch der Mütter versiegte, und sie mußten zusehen, wie die kaum Geborenen verhungerten. Oft klang dann eines unserer Kirchenlieder dünn und armselig über das Grab, das bald der Wind verwehte. Mütter haben Unendliches ertragen und leisten müssen. Verzweifelt und jammernd streckten die Kleinen die Ärmchen aus, stumm und hassend starrten die Großen, wenn die Mütter für die Transporte nach Rußland fortgeschleppt wurden. Nie wurde bei den Massenverhaftungen von Frauen und Männern nach Beruf oder Parteizugehörigkeit gefragt . . .‹

Claudia und Fabian drängen sich auf dem Zerstörer in eine windgeschützte Ecke. Das Schlechtwetter schließt Luftangriffe aus, und die Zerstörer entkommen auch den russischen U-Booten und den Treibminen. Immer wieder ist Land in Sicht, Dünen, Wälder, Naturhäfen.

Hier hat Otto Lilienthal, der Pionier der Luftfahrt, seine ersten Gleitflüge versucht, und Heinrich George, der berühmte Mime, noch vor einem kleinen Publikum seine ersten Bühnenauftritte gehabt. ›Die Pommern sind von natürlicher Offenheit‹, schrieb einst Friedrich der Große. ›Verschmitztheit und Gerissenheit liegen ihnen nicht. Der kleine Mann ist mißtrauisch und dickköpfig, auch wohl selbstsüchtig, aber weder grausam noch heftig, und die Sitten sind ziemlich sanft, so daß auch hier keine Strenge am Platz ist.‹

Z 34 legt an der Reede von Swinemünde an. Die Flüchtlinge quellen aus den unteren Decks nach oben. Sie sind gerettet. Selbstvergessen spielt Fabian an Oberdeck mit einem kleinen Mädchen. Nach einer Irrfahrt ohnegleichen, scheint es den Flüchtlingen als liege, trotz allen Leides und des noch tobenden Krieges, ein Hauch von Frieden in der Luft und taue die hartgewordenen Gesichter auf.

Während die Passagiere des Zerstörers nach Stralsund weiterfahren, ist Z 34 schon wieder auf der Fahrt nach Kolberg. Über 70000 Zivilisten und Verwundete rettet die Kriegsmarine aus der sterbenden Stadt. Und sogar noch nach ihrer Kapitulation am 18. März 1945 werden die letzten Verteidiger auf Kleinschiffen weggebracht.

Die meisten Flüchtlinge aus Kolberg werden in der weiteren Umgebung von Stralsund einquartiert. Claudia aber treibt eine unbestimmte Unruhe weiter, als ahnte sie, daß kurze Zeit später Stettin zu Polen gehören und Vorpommern, heutiges DDR-Gebiet, kurzerhand Mecklenburg zugeschlagen wird. Auf der Suche nach einer neuen Heimat fährt Claudia mit dem Jungen in einem überfüllten Zug weiter. Sie hat sich für eine Gegend entschieden, die wenigstens mit ihren Pferden an ihre Heimat erinnert: für Niedersachsen. Und sie landet mit Fabian auf einem Gestüt bei Celle.

Anfang April beginnt der Todeskampf der ostpreußischen Hauptstadt. Die Sowjets treten zu ihrem letzten Großangriff auf Königsberg an. Nach zwei Tagen ist die Verbindung zum Samland und zum Hafen Pillau endgültig abgeschnitten.

Wie es um die Kampfkraft der Verteidiger steht, schildert der Zeuge von Spaeth-Meyken:

›Wie ein Ameisenhaufen zieht das Volkssturmbataillon auf der Straße nach Theut entlang. Alte, verbrauchte Männer, in der unmöglichsten städtischen Bekleidung: in Mänteln aller Art, mit Mützen und Hüten aller Farbschattierungen, mit hohen Stiefeln und Halbschuhen an den Füßen. In der einen Hand haben die meisten einen Krückstock, in der anderen einen Pappkarton und über dem Rücken einen italienischen Karabiner. Auf meine Frage, wieviel Munition sie denn hätten, sagen sie: ›Drei Schuß pro Karabiner‹.‹

Am 9. April 1945 kapituliert General Lasch, der Festungskommandant, mit Rücksicht auf 100000 Zivilisten, vorwiegend Flüchtlinge, die nicht mehr aus der Stadt herausgekommen sind. Hitler läßt seinen bisher getreuen Gefolgsmann in Abwesenheit zum Tode verurteilen und seine Familie in Sippenhaft nehmen.

Die Rotarmisten toben sich in Königsberg grauenhaft aus. Sie morden, rauben, schänden. Was sich nun hier in Königsberg abspielt, wiederholt sich fast in allen Städten des deutschen Ostens, die von der Roten Armee erobert werden. Das Leben wird wertlos – es ist dem Zufall ausgesetzt. Frauen werden Freiwild und Beute.

Alle folgenden Zitate sind Aussagen überlebender Einwohner Königsbergs und stammen aus der Ostdokumentation des Bundesarchives in Koblenz.

Die Augenzeugin F. T. berichtet: ›Die Rotarmisten dringen in eine Privatklinik ein, übergießen die Krankenbetten mit Phosphor und zünden sie an. Die Schwestern werden im Türrahmen festgehalten und gezwungen zuzusehen.‹

Die Zeugin Lisa E. G. gibt zu Protokoll: ›Ich habe mit eigenen Augen gesehen, wie ein Russe einem toten deutschen Soldaten mit einem Hammer die Goldzähne ausschlug.‹

Die Augenzeugin Frau Ruth Nötzel erklärt: ›Auf der Laak war von den Deutschen ein Hochbunker als Entbindungsheim eingerichtet worden. Die Russen warfen die entbundenen wie die noch nicht entbundenen Frauen auf die Straße, meist unter Zurücklassung der Kinder. Im Notlazarett, im Finanzpräsidium, fehlt es an Personal. Ärzte und Schwestern leisten Übermenschliches. Sie operieren Tag und Nacht im Schein von Hindenburglichtern. Zwischendurch erscheinen die Russen und vergewaltigen die Schwestern unter den Augen der deutschen Ärzte.‹

Eine solche Szene erlebt auch Professor Held und ist einen Moment lang dem Schicksal dankbar, daß Juca, das Nesthäkchen der Zerkaulen-Familie, durch eine Fliegerbombe getötet wurde. Wortlos geht der Arzt an den Giftschrank, entnimmt ihm eine Flasche und zwingt sich, das Zeug zu schlucken.

Ein Assistent pumpt ihm den Magen aus und rettet ihm das Leben. Kurze Zeit später verhaften die Russen den Internisten und verschleppen ihn hinter den Ural, wo er noch ein Jahr lang als Arzt arbeitet – bis ihm selbst kein Arzt mehr helfen kann.

Königsberg, 1255 vom Deutschen Ritterorden als abendländischer Vorposten errichtet, heißt heute Kaliningrad. 1701 hatte sich hier Friedrich I. zum König von Preußen gekrönt. Der Dichter E. T. A. Hoffmann wurde hier geboren, die Malerin Käthe Kollwitz, der Komponist Otto Nicolai, die Dichterin Agnes Miegel. Und Immanuel Kant, der größte Philosoph des Abendlandes, Schöpfer des kategorischen Imperativs, den ›der bestirnte Himmel über mir, und das moralische Gesetz in mir‹, mit so großer Ehrfurcht erfüllten.

Doch der bedeckte Himmel läßt keinen Sternenschimmer durch, und das moralische Gesetz heißt jetzt Überleben. In der

Praxis sieht das in der von den Russen besetzten Stadt so aus: ›Die Frau eines Schuhmachers hatte sich zwischen Weihnachten und Neujahr vor den Augen ihres vor Hunger geschwächten und völlig teilnahmslosen Ehemannes, der eine Woche später an Unterernährung starb, erhängt‹. (Dokumentation des Bundesministeriums für Vertriebene, Band I/2, Seite 112).

Und die Gesetze selbst machen die Sieger. Ostpreußen wird zerschnitten wie ein Laib Brot: Den nördlichen Raum mit Memelland, Samland und dem Regierungsbezirk Gumbinnen usurpieren die Russen. Das Ermland, Oberland und Masuren fallen an Polen.

Den Einmarsch der Roten Armee hatten in Ostpreußen 800000 Deutsche überlebt. Nach der letzten Ausweisungswelle im Jahre 1950 waren es – vielleicht – noch 75000. Genaue Zahlen gibt es ebensowenig wie Namen auf den Gräbern der Toten.

Für die nach Westen entkommenen Ostdeutschen wurde der schüchterne Neubeginn mit Suchaktionen nach den Angehörigen eingeleitet. Millionen wußten nichts voneinander. Der Suchdienst des Roten Kreuzes hatte eine gigantische Aufgabe zu bewältigen.

Der ehemalige Major Held fand Mutter und Schwiegermutter im schleswig-holsteinischen Städtchen Rendsburg und schaffte sie zu Claudia und seinem Jungen Fabian nach Niedersachsen. Prisca, seine Frau, blieb verschollen.

In Hasenmoor bei Hamburg wurde ein angeblicher ehemaliger Major Berger als Gauleiter Koch erkannt und verhaftet. Mit seinem Wagen, seinem Adjutanten und seinen Weinkisten war er, ohne einen Flüchtling mitzunehmen, nach Flensburg entkommen und mit falschen Papieren untergetaucht. Im Suff redete er zuviel und hatte so seine Verhaftung schließlich sich selbst zu verdanken. Die Engländer lieferten ihn an Polen aus. In einem Prozeß wurde er von Polen zum Tode verurteilt. Ob er tatsächlich gehängt wurde, kann mit Sicherheit nicht gesagt werden.

TEIL 3

SCHLESIEN

Sie kommen als Sieger, aber ihr Lorbeer ist blutig und dreckig. Eine Sturzflut aus dem Osten ergießt sich über die polnische Grenze nach Deutschland, mit Panzern und Panjewagen, mit Sturmgeschützen und Stalinorgeln.

Am 20. Januar 1945 fallen die sowjetischen Truppen auf einer Frontbreite von mehr als achtzig Kilometern in Schlesien ein. Die Rotarmisten überrennen die östlich der Oder liegenden Kreise, durchschneiden die dünnen deutschen Abwehrstellungen wie einen Klumpen Butter.

Während die Lautsprecher der braunen Propaganda mit bellenden heiseren Stimmen den nahen deutschen Endsieg verkünden, erobern Russen, Kalmücken, Turkmenen, Sibirier, Kaukasier, Georgier und Tataren täglich Städte, auf deren Häusern in riesigen Lettern steht: ›Sieg oder bolschewistisches Chaos‹.

Kurz vor Erreichen der Oder teilen sich die Panzerstoßkeile. Der südliche rollt in das oberschlesische Industriegebiet und dringt unaufhaltsam gegen die Städte Beuthen und Gleiwitz vor. Der zweite Keil nimmt Steinau und Brieg, nördlich und südlich von Breslau und bildet dort Brückenköpfe.

Die Heimat ist über Nacht zur Front geworden. Die Abwehr wird zum Untergang. Der im Herbst gebuddelte Ostwall – in Erinnerung an den Mongolensturm des Jahres 1241 heißt er Barthold-Linie – hält die Russen keine zehn Minuten auf. Sein militärischer Wert ist gleich null.

Breslau, das Herz Schlesiens, gerät in die Zange der Sowjets. Die Metropole ist zwar ein Bollwerk deutschen Volkstums, wurde jedoch als eine ungeschützte Großstadt zur Festung erklärt. Vor dem Krieg hatte Breslau 625 000 Einwohner. Jetzt lebt fast eine Million Menschen im ›Luftschutzkeller Deutschlands‹. Und immer noch zieht ein unaufhaltsamer Strom von Flüchtlingen nach Breslau, Frauen, Kinder mit dem Rest ihrer Habe. Eine zu klein werdende Stadt saugt sich mit Menschen voll wie eine Zecke mit Blut.

Bis Mitte Januar darf niemand die Festung verlassen, denn Gauleiter Hanke handelt nach dem Rezept: Flucht ist Verrat. Und Verräter werden an die Wand gestellt . . .

Auf dem Übungsgelände hinter den neuen Kasernen des Breslauer Vororts Rosenthal bildet in diesen Tagen Oberfeldwebel Scharfenberg Rekruten aus. Er ist mittelgroß, fünfunddreißig Jahre alt, kein Leuteschinder, doch auch kein Ausbilder, der alles mit sich machen läßt.

Er wurde vor drei Monaten von der Unteroffiziersschule Frankenstein in der Nähe des Eulengebirges hierher versetzt. Nun ist seine Aufgabe, aus den ihm übergebenen Kindern und Greisen in einem Schnellkurs Soldaten zu machen. Denn es ist der fünfte Kriegswinter. Vor ihm steht das letzte Aufgebot. Die jüngsten Rekruten sind nicht einmal halb so alt wie ihr Oberfeldwebel, die ältesten haben schon fast doppelt so viele Lebensjahre auf dem krummen Buckel wie der Zugführer.

Der zusammengewürfelte Haufen übt mit einer hölzernen Panzerfaust bis zum Überdruß das Abschießen sowjetischer T-34, als sich ein Mann aus der Schreibstube vor Scharfenberg aufbaut:

»Herr Oberfeldwebel möchte sich sofort beim Herrn Major melden.«

Scharfenberg übergibt den Zug einem Unteroffizier. »Weitermachen!« befiehlt er und stapft zur Bataillonsschreibstube.

»Der Russe kommt, Scharfenberg«, empfängt ihn der ›Alte‹. »Sie schnappen sich jetzt ein Fahrrad und strampeln nach Weide. Aber mit Beeilung, bitte.«

»Jawohl, Herr Major.«

»Sie erkunden den Flußübergang und gehen dann dort mit Ihrem Verein in Stellung, und zwar noch heute nachmittag.«

Die Ortschaft Weide liegt am Fluß Weide, im Festungsvorland, zwölf Kilometer nördlich von Breslau. Der Oberfeldwebel wird immer wieder vom Gegenstrom flüchtender Zivilisten aufgehalten, von Pferdefuhrwerken, Schlitten, Handkarren, Kinderwagen. Sogar umgedrehte Tische werden mit festgezurrter Last über die verschneite Straße gezerrt.

Gegen Mittag erreicht Scharfenberg seinen Einsatzort. Weit und breit ist weder ein deutscher noch ein russischer Soldat zu sehen, aber in etwa dreißig Kilometern Entfernung tobt der Gefechtslärm.

Der Oberfeldwebel betrachtet die schmale Brücke; teilt im Geist bereits seine Leute ein. Eine Gruppe links, eine Gruppe rechts, zwei Gruppen Reserve. Wenn dann der Iwan kommt, heißt es sterben oder stiftengehen.

Den Befehl zum Rückzug wird der Oberfeldwebel nicht geben.

Er ist zwar kein Durchhaltefanatiker, aber Schlesier. Seine Frau Hedel lebt in Bertholdsdorf, dreißig Kilometer nordwestlich von Breslau. Scharfenberg wagt nicht daran zu denken, was geschieht, wenn die Festung Breslau fallen wird.

Daß die Sowjets nach dem Beispiel vergangener deutscher Blitzsiege in einer Zangenbewegung rechts und links an der Oder-Metropole vorbeistoßen könnten und sein Heimatdorf zum Bereitstellungsraum für den Angriff auf die Festung werden könnte, übersteigt seine Vorstellung.

Die Bewohner von Weide bereiten die Räumung des schmucken Dorfes vor. Vor der Bäckerei versucht eine Familie, ein Klavier auf einen Handkarren zu laden. Kinder tragen Radioapparate unter dem Arm. Diese Evakuierten haben doppeltes Glück. Ihnen bleibt Zeit, ihre wichtigsten Dinge zu packen, und ihre Flucht verhindert kein mit der Pistole herumfuchtelnder Ortsgruppenleiter der Partei. In anderen Orten, wo dies geschah, wurde einen Tag später die flüchtende Bevölkerung von den Gliederketten der sowjetischen Panzer zermalmt.

Scharfenberg nimmt die Metzgerei als Gefechtsstand in Aussicht.

»Sie haben sich wohl verlaufen?« fragt ihn der biedere Schlachtermeister mit bitterem Humor.

»Ich geh' mit meiner Einheit hier in Stellung.«

»Sie können sich in meinem Laden nehmen, was Sie wollen. Wir hauen in einer halben Stunde ab.« Der Schlachter, der in dreißig Minuten das Lebenswerk dreier Generationen verlassen muß, fügt hinzu: »Dann fressen wenigstens nicht die Russen meine Würste.«

Nicht nur den Bewohnern von Weide verspricht die Partei, daß sie nach ein paar Tagen in ihr Dorf zurückkehren können. Naive, die daran glauben, haben es in dieser schweren Stunde, als sie die Heimat verlassen müssen, leichter. Reichsverteidigungskommissar Hanke hatte die rechtzeitige Räumung Schlesiens immer wieder mit leeren Versprechungen verhindert. Seine Zusicherungen, daß es den Russen niemals gelingen würde, die deutsche Reichsgrenze zu überschreiten, blieben Wunschträume.

Oberfeldwebel Scharfenberg radelt nach Breslau zurück. Sein Zug ist feldmarschmäßig im Kasernenhof angetreten und übt, um seine Zeit ›sinnvoll‹ zu nutzen, Ehrenbezeigungen durch Erweisen des Deutschen Grußes. Dann heißt es: »Ohne Tritt, marsch!«

Gegen 17 Uhr erreichen sie Weide. In der Dorfmetzgerei stellen die Männer fest, daß ihr Himmelfahrtskommando durch ein Schlaraffenland führt. Zentnerweise Frischfleisch, Hunderte von Würsten sind da. Im Kaufladen gegenüber gibt es Zigaretten, Eier, Nudeln, Zucker, Mehl. Beim Schuhmacher tummeln sich in den Ställen herrenlose Kaninchen, Schweine und Ziegen, und die Soldaten überlegen, ob sie die Tiere füttern oder schlachten sollen.

Mit gefüllten Taschen gehen die Verteidiger an der Brücke in Stellung. Fünfundvierzig grüne Jungs und alte Männer, bewaffnet mit dem Karabiner 98 K, fünf Panzerfäusten und einem leichten MG.

»Die Wacht an der Weide«, brummelt einer. »Alles Scheiße, deine Emma.«

»Schnauze!« erwidert der Zugführer.

Sie stehen Stunden und Tage. Sie sehen keinen sowjetischen Soldaten. Dann erfahren sie, daß ostwärts von ihnen noch eine dünne deutsche Verteidigungslinie steht, in Hünern, Boje und Kapsdorf. Der Zug erhält den Befehl, die Männer dort abzulösen.

Man hält einen Achtungsabstand von einem Kilometer zu den russischen Linien. Die Soldaten hauen sich in ihre Löcher und machen sich klein, denn was sich bewegt, wird von sowjetischen Scharfschützen unter Feuer genommen.

»Herr Oberfeldwebel«, meldet einer der Jungen aufgeregt, »in einem Haus in Kapsdorf liegt ein toter Mann im Bett.«

»Hast wohl noch keinen Toten gesehen, Jungchen?« brummt Scharfenberg und geht in das Dorf.

Der Mann im Bett ist alt, aber nicht tot. Entweder haben ihn seine Angehörigen einfach zurückgelassen, oder er hat sich geweigert, zu flüchten.

»Seid ihr Deutsche oder Russen?« fragt er.

»Deutsche«, antwortet Scharfenberg.

»Dann ist's gut«, entgegnet der Alte. »Wissen Sie, wenn der Iwan kommt, dann stell' ich mich einfach tot.«

Während es in Scharfenbergs Abschnitt noch ruhig bleibt, wechseln manche Orte bei Breslau bis zu achtmal den Besitzer. Wenn die deutschen Soldaten ein Dorf wiedererobern, stoßen sie auf Greuel.

Bei Domslau mußten hundert deutsche Verwundete einen Tag lang im Schnee knien und wurden abends durch Genickschuß erledigt. (Augenzeuge: Paul Holz.)

Aus Bettlern berichtet die zurückgebliebene Ida Kirchner: ›Im Ort kamen acht Personen ums Leben. Eine junge Frau wurde lebendig verbrannt, ein junger Mann halb erschlagen und dann zu Tode geschleift. Während der Kampfzeit waren Vergewaltigungen an Mädchen und Frauen von dreizehn bis fünfundachtzig Jahren an der Tagesordnung. Viele Frauen sind an den Folgen gestorben.‹

In Zweibach, Landkreis Breslau, steigt während einer kurzen Rast die betrunkene Besatzung eines russischen Panzers aus. Im Scherz kommt es zu einem Ringkampf dreier Rotarmisten. Aus der Pistole eines Soldaten löst sich ein Schuß und verwundet einen Leutnant an der Ferse.

»Partisan!« schreien die Sowjets, zerren einen kranken jungen Mann aus einem Haus und knallen ihn nieder.

»Und dann sind sie mit dem Panzer über ihn gefahren. Er wurde zu Brei gequetscht«, schildert Augenzeuge August Biewald wörtlich. »Sein Vater hat ihn mit der Schaufel weggeräumt.«

Eine Augenzeugin aus Striegau berichtet:

›Meine Mutter versuchte sich in diesen Tagen im Kleiderschrank zu erhängen. Sie wurde jedoch von einer Hausbewohnerin rechtzeitig ins Leben zurückgerufen. Ein Russe aus Baku bemühte sich, meine Mutter und mich vor den ärgsten Belästigungen zu schützen. Am Sonntag wurden die Russen von einer wesentlich schlimmeren Truppe abgelöst. Am Vormittag des Montag erschien in unserer Wohnung ein zwanzigjähriger Leutnant, der sich über die vorhandenen Hausbewohner orientierte, dann aber wieder ging. Am frühen Nachmittag kam er wieder. Er war betrunken und in Begleitung seines Burschen, der eine Flasche Arrak und ein Wasserglas bei sich trug. Wir wurden aufgefordert, zu trinken, und als wir uns weigerten, mit der entsicherten Pistole dazu gezwungen. Ich mußte drei volle Wassergläser mit Arrak hintereinander austrinken. Der Leutnant befahl dann meiner Mutter und dem Burschen, das Zimmer zu verlassen. Anschließend hat er mich vergewaltigt. Als er später wütend zur Tür rannte, weil an derselben immerfort ein Soldat pochte, flüchtete ich ins Vorderzimmer zu meiner Mutter, die auf einem Stuhl neben dem Bett saß, in welchem ich mich in meinem Alkoholrausch zu verstecken suchte. Wütend und schießend, wobei ein Wandbild getroffen wurde, folgte der Leutnant mir auch noch dorthin und forderte meine Mutter wieder auf, sich zu entfernen. Als sie sich weigerte, erschoß er meine Mutter mit einem Schuß in die rechte Schläfe. Sie war sofort tot und sank mir als Leiche in die Arme; ihr Blut besudelte mich und das Bett. Der Leutnant warf nun die Lei-

Vater und Sohn haben sich 1945 freiwillig gemeldet und stehen nun eingereiht in der Front der Verteidiger von Breslau.

Das berühmte Breslauer Rathaus hat den Krieg mit nur geringen Beschädigungen überstanden, wie die Aufnahme von 1946 zeigt. Die Polen haben mit der Restaurierung begonnen, während Deutsche, aus ihren Wohnungen vertrieben, mit den Resten ihrer Habe eine neue Unterkunft suchen.

Hungernde und frierende Kinder im Krieg zwischen Trümmern. Ihre Eltern haben sie verloren.

Zahllose größere und kleinere Flüchtlingstrecks befinden sich auf dem Weg nach Westen.

Die Menschen drängen sich in den Reichenberger Bahnhof auf der Flucht vor der Roten Armee.

Aus Schlesien vertrieben, doch in Sicherheit: Mutter und Sohn haben völlig erschöpft die amerikanisch besetzte Zone in Torgau an der Elbe erreicht.

Vor den Sowjets zu den Westalliierten geflohene pommersche Flüchtlinge sind bei Boitzenburg an der Elbe eingetroffen.

che meiner Mutter auf den Fußboden und vergewaltigte mich nochmals.‹

Rolf O. Becker schreibt in seiner Dokumentation ›Niederschlesien 1945‹:

›Den Vater, der die Tochter, den Priester, der die Nonnen, den Bruder, der die Schwester schützen will vor dem, was nicht mehr mit dem ›Recht des Siegers‹ – wie primitiv auch immer es sein mag – erklärbar ist und nicht mit einer Rache für KZ und Massenvernichtung. Die vergewaltigten Mädchen und Frauen in den überrannten Dörfern sind daran so schuldlos wie die Bäume vor den Häusern, in denen es geschieht . . .

Außerdem denken die mordenden und schändenden Rotarmisten gar nicht darüber nach. Sie folgen eingehämmerten Parolen von Haß, Rache und Gewalt in einem Krieg, der längst die Bahnen menschlichen Denkens und Empfindens gesprengt hat. Sie könnten Sieger sein, für manche die Befreier, aber in diesen Wochen sind sie nicht besser als die Wachen im nahen Auschwitz oder im fernen Dachau, denen ein Menschenleben nicht mehr gilt, als die Zeit, die man braucht, es auszulöschen . . .‹

Solche Schreckenstaten sind erst der Anfang der schlesischen Tragödie. Sie wird 674000 Menschen das Leben kosten, die im Kampf getötet, von der Besatzung ermordet oder nach Rußland verschleppt werden und nicht mehr zurückkehren. 1,5 Millionen Schlesier werden überrollt, 1,6 Millionen entkommen in die Tschechoslowakei und müssen dort ein zweites Mal durch die Hölle gehen; ebenso viele flüchten nach Sachsen, Thüringen und Bayern.

4254 schlesische Gemeinden gibt es beim Einmarsch der Roten Armee, 4199 von ihnen kann später die Statistik erfassen: In 2553 Gemeinden wird gemordet; in 2626 vergewaltigt; in 3183 wird verschleppt. Als Folge der Drangsal kommt es in 1077 Städten und Dörfern zu Massenselbstmorden.

Allerdings: Die Rote Armee hat einen weiten Weg hinter sich. Über die verbrannte Erde Rußlands, unter der dreizehneinhalb Millionen getötete Sowjetbürger als Opfer des Hitler-Einfalls liegen, stürmte sie vorwärts und kam auch an den Konzentrationslagern von Auschwitz und Maidanek vorbei. Verbitterung und Rachedurst der Soldaten werden noch durch die Propaganda angeheizt: ›Tötet, tötet, tötet! Es gibt nichts, was an den Deutschen unschuldig ist.‹

Während der Zug des Oberfeldwebels Bruno Scharfenberg im Verteidigungsring Breslaus einen Abschnitt sichert, der beim ersten Angriff der Russen durchbrochen werden muß, tobt sich links und rechts seines Standortes die Sowjetoffensive mit einer verheerenden Stoßkraft aus. Generale im Führerhauptquartier hatten noch vor einer Woche gehofft, daß die Rote Armee nach ihrem langen Marsch von Stalingrad bis in den Weichselbogen ihre Reserven aufgebraucht hätte – jetzt sehen sich die Verteidiger Schlesiens einer fünffachen Übermacht gegenüber.

Das sind keine ausgebluteten, erschöpften Verbände, sondern frisch aufgefüllte Elitedivisionen, vom amerikanischen Steuerzahler für den Sturm auf Deutschland großzügig mit Waffen und Kriegsmaterial ausgestattet. Der kranke Präsident Roosevelt gibt für seinen ›guten Onkel Joe‹ Stalin elf Milliarden Dollar aus.

Und auch das Wetter ist auf der Seite der Russen. Ein halber Meter Schnee fällt auf Niederschlesiens melancholische Landschaft, färbt sie weiß, wie die gekalkten Panzer und Geschützrohre der Angreifer, wie die Schneehemden der Rotarmisten.

Die Männer des Volkssturms, die bei Steinau gegen eine hier achtzigfache Übermacht stehen, haben nicht einmal Uniformen, geschweige denn Schneehemden. Sie plündern die Sakristei im Kloster der Barmherzigen Brüder in den Oderrandbergen und verwenden die priesterlichen Chorröcke als winterliche Tarnanzüge.

Nach einigen Tagen löst schneidender Frost den Schneefall ab. Die Temperatur fällt so plötzlich und tief, daß der Tod Schlafende überrascht. Über Nacht erfrieren auf einem Bauernhof am Rande Breslaus in einem abgestellten Treckwagen elf Kinder und zwei junge Mütter (Augenzeuge Albert Seel).

In den Gefechtspausen müssen sich die Verteidiger ihre Scheibe Brot mit dem Beil vom Laib Brot abhacken. Soldaten mit Erfrierungen füllen die Frontlazarette. Ein völlig erschöpfter Obergefreiter, der beim Austreten eingeschlafen ist, erfriert sich das Glied und sein Kompaniechef, beim Austreten verwundet, das Gesäß.

Für Tausende von Menschen, die bisher noch die Kraft hatten, sich gegen den Untergang aufzubäumen, kommt die Versuchung, aus der Kolonne auszuscheren, sich hinzulegen, einzuschlafen. Viele wählen diese Art des Selbstmordes.

Gestern war das Verlassen Breslaus noch ein mit dem Tod bedrohtes Verbrechen. Heute entschließt sich Gauleiter Hanke dazu, die Stadt von ›unnötigem Ballast zu räumen‹. Das bedeutet,

Alte und Kranke mit tödlicher Verspätung in Nacht und Kälte hinauszutreiben.

Der Räumungsbefehl kommt so plötzlich, daß die Mütter ihre Kinder aus den Klassenzimmern reißen. Panikszenen spielen sich ab. Über 800000 Menschen wollen gleichzeitig aus der Stadt heraus, umdrängen die noch vorhandenen Omnibusse, Lastwagen, Eisenbahnzüge, Pferdefuhrwerke.

Eine unübersehbare Menschenmenge belagert Tag und Nacht die Bahnhöfe. Sie werden nicht weniger, obwohl manche von ihnen erfrieren.

Sowie ein Zug einläuft, wird er gestürmt. Männer zertrampeln Kinder; über Alte, die ihre letzte Habe retten wollen, stürmt eine wilde Horde hinweg. Schlägereien auf den Bahnsteigen. Verzweifelte klammern sich an die Dächer der Waggons, wenn auch keiner weiß, ob der Zug überhaupt noch abfährt oder von den Geschützen der russischen Panzer zerschossen wird.

Tagelang tobt das Inferno. Brave Bürger, bar jeder Würde, werden zu reißenden Bestien. Jeder Funken Menschlichkeit ist in ihnen erloschen. Einer jungen Mutter fällt beim Besteigen des Waggons der Säugling aus dem Steckkissen. Sie will ihr Kind bergen, aber sie wird von den Nachdrängenden in den Wagen gestoßen. Sie schreit, kämpft, beugt sich hinaus. Da fährt der Zug ab, und sie sieht, wie ihr Kind unter den Rädern zermalmt wird. Es gibt kein Zurück; verzweifelt steht sie in der Menge eingekeilt. Sie bemerkt nicht einmal, daß ein alter Mann neben ihr stehend stirbt. Sein Herz hat diese Belastung nicht mehr ausgehalten.

Inzwischen kehren die ersten, die vor der Kälte und der Erbarmungslosigkeit der Menschen kapitulierten, wieder zurück nach Breslau. Als ›Ausflügler‹ werden sie von Nachbarn verhöhnt, die am nächsten Tag selbst die Rettung in der Flucht suchen.

Vom Fenster ihrer Wohnung in der Charlottenstraße aus verfolgt die Studienrätin Dr. Lucia Kusche, selbst schon fluchtbereit, was ihr bevorstehen wird. ›Frauen stießen ihre Kinderwagen vor sich her‹, berichtet sie, ›einige freuten sich über das ruhige Verhalten der Kinder und ahnten noch nicht, daß diese – trotz der Kissen – längst erfroren waren. Bis Montag hatten wir im Südpark schon über fünfzig Kindergräber. Dabei waren die Menschen erst vom Norden der Stadt nach dem Süden geflüchtet . . . Noch wußten wir nicht, an wie vielen Tausenden von Toten wir vorbeiziehen müssen.‹

Am 20. Januar sind noch 750000 Zivilisten in der ›Festung‹. Die russischen Panzerspitzen sind bis auf 35 Kilometer herangekommen. Es gibt keinen Zweifel mehr, daß die Sowjets in den nächsten Tagen den Belagerungsring schließen werden.

Noch ist Breslau eine vom Krieg unberührte Stadt. Die mittelalterlichen Türme stehen noch und auch das 1274 errichtete Dinghaus, das den Grundstock des großartigen Rathauses bildet, von einem Dichter ›das stolze Sinnbild Schlesiens überhaupt‹ genannt.

An den majestätischen Fassaden historischer Prunkbauten bricht sich der Schall aus den Lautsprechern: »Frauen und Kinder verlassen die Stadt zu Fuß in Richtung Opperau-Kanth.« Kanth liegt südwestlich von Breslau.

Unter den Hunderttausenden, die sich an den Ausfahrtstraßen nach Süden, Westen und Nordwesten sammeln, ist die Frau des Werkmeisters Rudolf Hanisch. Ihr Mann wurde am Vortag zum Volkssturm eingezogen. Um drei Uhr nachmittags trifft sie an der Sammelstelle ein. Gabi, ihre kleine Tochter, hat sie bei sich. Sie erhält keinen Schlitten mehr; sie muß die Kleine tragen.

Noch immer fordern hinter ihr Lautsprecherwagen der Partei auf: »Frauen und Kinder . . . Frauen und Kinder . . .«

Ein endloser, dunkler, trauriger Zug tritt durch die Gräbschner-Vorstadt den Todesmarsch an. Auf der glatten Schneedecke rutschen Flüchtlinge aus. Viele kommen zu Fall. Manche bleiben entkräftet liegen und werden zugeschneit. Mütter, die ihre Kinder auf dem Arm tragen, werfen Betten und Gepäck weg. Nur weiter, der Rettung entgegen, nach Kanth, dem Kind zuliebe.

›Liebe Mutter‹, beginnt Frau Hanisch am 29. Januar 1945 einen Brief, der ein erschütterndes Zeitdokument darstellt. ›Ich schreibe Dir nun von hier und hoffe, daß Dich dieser Brief trotz allem, was jetzt geschieht, noch erreicht. Ich liege hier in einem Behelfskrankenhaus auf dem Flur und muß morgen weiter, weil alles überfüllt ist und die Russen auch hierher kommen. Bitte erschrick nicht, liebe Mutter, aber ich bringe Gabi nicht mit, und ich habe einen erfrorenen Arm. Ich hätte sonst Gabi vielleicht noch weiter getragen. Aber sie hätte auch hier keinen Sarg bekommen, denn Särge gibt es kaum noch, und sie wäre auch hier nur schnell begraben worden.

Ich konnte sie nicht mehr weit tragen, als sie tot war. Ich konnte es nicht mehr aushalten und habe sie gut eingewickelt und an der Straße hinter Kanth tief in den Schnee gelegt. Da war Gabi nicht allein, denn mit mir waren ein paar tausend Frauen mit ihren Kindern unterwegs, und sie legten auch die Gestorbenen in den Graben, weil dort bestimmt keine Wagen und keine Autos fahren und ihnen noch ein Leid antun können.

Gabi war auf einmal tot. Ich hatte sie bestimmt gut eingewickelt in zwei Decken. Aber sie war ja erst vier Monate alt, und Kinder von zwei und drei Jahren sind unterwegs fünfzig gestorben. Es war so schrecklich kalt, und es stürmte so eisig, und es fiel Schnee, und es gab nichts Warmes, keine Milch und nichts. Ich habe noch versucht, Gabi hinter einem Haus die Brust zu geben, aber sie nahm sie nicht, weil alles so kalt war. Das haben viele Frauen versucht, und manche haben sich die Brüste erfroren. Das muß ganz furchtbar sein, und es eitert. Viele haben sich auch eine Lungenentzündung geholt. Ein paar liegen hier und phantasieren von Breslau und von den Männern und den Kindern. Hier liegt eine Frau aus der Brandenburger Straße. Die hat alle drei Kinder verloren . . .‹ Die junge Frau war durch die Nacht geirrt, hat an Häusern geklopft, um ein Glas warmer Milch für ihr Kind zu bekommen. Vergeblich.

›Mutterliebe ist sicher die größte Liebe‹, heißt es weiter in dem Brief. ›Aber wie groß alle Liebe sein mag, wir sind doch nur schwache Geschöpfe. Als es anfing, hell zu werden, waren wir schon nahe bei Kanth. Gabi hatte ein paar Stunden geweint. Aber was sollte ich denn tun? Ich bin noch in ein paar Dörfern gewesen. Wir haben geklopft und geklopft und geschrien. Aber das half uns nichts . . .

Ich habe vor Elend immer vor mich hingeweint und ein paarmal war ich auch soweit, daß ich mich am liebsten einfach in den Schnee gelegt hätte, um zu sterben. Und mein Arm wurde immer steifer und ohne Halt. Es wurde heller und heller, und ich sah wieder tote Kinder. Vielleicht haben manche sogar lebende Kinder zurückgelassen, um sich zu retten. Wir alle torkelten ja nur so dahin. Es wehte immer noch ganz kalt, und meine Füße spürte ich überhaupt nicht mehr. Da kam ich zu einem Dominium, und da wohnten endlich Menschen, denn sie hatten alle Räume aufgemacht, und wenigstens ein Teil von uns konnte sich wärmen, und es wurde Milch gekocht für die Kinder. Aber als ich Gabi auspackte und mich freute, daß ich ihr nun etwas zu trinken geben konnte, da war sie ganz still, und die Frau neben mir sagte, ›die ist ja tot‹ . . .‹

An einem Sonntagvormittag nähern sich die Russen dem hübschen kleinen Ort Bertholdsdorf im Kreis Neumarkt. Es ist eine jener einhundertfünfzehn Gemeinden des Kreises, deren Tragik es ist, im Aufmarschgebiet der Roten Armee zur Belagerung Breslaus zu liegen.

In der Kreisstadt verüben fünfunddreißig Männer und Frauen unmittelbar vor dem Einmarsch der Russen Selbstmord. Kreisleiter Diekmann stoppt einen Zug russischer Kriegsgefangener, sucht unter den zerlumpten Gestalten die entkräfteten Männer heraus und läßt sie erschießen (Augenzeuge Pastor Schmidt). Dafür wird man Johannes Diekmann später hängen.

Davon weiß Hedwig Scharfenberg, von ihrem Mann zärtlich Hedel genannt, nichts. Wie die übrigen Dorfbewohner erwartet sie den Einmarsch der Russen, denn wie die meisten Bertholdsdorfer hat sie sich zum Dableiben entschlossen, als sie den Elendszug der Frauen und Kinder aus Breslau mitansehen mußte. Die Bewohner Bertholdsdorfs wählten damit ein Schicksal, das sie nicht kannten.

Sie hört von ferne Gefechtslärm. Sie denkt an ihren Mann, der zu den Verteidigern von Breslau gehört. Und an ihren Vater, der ebenso wie sie den Hof nicht im Stich lassen will.

Genaugenommen ist der Vater ihr Onkel. Er hat sie adoptiert, um ihr den Springerhof zu vermachen: Neunzig Morgen Land, vierzig Milchkühe, sechzehn Stück Jungvieh, acht Schweine, vier Pferde stehen in den Stallungen, von dem Federvieh, das überall auf dem Hof herumgackert, ganz zu schweigen. Bei dem Großbauern stehen drei Mägde im Dienst, die für zwanzig Mark im Monat bei freier Kost und Logis arbeiten. Der verheiratete Ackerkutscher erhält zweiundzwanzig Pfennig in der Stunde, freie Wohnung und ein Deputat an Milch, Kartoffeln und Butter. Es ist nicht gerade viel, aber der Bauer ist sonst nicht kleinlich, und so sind sie alle zufrieden.

Der Großbauer ist ein Sonderling. Als der Dorfschreiner wieder einmal knapp bei Kasse war, wollte ihm der alte Springer helfen. So ließ er vor vielen Jahren für seine Frau und sich solide Eichensärge anfertigen. Sie wurden auf dem Dachboden aufbewahrt. Weihnachten 1944, als die Bäuerin im Sterben lag, sagte er zu seinem Schwiegersohn, der gerade auf Urlaub da war: »Wir gehen schon mal rauf und holen den Sarg runter.«

Aber Bruno Scharfenberg weigerte sich: »Laß Mutter erst mal in Ruhe sterben.«

An diese makabre Szene erinnert sich Hedwig Scharfenberg, als sie an diesem Sonntag im Keller des Anwesens beklommen auf den Einmarsch der Russen wartet.

Das kleine Dorf liegt wie verlassen in der tiefverschneiten Landschaft. Die Dächer der Häuser sind mit einer dicken Schneedecke überzogen. Aus einigen Kaminen steigt der Rauch auf wie von Opferaltären, und zaghaft sticht der schlanke Kirchturm in den verhangenen Himmel, als suchte er Gott. Doch Gott ist weit – der Sturm aus dem Osten nah.

Immer wieder fluteten Flüchtlingskolonnen durch das Dorf. Der große Treck hatte begonnen. Querfeldein, oder über endlose Landstraßen zogen verzweifelte Menschen. Die ersten Flüchtlinge kamen aus den Landkreisen rechts der Oder, aus dem Norden und teilweise auch schon von Süden. Ihre Gesichter waren von Hoffnungslosigkeit gezeichnet, von Strapazen ausgehöhlt. Die Gedanken der Heimatlosen kreisten um das verlassene Heim, um die Männer und Söhne, von denen sie nichts wissen.

Wie weit noch? Vielleicht bis zum nächsten Dorf, oder in die nahe Kreisstadt. Denn jetzt, spätestens jetzt, muß doch die große Wende eintreten! Hoffnung und Untergang, Verzweiflung und Überleben, brutale Verbrechen, und auch ein wenig fast vergessene Menschlichkeit wurden zum Millionenschicksal. Die größte Flüchtlingstragödie der Geschichte Europas hatte schon begonnen.

Auf einmal riß der Flüchtlingsstrom ab.

Und jetzt, am 12. Februar 1945, kurz nach elf Uhr, nähern sich die sowjetischen Panzer Bertholdsdorf, unaufhaltsam schieben sich die Panzerkolonnen an das einsame Dorf heran. Zwischen den T-34 quellen geduckte Gestalten über die verschneiten Felder, Infanteristen mit den typischen Schildkrötenhelmen.

An diesem 12. Februar 1945 versucht die Rote Armee den Belagerungsring um Breslau zu schließen. Im Westen der schlesischen Metropole vereinigen sich die Panzerspitzen aus dem Süden mit den Stoßkeilen aus dem Norden. Und das Ortsdreieck Bertholdsdorf–Beckern–Gäbersdorf liegt genau da, wo die Zange sich schließt.

Bevor die Bewohner in die Keller flüchteten, hatten sie weiße Fahnen gehißt und die letzten deutschen Soldaten beschworen, sich kampflos zurückzuziehen. Nun kauern die Bertholdsdorfer auf Kartoffelbergen und neben Einmachgläsern.

Die Männer, die nicht bei der Wehrmacht waren, wurden fast ausnahmslos zum Volkssturm eingezogen und sollen irgendwo an der Oder stehen. Kinder weinen; Mütter versuchen sie zu trösten – obwohl sie selbst verzweifelt sind und sich fragen, ob es richtig war, im Schneesturm umzukehren und eine Flucht abzubrechen, deren Weg von den Leichen Erfrorener gesäumt war.

Sie hoffen darauf, daß die Russen vielleicht nicht so grausam sind, wie die braune Propaganda sie darstellen läßt und die über Lautsprecher ununterbrochen Berichte über die Greuel und Kriegsverbrechen der Roten Armee verbreitet.

Der Springerhof ist das letzte Anwesen des idyllischen Orts. Stolz und breitfächerig präsentiert er sich an der Dorfstraße, mit vollen Stallungen und prallen Futtervorräten. Im Keller kauert die Hoferbin Hedwig Scharfenberg neben dem Ackerknecht und dem Großbauern. Sie hat ein russisches Flugblatt auf den Knien. Darin heißt es:

›Deutsche! Ergebt euch! Euch geschieht nichts. Hört nicht auf die Hetzpropaganda der Nazis.‹

In dem dumpfen Keller ist nur ein spärliches Licht, doch Hedwig liest den Text immer wieder, obwohl sie ihn längst auswendig kennt. Sie klammert sich an diese Worte, wiederholt sie immer wieder lautlos, mit bebenden Lippen.

»Ich seh mal nach dem Vieh«, sagt der alte Springer und erhebt sich.

»Bleib hier«, bittet Hedwig. »Bleib um Gottes willen hier, Vater.«

Der Gefechtslärm flammt stärker auf. Das Dröhnen der Motore ist deutlich zu hören. Dann schallen gutturale Kommandos, Johlen, erste Hilfeschreie in den Keller.

Die Sowjets sind da. Die Hölle schickt ihr Vorkommando.

Einen polnischen Landarbeiter erwischt es als ersten. Er lehnt am offenen Fenster, winkt den Bundesgenossen zu. Eine Maschinenpistole fetzt ihn aus dem Rahmen.

Nun fallen die Rotarmisten in Horden über die Häuser her, schleudern Handgranaten in offene Türen, dringen ein, plündern, morden, randvoll betrunken, gierig auf Schnaps, auf Frauen und auf Blut.

›Die Deutschen sind Faschisten‹, haben ihnen Haßgesänge eingehämmert. ›Faschisten sind wilde Tiere und müssen totgeschlagen werden.‹

Einen Treckführer stellen sie zum Erschießen an einen windschiefen Holzzaun. Einen Gutsinspektor erledigen sie gleich im Hausflur. Der Nachbar vom Springerhof hat sich von einem Foto, das seinen gefallenen Sohn in Uniform zeigt, nicht trennen können. Ein Genickschuß beendet sein Leben.

Eine Elitetruppe wird zur Räuberbande, die keinen Unterschied macht zwischen Knecht und Herrn, zwischen Magd und Gutsbesitzer. Für sie ist auch noch der ärmste Deutsche reich und jeder ein Kapitalist, der weiß, wie man die Spülung eines Wasserklosetts betätigt.

Gleich einer Sturmflut wälzen sich die sowjetischen Soldaten in das Dorf; zerlumpte Gestalten neben erstklassig ausgerüsteten Rotarmisten, brutale Burschen neben gutmütigen Muschiks. Sie können hilfsbereit und harmlos sein und im nächsten Augenblick einen Deutschen kaltblütig erschießen.

Es kommt vor, daß Rotarmisten ihre Panzer anhalten und aus dem Turm klettern, um spielende Kinder behutsam beiseite zu schieben und Minuten später können sie die Mütter und Väter dieser Kinder massakrieren. Und so entscheidet in ganz Schlesien während dieser Wochen der Zufall über Leben und Tod.

Wie in Schönwalde, einem niederschlesischen Dorf von 1200 Einwohnern. Nur vier Frauen bleibt die Vergewaltigung erspart. Doch Pfarrer Richard Berndt aus dem benachbarten Quickendorf stellt als Augenzeuge gleichzeitig fest: ›Aber eines muß zu Ehren der Russen-Soldaten gesagt werden: Sie waren im großen und ganzen nicht bösartig, ja zum Teil geradezu gutmütig. Es ist im Bereich meiner Gemeinde nur ein Fall von Blutvergießen vorgekommen, und später haben wir Deutschen an dem jeweiligen russischen militärischen Ortskommandanten einen starken Schutz gegen die Übergriffe der allmählich einsickernden Polen gehabt.‹

Bei Trebnitz liegt das Kloster der Heiligen Hedwig, der Schutzpatronin Schlesiens. In das wuchtige Gebäude mit seinen zwei Meter starken Mauern, das seit Jahrhunderten Krieg und Brandschatzung überdauert hat, sind Hunderte voller Angst und Schrecken geflüchtet. Beim Einmarsch der Sowjets tritt die Oberin dem russischen Kommandanten entgegen und bittet um das Leben der Flüchtlinge. Der Offizier verspricht Schonung – und hält Wort.

Ein anderer Augenzeuge, der Pfarrer von Bad Polzin, erklärt:

›Es gab auch menschliche Züge im höllischen Bild. Russische Posten, die rücksichtslos auf alles schossen, was sich ihnen näherte, haben für Mütter und Kinder Brot, Butter und Milch organisiert. Männer, die eben erst unter furchtbarem Gegröle ein Haus terrorisiert hatten, benahmen sich rücksichtsvoll im nächsten Haus, wenn sie kleine Kinder auf dem Arm der Mutter sahen. Im Gemeindehaus war bei der Austreibung durch die Kosaken ein altes gelähmtes Mütterchen zurückgeblieben. Eine Woche später fand ich sie vor, und sie berichtete, daß die russischen Soldaten ihr täglich zu essen und zu trinken brächten, sie gestreichelt, ihr das Fieber gemessen und lieb zu ihr gewesen wären.‹

Es gibt russische Kommandeure, die Frauenschänder an die Wand stellen. Aber es sind Ausnahmen. Und die Regel findet auch in Bertholdsdorf statt . . .

Rotarmisten stürmen den Springerhof, finden auf dem Dachboden den leeren Eichensarg, den sich der Bauer damals anfertigen ließ, als der Dorftischler Geld brauchte, lachen brüllend, durchstöbern das Haus, erreichen den Keller. Drei, vier Soldaten, junge Burschen, stürzen sich auf das Häufchen Verstörter.

»Nix Soldat«, ruft Hedwig. »Alles Zivilist.«

Angewidert stellt die beherzte Frau fest, daß die Eindringlinge entsetzlich nach Fusel und nach Schweiß stinken, aber sie sagt sich, daß Soldaten selten gut riechen.

»Dawai, dawai!!« schreien die Eroberer und treiben die verängstigten Leute nach oben.

Der Zug von Oberfeldwebel Scharfenberg hält noch immer nördlich von Breslau Wacht an der Weide, am Ostufer zwischen Kapsdorf und Boje. Der schwache deutsche Brückenkopf an dem kleinen Fluß wurde zwar mit eingedeckt, aber zum Sturm entschlossen sich die Sowjets, die man mit bloßem Auge sehen kann, noch nicht, obwohl sie diesen verlorenen Haufen aus Halbwüchsigen und Mummelgreisen schon beim ersten Anlauf überrennen könnten.

Bruno Scharfenberg ist wirklich nicht darauf erpicht, in diesem verlorenen Krieg noch den Heldentod zu sterben. Trotzdem ist er entschlossen, sich solange wie möglich in seiner Stellung zu verbeißen. Denn er hat zwei Bauernhöfe zu verteidigen – das eigene Anwesen und den Springerhof, den seine Frau Hedel einmal erben wird – und außerdem ist vielleicht doch etwas dran an der gezielten Flüsterpropaganda, daß sich die Amis und die Russen gleich in die Haare kriegen werden.

In dieser Lage hält sich der Zug Scharfenberg an das Motto, das einer der Volkssturmmänner, der im Zivilleben Metzgermeister ist, ausgegeben hat: »Haste was im Magen, dann haste 'ne Zukunft.« Die Leute greifen dies gerne auf, fangen herrenloses Vieh ein, schlachten es, und der Metzgermeister macht daraus scharfgewürzte Dauerwürste.

Wenn die Russen sie nicht immer wieder einmal unter Beschuß nähmen, könnten sie glauben, der Krieg hätte sie vergessen.

Und dann kommen die Sowjets. So plötzlich, daß es der halbe Zug verschläft. Viele aalen sich nämlich auf weichen Polstermöbeln im Keller einer zerschossenen Villa auf einer Anhöhe. Sie bekommen nicht mit, wie im Morgengrauen die T-34 aus dem Nebel auftauchen.

»Los, Mann!« scheucht Zugführer Scharfenberg einen Melder hoch. »Hol unsere Leute aus dieser Scheißvilla . . .«

Er klemmt sich eine Panzerfaust unter den Arm, stürzt aus seinem Gefechtsstand in Richtung Brückenkopf, und da sieht er schon die Bescherung:

Seine Pimpfe werfen die Waffen weg und nehmen die Hände hoch. Feierabend.

Mit den Resten seiner kriegerischen Pracht zieht sich der Oberfeldwebel am Weideufer südlich in eine vorbereitete Auffangstellung zurück. Aber die Gräben und Panzerdeckungslöcher, die er vorsorglich buddeln ließ, sind bereits von einer Einheit aus Liegnitz besetzt.

»Wir sind hier zur Verteidigung abgestellt«, sagt ein junger Leutnant.

»Verteidigung ist gut«, brummt Scharfenberg, »sehen Sie sich doch mal an, was da alles anrollt.«

Der Oberfeldwebel will sich in Deckung werfen – da erwischt es ihn. Er spürt einen heftigen Schlag am linken Oberarm. Dann liegt er in einem Splittergraben und staunt, daß die Auffangstellung dem ersten Ansturm standhält.

»Mensch, Sie bluten ja wie ein Schwein«, sagt der Leutnant.

Scharfenberg sieht betroffen auf seinen Uniformärmel, der sich bereits mit Blut vollgesaugt hat. Der Leutnant zerschneidet das Tuch, bindet die Schlagader ab und verbindet die klaffende Wunde.

»Nichts wie weg«, sagt er dann. »Ab nach Kassel!« und das heißt innerhalb eines Belagerungsrings: ab nach Breslau.

Der Verwundete nutzt eine Feuerpause, kriecht aus dem Graben. Der Abschied ist kurz und formlos. Keinen seiner Leute wird er wiedersehen, von keinem etwas hören. Aber ihn hat der Krieg gelehrt, wie man feindliches Feuer unterläuft. Stunden später erreicht er erschöpft den Hauptverbandsplatz Rosenthal, nördlich von Breslau.

»Schaut schlimm aus«, sagt ein Feldchirurg, »vermutlich von einem Granatwerfer.« Er zieht dem Oberfeldwebel die Splitter heraus. Nicht alle, einige werden Scharfenberg als lebenslängliche Wetterpropheten begleiten. Die Wunde wird vernäht, dann schickt man ihn weiter in die Festung, für die eine Belagerung von hundert Tagen begonnen hat.

Die Oder-Metropole verwandelt sich in einen einzigen Viehstall. Von allen Außenbezirken werden Rinderherden in die Stadt getrieben. Der Proviant reicht für zwei Jahre. Aber die Munition wird so knapp, daß pro Geschütz täglich nur eine Granate abgefeuert werden kann, für die der Festungskommandant persönlich die Feuererlaubnis geben muß, und zwar per Melder, da die Russen das Telefonnetz anzapfen könnten.

Noch immer sind 200000 Zivilisten in der Stadt, 200000 Menschen, die nicht wissen, wovor sie mehr Angst haben sollen: vor den braunen Henkern, die mit drakonischen Strafen gegen ›Defätisten‹ und ›Volksschädlinge‹ vorgehen. Oder vor den roten Hassern, die gegen die Festung anrennen.

Der verwundete Oberfeldwebel wird in einen Hochbunker am Striegauer Platz in Nähe des Freiburger Bahnhofs weitergeleitet, der wie ein Silo das Strandgut der Schlacht speichert. Von Ordnung keine Rede. Man wird hineingeschleust und geht dann die Spirale hoch, so lange, bis man einen leeren Strohsack findet.

Was draußen vor sich geht, weiß keiner, denn Bunker haben keine Augen. Dafür wuchern Gerüchte. Was zurückkehrende Flüchtlinge, denen die Russen den Weg versperrten, berichten, ist fürchterlich.

Der Gutsbesitzer Joachim von Reittwitz erhält trotz der Urlaubssperre von seinem General die Erlaubnis, für drei Stunden Breslau zu verlassen, um seine Familie zur Flucht zu überreden.

›Mein langjähriger Stellmacher Fiebig‹, so berichtet er später, ›erklärte mir aber, daß er unbedingt mit seiner Frau, seinem vier Jahre alten Sohn und seinen beiden verheirateten Töchtern in Sitzmannsdorf bleiben wolle.

Die Unglücklichen sollten diesen Leichtsinn teuer bezahlen. Als die Sowjets Sitzmannsdorf erreichten, haben sie sämtliche Familienmitglieder in Schlitten in mein Haus geholt, in dem sie Orgien feierten und die Frauen vergewaltigten. In ihrer Hoffnungslosigkeit flehten die Frauen schließlich den hilflos all dieses mitansehen müssenden Vater und Ehemann an, ihrem unerträglichen Dasein ein Ende zu bereiten.

Da Fiebig keinen anderen Ausweg mehr sah, holte er sich aus der Fleischerei Kolbe ein großes scharfes Schlachtermesser. Er schnitt seiner Frau und den Töchtern die Kehle durch und erhängte sich daraufhin selbst.‹

Tragödien dieser Art geschehen dutzendfach, weil die Partei die rechtzeitige Evakuierung verhinderte. Aber nicht nur diese Verantwortungslosigkeit war schuld: Viele Schlesier wollten gar nicht fliehen, denn seine Heimat wirft man nicht weg wie ein Taschentuch, den Ort, an dem man aufwuchs, lebte, liebte, zu etwas gekommen ist, Besitz, den man sich durch harte Arbeit erworben hat, will man nicht aufgeben. Es waren nicht nur Dummköpfe, die sich an Haus und Hof klammerten. Selbst in aussichtsloser Lage glauben auch Besonnene, nur für ganz kurze Zeit auf ihre Heimat verzichten zu müssen.

›Es ist notwendig, darauf hinzuweisen‹, heißt es in der Dokumentation des Bundesministeriums für Vertriebene (Band I/1, Seite 24e), ›daß den Flüchtlingen damals, als sie vor der Roten Armee flohen, nichts ferner lag, als der Gedanke, ihre Entfernung von der Heimat könnte eine Verdrängung für längere Dauer oder schließlich gar eine dauernde Trennung von ihren angestammten Wohnsitzen, den Verlust ihrer Heimat bedeuten. Es war ihnen vielmehr selbstverständlich, daß das Verlassen der gefährdeten Heimatorte wie jede andere kriegsbedingte Evakuierung innerhalb Deutschlands nur eine vorübergehende und allenfalls für die Dauer des Krieges geltende Notmaßnahme war. Kaum jemand in Deutschland ahnte, daß zu dieser Zeit bereits die polnische Exilregierung und die Alliierten darin übereinstimmten, große Teile Ostdeutschlands an Polen zu übergeben und die dort wohnenden Deutschen auszusiedeln, und daß durch die Flucht somit die spätere Ausweisungsarbeit der Polen erleichtert, ihr gleichsam vorgearbeitet worden war. Wenn auf den Konferenzen von Jalta und Potsdam aus der Flucht der ostdeutschen Bevölkerung auf ihren Willen zur Preisgabe der Heimat geschlossen und damit die spätere Austreibung begründet wurde, so war das ein Fehlschluß und mußte in den Ohren der Ostdeutschen wie Hohn klingen.‹

Bruno Scharfenberg geht es verhältnismäßig gut. Seine Wunde ist versorgt, mit dem nächsten Transport Verwundeter soll er vom Flugplatz Gandau ausgeflogen werden. Er erhält tagsüber Ausgang. Bei einem Bummel durch die Stadt trifft er seinen alten Kumpel Schmidtlein, der es in der Innenstadt zu einem kleinen Hotel mit Oderblick gebracht hat.

»Komm, Bruno«, sagt er, »wir feiern Abschied.«

Sie gehen in das gepflegte Haus. Gepflegt sind eigentlich alle Häuser, auch wenn sie im feindlichen Trommelfeuer liegen. Manche Bewohner haben bis zum letzten Augenblick geputzt und gescheuert, haben die Sitzmöbel zum Schutz gegen Staub mit Stoff oder Papierrollen überzogen. Die Kinderzimmer sehen aus, als könnten die Kleinen sie gleich wieder benutzen. Schließlich hat ja auch die Partei ihren Eltern die schnelle Rückkehr in das befreite Breslau versprochen.

»So«, sagt Schmidtlein, der nicht mehr rechtzeitig aus Breslau weggekommen ist. »Jetzt veranstalten wir eine kleine Weinprobe.« Schmidtlein holt aus dem Weinkeller ein paar ausgewählte Flaschen herauf.

Scharfenberg ist kein großer Trinker, mal ein Glas Bier, oder zwei, dazu einen Korn natürlich, aber von Wein versteht er so gut wie nichts.

»Ist das nicht zu schade?« fragt er.

»Mensch«, erwidert der Gastgeber, »in Glogau löschen sie die Brände schon mit Rotwein, weil sie kein Wasser mehr haben.« Als erstes serviert er einen wunderbar spritzigen Mosel, wie sich ihn nur ein ganz reicher Gast an einem ganz hohen Festtag leisten kann. »Klüsserather Bruderschaft, Spätlese, Jahrgang 27.«

Er schnalzt mit der Zunge, prostet dem Oberfeldwebel zu. Wenn im Rhythmus der Granateinschläge der Kalk von den Wänden rieselt, scheint er mehr Angst um den Inhalt der Flasche als um sein Leben zu haben.

Als sie leer ist, sagt Schmidtlein: »So, jetzt kommt die Spitze.« Er hebt einen Bocksbeutel hoch: »Würzburger Stein, Trockenbeerenauslese.« Er kostet. Er hat alles vergessen, außer den dicken Tropfen auf der Zunge: »1924, das war ein Weinjahr«, setzt er hinzu. »Und Zeiten waren das. Die erste deutsche Automobilausstellung. Flugplatz in Berlin-Tempelhof eingeweiht. Nurmi lief seine Traummeile. Der Muttertag wurde eingeführt . . .«

»Woher weißt du das alles?« fragt Scharfenberg.

»Fritz, mein Junge, ist 1924 geboren«, antwortet der Hotelier.

»Und wo ist er jetzt?«

»Bei Kiew geblieben«, sagt Schmidtlein, und die Weinprobe ist zu Ende.

Am nächsten Tag soll die Ju starten. Bruno Scharfenberg geht noch einmal durch die sterbende Stadt. Volkssturm zieht mit Pferdefuhrwerken durch die Festung.

Da sieht der Oberfeldwebel auf dem Kutschbock eines Wagens den Franz Guschke, aus seinem Ort, aus Bertholdsdorf.

»Mensch, Franz«, ruft er und setzt sich neben ihn. »Was ist zu Hause los?«

»Keine Ahnung«, erwidert der Volkssturmmann. »Ich kann nur hoffen, daß die Russen noch nicht da sind.«

Bruno fährt einfach mit. Er begleitet Guschke in die Lessingschule, wo der Volkssturm Quartier bezieht. Sie sitzen nebeneinander in gemeinsamer Sorge, sie sprechen über ihr Dorf, und Bruno Scharfenberg versäumt die Ju, mit der er ausgeflogen werden sollte.

Die sowjetischen Soldaten treiben die Leute vom Springerhof in die gute Stube. Ein Soldat entdeckt das Radio. »Gitler drin«, brüllt er, wirft den Kasten auf den Boden und zertrampelt ihn.

Andere kippen die Marmelade aus, schmettern die Gläser an die Wand, zertrampeln das Geschirr, auch das gute, das Hedwig nur am Sonntag benutzte. Was sie nicht gebrauchen können, werfen sie zum Fenster hinaus und zünden es an. Das Mehl überschütten sie mit Benzin und zünden es an, denn man hat ihnen gesagt, daß die Deutschen alle Lebensmittelvorräte vergiftet hätten.

Nur die Eichenmöbel bleiben verschont. Sie sind zu schwer, um aus dem Fenster geschleudert zu werden.

Im ganzen Dorf werden die Kranken aus den Betten geworfen, die Decken aufgeschlitzt, das rote Inlett wird ein provisorisches Triumphbanner und die Siegeshymnen sind die gellenden Hilfeschreie der Mädchen, Frauen und Mütter, denen die Russen Gewalt antun.

Am anderen Ende des Dorfes finden weitere Erschießungen statt. Zwei Bauernknechte werden herausgeführt. Einer reißt sich los, läuft fünf Meter, bevor ihn ein Feuerstoß auf den frostharten Boden wirft; der andere stirbt stumm auf der Stelle, ebenso wie ein polnischer Landarbeiter, der seinen Befreiern in einem abgeschabten deutschen Waffenrock die Hand schütteln wollte.

Die Eroberer ziehen weiter. Dafür kommen Nachschubeinheiten. Sie plündern, zerren das Vieh aus den Ställen, spannen an ihre Panjewagen, die in langer Reihe im Dorf stehen, frische Pferde. Mit nassen Augen sieht der Springer-Bauer, wie seine prächtigen Rappen, heute morgen noch hat er sie frisch gestriegelt, weggeholt werden. Die Tiere bäumen sich wiehernd auf gegen die fremden Gesichter. Lärm macht sie unruhig, doch sie werden an die Deichsel gezwungen und die Peitsche hetzt sie weiter.

Und immer wieder sind die schrillen Schreie der Frauen zu hören. So ist es nicht nur in Bertholdsdorf, sondern in vielen Ortschaften im Westen der Festung Breslau.

Im hartumkämpften Gäbersdorf – das Dorf wechselte ein paarmal den Besitzer, wird jedoch nur wenig zerstört – treiben die Sowjets die Bewohner auf die Straße. Die Glücklicheren von ihnen dürfen in einem Schubkarren oder einem Handwagen Kleinigkeiten, manche sogar Decken mitnehmen.

Viele irren kopflos umher, werden vom russischen Aufmarsch überrollt und – wenn sie Glück haben – von Rotarmisten in die nächste Ruine getrieben. So erleben Flüchtlinge in einem Kartoffelkeller des benachbarten Ortes Kostenblut den Einmarsch der Russen.

Drei Tage müssen die Menschen in diesem Keller wie in einem stinkenden Pferch zubringen, ausgeplündert bis aufs Hemd. Den Männern waren die Schuhe ausgezogen, den Frauen die warme Unterwäsche abgenommen worden. Ein stinkender überlaufender Marmeladeeimer diente ihnen als Notklosett. Sie hatten weder Licht, noch Decken, noch Nahrung.

Die Augenzeugin Helena Hillmann aus Pfaffendorf berichtet:

›Erst wurden noch die Frauen und Mädchen herausgeschleppt, dann aber im selben Raum vergewaltigt.

Brigitte S. aus Landshut wurde nacheinander neunmal vergewaltigt, und als sie sich dann weigerte, mit der Maschinenpistole über den Kopf geschlagen. Dabei entlud sich die Waffe, und das Geschoß drang der fünfzehn Jahre alten Hilde Rapsch aus Prisselbach bei Breslau in den Hinterkopf. Wir flehten um einen Arzt, statt dessen nahm der Russe die besinnungslose Brigitte an den Beinen und zerrte sie die Stufen hinauf, so daß der Kopf immer wieder aufschlug. Sie wurde oben den Soldaten wieder preisgegeben . . .

Sobald die Männer versuchten, ihren Frauen oder Töchtern zu helfen, wurden sie geschlagen.

Ein Gutsbesitzer wurde mit dem Gewehrkolben bearbeitet, als er sich vor seine sechzehn- und siebzehnjährigen Töchter stellte. Er wurde später mit beiden Töchtern nach Sibirien verschleppt.

Bei schwerem Beschuß im benachbarten Gäbersdorf mußten wir alle heraus und die vermeintliche Leiche des Mädchens zurücklassen. Ein junger Eleve von uns versteckte sich in der Scheune. Als er am nächsten Tag nochmals in den Keller ging, bewegte sich Hilde noch und erkannte ihn. Sie starb kurz darauf.‹

Überall wird die Schlesische Passion mit Blut geschrieben – in Grünberg ein besonders grausames Kapitel:

›Die Stadt hallte bei Tag und Nacht wider vom Wehgeschrei der gequälten Einwohner‹, berichtet Pfarrer Georg Gottwald. ›Frauen und Mädchen wurden Freiwild. In mein Pfarrhaus flüchtete eine große Anzahl von Mädchen und Frauen, die zwanzig- bis vierzigmal an einem Tag in ununterbrochener Reihenfolge vergewaltigt worden waren. Lustmorde wurden mir mehrere gemeldet (Aufschlitzen des Leibes, der Geschlechtsteile, Abschneiden der Brüste usw.). Ich habe die Leichen gesehen und beerdigt.

Wie furchtbar diese Greueltaten waren, läßt sich daraus ermessen, daß von den etwa 4000 Zurückgebliebenen in den ersten 14 Tagen über 500 Personen durch Selbstmord endeten. (Ganze Familien, Männer, Frauen, Kinder.) Darunter Ärzte, hohe Gerichtsbeamte, Fabrikanten und begüterte Bürger. Die Leichen der Selbstmörder durften zwei Wochen lang nicht beerdigt werden. Sie mußten in den Wohnungen verbleiben oder wurden auf dem Bürgersteig zur Abschreckung der anderen ausgestellt.‹

Wie ist das möglich! Sind das noch Menschen? Wo bleibt die berühmte slawische Seele?

Aber wo war das legendäre deutsche Gemüt gewesen, als die Einsatzkommandos in Polen und in Rußland auf deutsche Rechnung Millionen, die ihre Massengräber selbst schaufeln mußten, exekutierten?

Hermann Friedrich Gräbe, der in der Ukraine Geschäftsführer einer Baufirma gewesen war, wurde Zeuge einer Massenexekution in Dubno. Er schilderte vor dem Nürnberger Tribunal unter Eid eine der Szenen – für die die Ostdeutschen jetzt die Zeche bezahlten, wörtlich: »Mönnikes, mein Polier, und ich gingen direkt zu den Gruben . . . Jetzt hörte ich kurz hintereinander Gewehrschüsse hinter einem Erdhügel . . . Die von den Lastwagen abgestiegenen Menschen, Männer, Frauen und Kinder jeden Alters, mußten sich auf Aufforderung eines SS-Mannes, der in der Hand eine Reit- oder Hundepeitsche hielt, ausziehen und ihre Kleider nach Schuhen, Ober- und Unterkleidern getrennt an bestimmten Stellen ablegen. Ich sah einen Schuhhaufen von schätzungsweise 800 bis 1000 Paar Schuhen, große Stapel mit Wäsche und Kleidern.

Ohne Geschrei und Weinen zogen sich diese Menschen aus, standen in Familiengruppen beisammen, küßten und verabschiedeten sich und warteten auf den Wink eines anderen SS-Mannes, der an der Grube stand und ebenfalls eine Peitsche in der Hand hielt. Ich habe während einer Viertelstunde, als ich bei den Gruben stand, keine Klagen oder Bitten um Schonung gehört . . .

Eine alte Frau mit schneeweißem Haar hielt ein einjähriges Kind auf dem Arm, sang ihm etwas vor und kitzelte es. Das Kind quietschte vor Vergnügen. Das Ehepaar schaute mit Tränen in den Augen zu. Der Vater hielt an der Hand einen Jungen von etwa zehn Jahren, sprach leise auf ihn ein. Der Junge kämpfte mit den Tränen. Der Vater zeigte mit dem Finger zum Himmel, streichelte ihn über den Kopf und schien ihm etwas zu erklären.

Da rief schon der SS-Mann an der Grube seinem Kameraden etwas zu. Dieser teilte ungefähr zwanzig Personen ab und wies sie an, hinter den Erdhügel zu gehen . . . Ich entsinne mich noch genau, wie ein Mädchen, schwarzhaarig und schlank, als sie nahe an mir vorbeiging, mit der Hand an sich herunterzeigte und sagte: ›23 Jahre!‹ . . .

Ich ging um den Erdhügel herum und stand vor dem riesigen Grab. Dicht aneinandergepreßt lagen die Menschen so aufeinander, daß nur die Köpfe zu sehen waren. Von fast allen Köpfen rann Blut über die Schultern. Ein Teil der Erschossenen bewegte sich noch. Einige hoben ihre Arme und drehten den Kopf, um zu zeigen, daß sie noch lebten. Die Grube war bereits dreiviertel voll. Nach meiner Schätzung lagen darin bereits ungefähr 1000 Menschen. Ich schaute mich nach dem Schützen um. Dieser, ein SS-Mann, saß am Rand der Schmalseite der Grube auf dem Erdboden, ließ die Beine in die Grube herabhängen, hatte auf seinen Knien eine Maschinenpistole liegen und rauchte eine Zigarette.

Die vollständig nackten Menschen gingen an einer Treppe, die in die Lehmwand der Grube gegraben war, hinab, rutschten über die Köpfe der Liegenden hinweg bis zu der Stelle, die der SS-Mann anwies. Sie legten sich vor die toten oder angeschossenen Menschen, einige streichelten die noch Lebenden und sprachen leise auf sie ein. Dann hörte ich eine Reihe Schüsse. Ich schaute in die Grube und sah, wie die Körper zuckten oder die Köpfe schon still auf den vor ihnen liegenden Körpern lagen. Von den Nacken rann Blut . . .

Ich wunderte mich, daß ich nicht fortgewiesen wurde, aber ich sah, wie auch zwei oder drei Postbeamte in Uniform in der Nähe standen. Schon kam die nächste Gruppe heran, stieg in die Grube hinein, reihte sich an die vorherigen Opfer an und wurde erschossen.«

Am nächsten Vormittag sah der Augenzeuge etwa dreißig nackte Menschen in der Nähe der Grube liegen: ›Einige lebten noch . . . Zehn Minuten später hörten wir einige Schüsse aus der Nähe der Grube. Man hatte die Leichen durch die noch lebenden Juden in die Grube werfen lassen, sie selbst mußten sich daraufhin in diese legen, um den Genickschuß zu erhalten . . . Ich schwöre bei Gott, daß dies die reine Wahrheit ist.‹

Gemessen an solchen Horrorszenen nimmt sich das Schicksal des kleinen Ortes Bertholdsdorf in der Statistik des Grauens mit acht Toten beim Einmarsch und 22 nach Rußland Verschleppten – unter ihnen eine harmlose BDM-Führerin und eine Parteigenossin, alle anderen Männer im Alter von 16 bis 65 Jahren – fast noch glimpflich aus.

Hedwig Scharfenberg hat den längsten Tag ihres Lebens überstanden. Die friedliche Welt des Dorfes ist zerbrochen, doch nicht alles Ungemach kommt von den Besatzern. Wer jetzt noch ein paar Brocken Lebensmittel hat, muß sie mit Händen und Zähnen gegen die eigenen Landsleute verteidigen.

Freundschaften zerbrechen, und Nobelbürger werden als ganz gewöhnliche Egoisten entlarvt. Um Frau und Töchter zu schützen, gibt man eher sogar den Rotarmisten Tips, wie sie Frauen, die sich versteckt haben, aufstöbern können.

Doch wer glaubt, daß nach diesen ersten Tagen Ruhe eintreten wird, täuscht sich bitter . . .

Die Rote Armee überrennt ganz Schlesien. Während Breslau in einem verzweifelten Todeskampf verblutet, gerät der größte Teil des Landes unter die sowjetischen Soldatenstiefel. Auch das ostoberschlesische Industriegebiet geht verloren. Hier ist der Vormarsch oft so schnell, daß die aus dem Schacht kletternden Kumpel plötzlich den Rotarmisten gegenüberstehen.

Im Ortsdreieck Gäbersdorf–Beckern–Bertholdsdorf ist der

Kampf zwar beendet, doch toben sich die Sowjets weiter aus. Die Frauen sind weiterhin Freiwild. Die Männer zwischen fünfzehn und fünfundfünfzig werden auf Plakaten unter Androhung schwerster Strafen aufgefordert, mit einer Wolldecke und Verpflegung ›für drei Tage‹ zu Aufräumungsarbeiten anzutreten.

Wenn der örtliche Kommandant die Sollstärke nicht erreicht, mußten auch Jungen von dreizehn und vierzehn und Männer über sechzig in das Heer der Zwangsarbeiter. Und wer statt einer dreitägigen Aufräumungsarbeit in Deutschland mit einer dreijährigen Zwangsarbeit in Rußland davonkommt, ist noch ein Glückspilz.

Die Kampftruppen ziehen weiter, Versorgungseinheiten folgen. Dem wilden Plündern folgt das organisierte Beutemachen, dem Terror der ersten Stunde eine Zeit ohne Gnade. Menschen, die glauben, das Schlimmste überstanden zu haben, erleben tagtäglich noch Schlimmeres.

Wieder gellen Hilferufe durch Bertholdsdorf, von einem Dorfende zum anderen. Kalmücken besetzen den Ort. Sie dringen wieder einmal in die bereits leergeplünderten Häuser ein. Sie kommen jedoch zu spät, hier ist nichts mehr zu holen – außer Frauen und Mädchen, und die treiben sie unter Zischlauten mit Kolbenstößen aus den Häusern.

Der alte Springer-Bauer steht am Fenster. Sein Gesichtsausdruck spiegelt das Entsetzen wider, das im Dorf um sich greift.

»Sie kommen«, stöhnt er, als er drei abenteuerlich uniformierte Gestalten auf den Eingang zugehen sieht. Er schleppt sich müde zur Tür und schiebt den Riegel zurück. Wenn er das nicht tut, zünden die Sowjets das Haus an und räuchern ihre Bewohner aus wie ein Wespennest.

Dem vorderen Rotarmisten läuft ein verirrtes, vom Lärm verschrecktes Huhn über den Weg. Er bückt sich, schnappt sich mit einem geschickten Griff das Federvieh, dreht ihm den Hals um und schiebt das Huhn grinsend unter sein Koppel.

Dann macht er menschliche Beute. Zusammen mit den anderen beiden Rotarmisten durchkämmt er das Haus nach Frauen. Hedwig Scharfenberg, die Hoferbin, stöbern sie im Keller auf, die drei Mägde auf dem Boden. Die Soldaten stoßen einen Schwall unverständlicher russischer Kommandos aus, aber die fuchtelnden Gewehrläufe sprechen eine deutliche Sprache. Einer der Kalmücken packt Hedwig derb am Arm: »Dawai, dawai!«

Sie hat an diesem trüben Wintertag gleich doppeltes Glück. Erstens besitzt sie noch einen Mantel, und zweitens läßt ihr der Soldat auch Zeit, ihn anzuziehen.

Mit nassen Augen verfolgt der alte Springer, wie die Frauen auf den Kirchplatz getrieben werden. Er hatte als erster in Bertholdsdorf die weiße Fahne gehißt; aber jetzt wünschte er sich, in seinem schweren Eichensarg zu liegen, für immer. Aber er ist ein zu frommer Christ, um dem Beispiel Tausender zu folgen, die sich in diesen Tagen die Pulsadern aufschneiden oder am Scheunentor erhängen.

Immer mehr vermummte Gestalten drängen sich fröstelnd am Sammelplatz aneinander. Scharf bewacht, doch diesmal wenigstens nicht mißhandelt.

Neue Opfer werden aufgestöbert. Die Gemeinheit blüht. Es gibt Denunzianten, die Mädchen verraten, die sich unter dem Stroh in der Scheune versteckt halten.

Die Dorfgemeinschaft, durchsetzt von Fremden, die während der Wirren des Zusammenbruchs in Bertholdsdorf gestrandet sind, ist zerfallen. Liebedienerei gegenüber den Peinigern wird zur Mode.

Von Anfang spielt die sowjetische Besatzungsmacht die Deutschen gegeneinander aus. Ein Parteigenosse kann sich seiner Verhaftung zunächst entziehen, wenn er zehn andere ›Nazis‹ angibt. Ein paar Tage oder Wochen später wird er dann seinen Judaslohn empfangen und zusammen mit den Denunzierten in einem Lager Fron, Hunger, Schläge und Krankheit teilen.

Ein sowjetischer Unterleutnant hält eine kurze Ansprache. Die Frauen und Mädchen auf dem Kirchplatz atmen erleichtert auf, als sie merken, daß das übliche ›Frau komm!‹ diesmal anders exerziert wird. Ein paar Mütter, die kleine Kinder bei sich haben, dürfen sogar wieder in ihre Häuser zurück. Die anderen werden in Gruppen eingeteilt und aus dem Dorf geführt.

Die Sowjets reiten auf Beutepferden, die Frauen kämpfen sich zu Fuß durch den knietiefen Schnee. Zu jedem Trupp gehört ein Panjewagen mit einer Gulaschkanone. Aber zu essen gibt es für die Deutschen nichts.

Dafür wird allmählich die Absicht der Sowjets klar. Die Rinder, die beim Vormarsch der Russen nicht unter den Gliedketten der Panzer verendeten, oder als Frischproviant geschlachtet wurden, jagten die Rotarmisten einfach aus den Ställen auf die Felder und in die Wälder. Jetzt fangen sie die vor Hunger brüllenden, ungemolkenen Tiere einfach wieder ein. Und ein Trupp von jeweils vierzig bis fünfzig Frauen muß eine Herde von hundert Rindern zu den Sammelplätzen schaffen.

Die Russen treiben die Frauen, die Frauen das Vieh über eisglatte Landstraßen oder querfeldein: »Dawai, dawai!«

Die Tiere scheuern sich die Hufe durch, bäumen sich schmerzgepeinigt auf. Es hilft nichts. »Dawai, dawai!«

Die Peitsche regiert Mensch und Tier. Die Rote Armee versorgt sich aus dem Land, spart dadurch den Verpflegungsnachschub ein.

Unmittelbar vor ihrem Einmarsch wurde Fleisch fünfziggrammweise gegen Lebensmittelmarken an die Bevölkerung abgegeben. Gestern noch war das Schwarzschlachten eines Schweins ein todeswürdiges Verbrechen. Dafür haben heute die Eroberer unübersehbare Mengen an Beutevieh.

Weiter. Tag und Nach. Über Stock und Stein. Richtung Osten. Irgendwohin. In der Ferne ist das Dröhnen der Front zu hören, manchmal lauter, dann wieder leise. Der Krieg singt sein Totenlied.

Die Viehtreiberinnen stürzen erschöpft, halb bewußtlos in den Schnee. Mitunter sind die Posten menschlich und lassen ihnen Zeit, sich mit eigener Kraft wieder hochzurappeln. Oft helfen sie jedoch mit Fußtritten nach.

Manche sehen zu, wenn die Milch mehr ins Kröpfchen als ins Töpfchen fließt; andere kippen die Gefäße mit Milch mit den Stiefeln um.

Menschen neben Unmenschen, mehr Unmenschen.

Die Russen reiten an der Spitze und am Ende des Zugs. Die Tiere erhalten häufig kein Futter, die Arbeitssklavinnen kaum Essen.

Neben Hedwig Scharfenberg rutscht eine gefleckte Kuh aus, gleitet auf dem Rücken dahin, bleibt liegen, mit schlagenden Flanken und großen, vom Entsetzen verdrehten Augen.

Mit ein paar wuchtigen Schlägen hackt ein Rotarmist dem gemarterten Vieh den Kopf ab. Drei andere Russen werfen sich über den zuckenden, dampfenden Leib, enthäuten ihn mit gekonnten Schnitten, reißen die Innereien heraus, vierteilen den Rumpf. Das Fleisch verschwindet auf dem Panjewagen. Kopf, Fell und Knochen bleiben liegen.

Alles geschieht in wenigen Minuten.

Mitunter erzwingen verstopfte Straßen eine kurze Rast. Dann legen sich Mensch und Vieh auf den frostharten Boden. Während der kurzen Verschnaufpause kommt die Angst zurück, Angst um die Angehörigen, Angst um die Zukunft. Wann endet dieser Viehtrieb? Werden sie mit den Tieren ebenso nach Rußland verschleppt, wie die meisten ihrer Männer und Brüder?

Sie haben alle ihr Bündel Schicksal zu tragen, und keiner kann ihnen helfen. Da ist Dorothea Caspar, Tochter des reichen Gutsherrn aus Beckern. Ihre Füße stecken nackt in den Stiefeln, weil ihr die Russen keine Zeit ließen, Strümpfe anzuziehen.

Dabei hatte sie bisher noch Glück gehabt. In das Gutshaus war ein russischer Oberst eingezogen, ein freundlicher Mensch, der noch dazu leidlich deutsch sprach. »Wenn kommt böse Soldat – mich holen. Mich wecken auch in der Nacht«, hatte der Offizier sie und ihre Schwester beruhigt. »Ich schützen.«

»Ich mußte unser Vieh vom Hof treiben und weiter begleiten, bis nach Schlanz, kurz vor Breslau«, erinnert sie sich: »Dann mußten wir – siebzehn Frauen und Mädchen – den Kühen unterwegs zehnmal am Tag mit den Händen die Beine abreiben und sie säubern.«

Da ist Gerda Seniuk aus Gäbersdorf, eine Witwe von zweiundzwanzig Jahren, die damals noch den Namen eines gefallenen Soldaten trug. Gleich nach dem Einmarsch verschleppten die Russen ihren Vater. Gerda, ihre Mutter und der sechsundachtzigjährige Großvater wurden auf die Straße gesetzt. Gerda wurde stundenlang verhört und später zum Viehtreiben abgestellt.

In der Dorfklempnerei, die ihren Eltern gehörte, war kurz vor dem Einmarsch ein junges Ehepaar aufgetaucht. Leo Seniuk hatte seine sterbende Frau – dreiundzwanzig Jahre alt – auf ihren Wunsch mit einem Handwagen quer durch die Winterlandschaft gezogen, weil sie unbedingt noch einmal ihre Heimatstadt Breslau sehen sollte. Aber sie hatte keine Chance mehr. In der Klempnerei endete die Reise. Hier wurde die Todkranke gepflegt und hier starb sie.

Es dauerte nicht lange, bis Leo und Gerda eine scheue Zuneigung füreinander empfanden. Später heirateten sie. Das Leben geht weiter – dem Leid zum Trotz.

Unterwegs auf dem endlosen Marsch bahnt sich zwischen den Bewachern und Bewachten gelegentlich so etwas wie Kameradschaft an. Manchmal gibt's einen Topf Suppe oder ein Stück Fleisch. Oder doch wenigstens eine Rast.

Was die Viehtreiberinnen an den Rotarmisten hatten, begreifen sie erst, als Frauen die Bewachung übernehmen. Unförmige uniformierte Gestalten, bar jeder Weiblichkeit, bar jeden Mitgefühls, Produkte eines seelenlosen Politsystems.

Schließlich hat Gerda Seniuk das Viehtreiben satt. Sie beschafft sich einen Kinderwagen, ›organisiert‹ Lebensmittel und überredet sechs andere Frauen und Mädchen zur nächtlichen Flucht.

Während sie sich zu ihren Dörfern durchschlagen und sich dann auf Feldern verstecken, erreicht die Kuhherde samt Treiberinnen die nächste Verladestation.

Zwei Tage und zwei Nächte warten sie auf den Güterzug. Bevor er eintrifft, sieht Hedwig Scharfenberg, wie schwerbewachte Gefangene herangetrieben werden. Offenbar sollen sie mit dem gleichen Transport nach Rußland deportiert werden. Junge Burschen neben alten Männern, vom Elend gezeichnet, die Gesichter von Hoffnungslosigkeit geprägt.

Wann immer Hedwig eine Gelegenheit hat, spricht sie die Gefangenen an: »Kennt jemand von euch Oberfeldwebel Scharfenberg?« fragt sie. »Er ist mein Mann.«

Aber keiner kennt ihn, keiner hat ihn je gesehen.

Brände leuchten über Breslau, als Bruno Scharfenberg in das Bunkerlazarett zurückgeht.

»Mensch, Scharfenberg, du hast wohl nicht alle Tassen im Schrank«, begrüßt ihn der Spieß im Bunkerlazarett am Striegauer Platz. »Verpennt der Kerl den Freiflugschein.«

»Morgen ist auch noch ein Tag«, erwidert Bruno gelassen.

»Wenn dann noch 'ne Mühle vom Flugplatz Gandau startet, teil ich dich noch einmal ein in meiner grenzenlosen Güte«, sagt der Hauptfeldwebel. »Soviel Schwein wie du hat keine Sau.«

Im Norden hält die Breslauer Front noch halbwegs, aber von Süden her drängen die Russen in die Oder-Metropole ein, stürmen das noble Villenviertel am Südpark und tränken dabei jeden Fußbreit Boden mit ihrem Blut. Für die zwei Kilometer vom Südpark zum Hindenburgplatz brauchen sie zehn Tage. Um die Verteidiger aus ihren Stellungen zu treiben, stecken sie systematisch die Eckhäuser in Brand. Deshalb läßt der Festungskommandant die Gebäude rings um die Sadowastraße niederbrennen, um den Rotarmisten keine Möglichkeit mehr zu geben.

Nicht jeder ist ein Nazi, der sich entschlossen hat, eher zu fallen, als sich zu ergeben. Soldaten, die an der Wiedereroberung einzelner Orte beteiligt waren und später im Zug der Kampfhandlungen nach Breslau versprengt wurden, berichten Schreckenstaten der Roten Armee, so daß vielen der meist unzulänglich bewaffneten Verteidiger der Tod als die barmherzigere Lösung erscheint.

Die Stadt Neiße wurde bei einem deutschen Gegenstoß vorübergehend entsetzt. Die Soldaten befreiten 300 Arbeitsdienstmaiden, die den Sowjets – größtenteils Mongolen – bei einem Überraschungsangriff in die Hände gefallen waren.

Eine Kinderpflegerin, die Augenzeugin war, berichtet: ›Sämtliche Mädchen wurden ausnahmslos vergewaltigt, teilweise schwer verletzt und sogar ermordet. Als sie in Neiße eintrafen, waren ihre Kleider zerfetzt, ihre Körper zerschunden. Der Anblick dieser armen Menschen war herzzerreißend. Durch die seelischen und körperlichen Qualen und den Schrecken schienen sie vollkommen gebrochen, so daß sie bei der Ankunft den Eindruck von Geistesgestörten machten.

Ich konnte durch Zufall meine gute Freundin . . . (19 Jahre alt) unter den Ankömmlingen treffen. Erst nach stundenlangem Beisammensein konnte ich sie bewegen, mir einige Worte über ihre gräßlichen Erlebnisse zu erzählen. Sie war so fassungslos, daß sie mir bei unserer Begegnung wortlos um den Hals fiel und schluchzte. Aus dem jungen, lebensfrohen, gesunden Mädchen war in einigen Tagen ein vollkommen gebrochener Mensch geworden.

Ihr Gesicht und ihr Körper waren von Kratzwunden und blauen Flecken bedeckt, ihre Augen blau unterlaufen, die Kleider zerrissen.

Ich konnte dann erfahren, daß sie mit einigen Freundinnen flüchten wollte. Sie wurden in einem Wald bei hohem Schnee nachts von einem Haufen russischer Soldaten entdeckt. Mit vorgehaltener Waffe wurden diese Mädchen von den Russen aufgehalten. Während die einen sie mit Maschinenpistolen bedrohten, überfielen die anderen Russen sie in brutalster Weise.

Es ist klar, daß sich die Mädchen zunächst bittend und flehend, später mit Händen und Füßen vor den zudringlichen Soldaten zur Wehr setzten. Sämtlichen Mädchen wurden die Kleider vom Leib gerissen und alle wurden an Ort und Stelle, im Schnee, von den Soldaten der Reihe nach vergewaltigt. Die Szenen, die sich hierbei ereigneten, sind unbeschreiblich. Nachdem diese entmenschten Soldaten genug hatten, waren einige Kameradinnen meiner Freundin schon tot. Inzwischen kamen noch Soldaten hinzu, die dann die Vergewaltigung fortsetzten. Meine Freundin behauptete, daß sogar Sterbende und Tote vergewaltigt wurden.

Die meisten dieser unglücklichen Mädchen waren, soweit sie nicht starben, so erschöpft, daß sie liegenblieben. Meine Freundin und noch einige andere haben ihre letzten Kräfte zusammengerafft und sind gegen Neiße gezogen. So kam es zu unserem traurigen letzten Treffen.

Die spätere ärztliche Untersuchung ergab, daß sämtliche Mädchen mit einer Geschlechtskrankheit angesteckt waren. Meine Freundin starb zehn Tage darauf in ihrem Elternhaus in Kattowitz . . .‹

Der Frontbeauftragte Zahn, der als Angehöriger des ›Nationalkomitees Freies Deutschland‹ auf russischer Seite als Augenzeuge an dem Einmarsch teilgenommen hatte, sagt aus: »Die Szenen, die sich beim Einmarsch der Roten Armee ereigneten, grenzen an Wahnsinn, und derjenige, der sie schildert, gerät in den Verdacht, Greuelmärchen erfinden zu wollen.

In Schiedlow, südwestlich Oppeln, sah ich einmal zwanzig Rotarmisten vor der Leiche einer zu Tode geschändeten, sicherlich weit über sechzig Jahre alten Frau Schlange stehen. Sie johlten und schrien und warteten darauf, ihre viehischen Gelüste an dem bereits leblosen Körper zu befriedigen.

Diese Dinge nahmen bald Ausmaße an, daß dem guten Teil der sowjetischen Offiziere in den höheren Stäben schauderte. Die klügeren und beherrschten Bolschewisten unter ihnen ahnten wohl, daß der Sieg sinnlos würde, wenn man über solchen Verbrechen unwiderruflich jede Möglichkeit der Verbindung zu den Deutschen verlor.«

Die Greueltaten der Roten verlängerten den Terror der Braunen. Und so wurden die Befehle der Reichsverteidigungskommissare bis zuletzt befolgt.

In Breslau wie auch anderswo.

Gauleiter Hanke, einst gescheiterter Bäckerlehrling, der es auf Umwegen schließlich zum Müllergehilfen gebracht hatte, spielt jetzt Feldherr. Um einen Ersatzflughafen zu bauen, läßt er ein ganzes Stadtviertel zwischen Kaiserstraße und Fürstenbrücke, 1,5 Kilometer lang und 300 Meter breit, niederreißen. Unter Androhung der Todesstrafe muß jeder Zivilist ab dem zehnten Lebensjahr im russischen Trommelfeuer mitschuften. 10000 Menschen fallen, und nur ein Flugzeug wird hier jemals aufsteigen. Ein Fieseler Storch, mit dem der Gauleiter Hanke nach der Kapitulation feige zu desertieren versucht.

»Halt dich bereit heute nacht, Scharfenberg«, sagt der Lazarettspieß zu dem verwundeten Oberfeldwebel. »Wenn du heute nicht wegkommt, gehst du vor die Hunde wie wir alle.«

Nach Einbruch der Dunkelheit karren zwei Lastautos Scharfenberg und 33 weitere Verwundete durch die stinkende sterbende Stadt. Zu dieser Stunde sind allabendlich ganze Horden von Plünderern unterwegs, die leerstehende Wohnungen aufbrechen.

Der Flughafen Gandau liegt ständig unter sowjetischem Feuer, aber an den anderen Abschnitten flaut über Nacht die Kampftätigkeit ab. Und wer von den Schreibtischsoldaten, Verwaltungsoffizieren und Hitlerjungen, Breslaus letztem Aufgebot, den Tag überstanden hat, lebt sich über Nacht aus.

Bunkerparadies bei Kerzenlicht. Die Flasche geht von Mund zu Mund, die Frau von Mann zu Mann. Die Gesichter sind gezeichnet von Angst und Alkohol, wenn im Morgengrauen das Sterben wieder beginnt.

Der Augenzeuge Erich Schönfelder berichtet: ›Die Aussichtslosigkeit der Lage zerbricht schwache Menschen, läßt sie resignieren und führt zur Lockerung aller Bande der Ordnung. Viele erfaßt der Heißhunger, das Leben noch einmal in vollen Zügen zu genießen, das doch in wenigen Tagen oder Wochen zu Ende ist. Frauen und Alkohol sind die beiden Pole. Orgien werden gefeiert. Die Plünderungen der verlassenen Wohnungen nehmen von Tag zu Tag zu. Es sind nicht nur Deserteure, sondern auch Zivilisten.

Morgen für Morgen steigen sechzehnjährige mit ihren blutjungen Mädchen hohlwangig aus den Kellern und schleppen sich müde zu ihren Sammelplätzen für den Arbeitseinsatz. Verlorene Jugend. Wer will sie verdammen?

Plünderer und Deserteure werden auf der Stelle erschossen! Auch diese Drohung schreckt die Haltlosen an dem einmal begonnenen unterirdischen Treiben nicht mehr zurück. Man geht ja in jedem Fall vor die Hunde, so oder so . . .‹

Der LKW mit den Verwundeten hat den Flugplatz erreicht. Die letzten zweihundert Meter führen durch sowjetisches Sperrfeuer. Absteigen. Wer noch kann, läuft Slalom um sein Leben. Auf die geduckten Ju 52 zu. Viele, die bei diesem Todeslauf stürzen, werden nie mehr aufstehen.

Pausenlos starten und landen in diesem Inferno die wackligen Wellblechmaschinen. Eine erwischt einen Volltreffer, sie zerplatzt fünfzig Meter über der Rollbahn in tausend Fetzen. Die nächste landet, und das heißt: Munition heraus, Verwundete hinein.

Oberfeldwebel Scharfenberg kauert an der Tür. Er sieht, wie die Granatsplitter die Tragflächen aufreißen. Das überlebst du nie, sagt er sich, nie kommst du aus dieser beschissenen Mausefalle heraus. Dann erinnert er sich seiner Wurstvorräte. Wenn er schon draufgehen soll, dann wenigstens mit vollem Magen. Und so beißt er in die Wurst, kaut und kaut, schluckt, als die gute alte Tante Ju über die Piste holpert und abhebt, kaut noch immer, als die schwerbeschädigte Maschine kurze Zeit später glücklich in Oschatz landet, zwischen Leipzig und Dresden.

Ein Omnibus bringt die Verwundeten zum Schloß Hubertusburg, wo der alte Fritz 1763 Frieden mit Maria Theresia geschlossen hat.

Als Scharfenbergs Wunde halbwegs ausgeheilt ist, sagt ein Stabsarzt: »Eigentlich steht Ihnen jetzt Genesungsurlaub zu, aber nach Schlesien können Sie nicht mehr, da ist der Russe.«

In Schlesien ist aber auch seine Frau Hedwig. Der Oberfeldwebel läßt sich der Form halber einen Urlaubsschein nach Duderstadt im Harz ausstellen, wo er Bekannte hat. Bei günstiger Gelegenheit will er sich dann nach Bertholdsdorf durchschlagen, quer durch die deutschen und russischen Linien und mitten durch das besetzte Gebiet.

In Bertholdsdorf schmilzt der Schnee, und die Sowjets bleiben. Ein schüchterner Frühling folgt einem grimmigen Winter. Die Kinder und die Russen vertragen sich gut. Wenn es mittags am Kirchplatz Essen gibt, warten die Kleinen. Und wenn etwas übrig bleibt, erhalten sie einen Schlag aus der Gulaschkanone. Falls nichts mehr da ist, einen Riegel Schokolade aus amerikanischen C-Rationen.

Der alte Springer ist kein Kind; der vormals reichste Bauer des Ortes geht betteln, wenn er sich nicht wie ein Einsiedler in seinem viel zu großen Haus verkriecht.

Es klopft mitten in der Nacht.

Hedel steht vor ihm, begleitet von einem russischen Soldaten.

»Ich hab' drei Tage Urlaub erhalten wegen guter Führung«, sagt sie.

»Bist du verrückt?« wimmert der Alte, schwach vor Hunger. »Beim Viehtreiben kriegst du doch wenigstens was zum Essen.«

Dann aber schließt er sein Mündel in die Arme, weint vor Glück.

Hedwig Scharfenberg muß nachts neben dem Rotarmisten schlafen, auf dem Stroh. Er schnarcht und rülpst, aber er tut ihr nichts. Er hat sich unterwegs Schnaps besorgt und damit fühlt er sich wie im Himmel.

Nach drei Tagen müssen beide zurück. Hedwig schwingt sich aufs Fahrrad, der Soldat fährt einen Meter hinter ihr her. Bei jedem Tritt in die Pedale schaukelt die geschulterte Maschinenpistole.

Auf der Autobahn begegnen sie einer Panjekolonne.

»Stoj!« sagt der Rotarmist lachend, stoppt den Wagen und hievt die Fahrräder hinauf.

Sie reisen erster Klasse bis zu einer Autoraststätte. Hedwigs Bewacher begrüßt mit großem Hallo einen Bekannten. Die beiden umarmen sich. Dann gibt's Schnaps. Sie sitzen an einem kleinen Tisch, trinken und trinken, stundenlang.

Zwischendurch geht Hedwig austreten, verzichtet auf ihren Mantel und die Tasche, schleicht sich davon und versteckt sich in einem Schanzgraben.

Der Weg nach Bertholdsdorf ist nicht weit, aber gefährlich . . .

Es wird gebetet und getötet, gebangt und gestorben und unermeßliche Werte werden vernichtet in diesem größten Blutbad der Menschheitsgeschichte. 2225000 Wohnungen sind in Deutschland zerstört, 4752 Brücken, 4303 Kilometer Eisenbahngleise, 2356 Stellwerke. 95 von 100 Handelsschiffen liegen auf dem Meeresgrund. Abgesehen vom Verlust des Lebens, der Heimat oder der Gesundheit belasten jeden Deutschen 10000 Mark Kriegskosten.

Breslau brennt und ergibt sich zwei Tage vor dem allgemeinen Zusammenbruch den Sowjetrussen. Der sowjetische Eroberer, Generalleutnant Glusdowskij, hat Schonung versprochen, doch seine Soldaten hausen wie anderswo. Die Hilfeschreie der Frauen lösen den Kanonendonner ab. Mindestens 40000 Zivilisten sind bei der Verteidigung der Festung gefallen, mindestens siebzig Prozent aller Häuser zerstört. Die Domtürme, das weithin sichtbare Wahrzeichen Schlesiens, sind bis auf kleine geschwärzte Stummel niedergebrannt.

Menschen, die 83 Tage Trommelfeuer, Stalinorgel, Artilleriebeschuß und Tieffliegerangriffe überlebt haben, stürzen sich aus den oberen Stockwerken ausgebrannter Häuser in die Tiefe, um sich durch die Flucht in den Tod den Rausch der Sieger zu ersparen.

»Wojna kaput, Gitler kaput«, brüllen die Rotarmisten, saufen eimerweise erbeuteten Schnaps, umarmen mit nassen Augen ihre Feinde. Aber wer sich nicht schnell genug aus der Umarmung löst, ganz schnell einen hebt und sich dann verkrümelt, ist bedroht vom nachträglichen Heldentod.

Die schlesische Passion greift jetzt mit Polypenarmen nach Städten und Dörfern, die eine unterlegene Wehrmacht bis zuletzt gegen die Rote Armee gehalten hatte. In den westlichen Landkreisen von Habelschwerdt und Hoyerswerda beginnt ein verspäteter Massenaufbruch. Aber wohin sollen die Flüchtlinge gehen? Im Süden putschen die Tschechen, und im Westen sind die Russen bis an die Elbe vorgestoßen. Wenn es verzweifelten Flüchtlingen gelingt, den Fluß zu überqueren, schicken die Amerikaner sie vom rettenden Ufer wieder zurück, zu Tausenden. Die Worte des alten Galliers Brennus ›Vae victis . . . ‹ ›Wehe den Besiegten‹ – gelten immer noch.

Der verwundete Oberfeldwebel Bruno Scharfenberg wird von den olivgrünen Soldaten überrollt, aber nicht entdeckt. Sein Urlaubsziel, Duderstadt im Harz, erreicht er fast gleichzeitig mit den Amerikanern, und schon mit dem ersten Blick sieht er die Panzer auf den idyllischen Marktplatz rollen und hat gerade noch Zeit, zu seinen Bekannten zu eilen: Tor auf, Vorhang zu, Hände hoch, Amen . . .

»Mensch, Mann, Bruno«, empfängt ihn der biedere Sattlermeister aufgeregt. »Nichts wie heraus aus dieser Scheißuniform!«

Er schenkt ihm eine abgewetzte Ziviljacke, und Bruno entläßt sich jetzt aus dem Zweiten Weltkrieg: Feldgrau bleibt nur sein Untergestell, aber so – oben hui und unten pfui – läuft zu dieser Zeit halb Deutschland herum.

Bruno Scharfenberg behält die Nerven. Im Überleben hat er allerhand Übung. Er legt sich zunächst einmal zur Ruhe, durchaus wachsam dabei. Er hört die Hornsignale, sieht die Zivilisten in ihre Häuser eilen und weiß, daß die Amerikaner jetzt die Wohnungen nach versprengten Soldaten durchkämmen. Je vier GIS nähern sich bereits den Hauseingängen. In diesem Moment greift sich Bruno, genau in der Mitte zwischen zwei Häusern, einen Sägebock und beginnt umständlich Holz zu zersägen. Die Amerikaner zur Linken nehmen an, daß die Streifen zur Rechten diesen gebeugten Holzarbeiter längst überprüft hätten, und so sägt er sich tatkräftig in eine vorläufige Freiheit hinein.

Mit seinem Urlaubsschein kann er nicht mehr viel anfangen. Er besorgt sich hintenherum einen Zivilausweis und wagt sich damit in die Höhle des Löwen.

Der Löwe ist ein deutschsprechender US-Captain. Er läßt sich den Wunsch des Bittstellers, der nach Schlesien zurück will, dreimal erklären, obwohl er ihn beim erstenmal sofort verstanden hat.

»Nuts«, sagt der Amerikaner und tippt sich an die Stirn.

Der Befehl, deutsche Flüchtlinge in ganzen Scharen wieder zu den Russen zurückzutreiben, war absolut nicht nach seinem Geschmack – aber wenn nun so ein Verrückter freiwillig nach Schlesien zu den Sowjets will, dann kann dem Mann geholfen werden.

»Okay, crazy boy«, lächelt der Offizier. »Also Schlesien? Wohin willst du?«

»Nach Hause«, antwortet der Oberfeldwebel a. D.

Auf einmal geht's schnell; er erhält seinen Passierschein mit Stempel und Unterschrift. Scharfenberg kommt gar nicht richtig dazu, sich zu bedanken, und als er sich draußen seinen Schein ansieht, stellt er fest, daß ihn der hilfsbereite Ami nach ›Haussen‹ entlassen hat.

Das sprachliche Mißverständnis wird ihn sicher durch alle Linien bringen, durch amerikanische, russische und polnische. Posten prüfen das Dokument, nicken und lassen ihn ziehen, einen von Millionen, die nach Feierabend nach ›Haussen‹ wollen.

Unterwegs organisiert er sich ein Fahrrad. Sein Herz ist der Kompaß, und die Nadel zeigt schnurgerade nach Osten. Unterwegs trifft er noch einen anderen Narren, der sich gegen den Strom stemmt, den Kapellmeister des Breslauer Amüsierlokals ›Allotria‹. Der heimwehkranke Musiker hat sich von Berlin bis nach Sachsen durchgeschlagen und tut sich mit dem erfahrenen Oberfeldwebel zusammen. Vier Augen sehen besser als zwei, und wenn sie eingebuchtet werden, können sie vielleicht noch 66 spielen, über Kreuz. Sie haben noch ihre Fahrräder, als sie die amerikanisch-russische Grenzlinie in Wurzen an der Mulde erreichen.

Eine angeschlagene Brücke, die gerade ausgebessert wird, führt über diesen Rubikon zwischen Ost und West. Die zwei auf Heimatkurs starren unschlüssig auf die Russenseite.

»Ihr seid wohl ein bißchen belämmert«, sagt ein alter Ortsbewohner. »Mischt euch doch unter die Arbeiter und schleicht euch hinüber.«

»Und was machen wir damit?« fragt Scharfenberg und deutet auf sein Fahrrad, den ›Sechszylinder des Jahres 45‹.

Sie radeln am Ufer entlang, haben Glück, finden ein Floß und landen unbehelligt auf der anderen Seite.

Keiner fragt sie, keiner hält sie an, die Menschen sind so verschlossen wie ihre Haustüren. Die Eingänge mit dicken Balken verrammelt. Auch Sachsen hat seine bitteren Einmarscherfahrungen und die Nase voll, wenn hier auch viel weniger Gewalttaten verübt wurden als in Schlesien oder in Ostpreußen. Wenn das Sowjetpolitik mit Langzeitplanung war, ging die Rechnung jedenfalls auf, denn in der späteren DDR werden die sächsischen Kommunisten ihren sowjetischen Herren am tiefsten in den Hintern kriechen.

Klopfen hilft nichts, keiner macht auf, und der Taktstock des Kapellmeisters ist kein Zauberstab. Die Scheunen gleichen Bunkern, und so schlafen die Rückwanderer mitten im Dorf, auf einer Bank unter einem Lindenbaum. Am Morgen ziehen sie weiter, nicht stur drauflos, sondern vorsichtig wie Porzellanmaler.

So schaffen sie oft nur ein paar Kilometer am Tag, aber schneller als sie es sich ausgerechnet haben, erreichen sie ihre Heimat auf der Höhe von Görlitz. Sie verstecken sich in einem Wald, aber dort gibt es keine Ruhe. Das Waldstück ist belebt wie ein Jahrmarkt, der eine lumpige Freiheit feilbietet – zu Höchstpreisen. Eine merkwürdige Versammlung: Soldaten, Kumpel, Bauern, Arbeiter, alles Verschwörer, und ihr Rütlischwur heißt: Der Ural ist zu weit und Sibirien zu kalt.

»Breslau?« fährt ein Unteroffizier den Kapellmeister an: »Pisse! Ihr habt wohl 'ne Meise.« Sie tauschen Landkarten aus; Ost gegen West. Kurs: eins zu eins.

Als sie dann am nächsten Morgen weiterradeln wollen, passiert es.

»Stoj! Stoj!« schreit ein Russe, und dann kracht es auch schon.

Die beiden steigen von ihren Fahrrädern, werden von gestikulierenden Russen umringt. Die Räder interessieren nicht, auch nicht die Ausweise. Die Rotarmisten ziehen ihren Opfern die Stiefel aus. Die Uhr, die sich Bruno ans Bein gebunden hat, finden sie nicht, aber ein Säckchen Tabak nehmen sie ihm weg.

»Sei ein Kamerad«, bettelt der Entlassene, »laß uns wenigstens einen Teil.«

Der Rotarmist überlegt einen Moment, nickt und gibt den beiden tatsächlich eine Handvoll Tabak zurück.

Weiter, Richtung Hirschberg. Straßensperre. Polen. Bevor sie in ihrer Nähe sind, werden sie gewarnt, aber der Weg nach ›Haussen‹ führt über gute Ratschläge hinweg.

Die erste Feindberührung mit den Polen kostet die Fahrräder, nicht die Freiheit. Die Heimkehrer gehen zu Fuß weiter, immer näher an das ehemalige Kampfgebiet heran, ein Zug der Lemmin-

Nach Plünderung und Vergewaltigung verläßt auch diese Familie aus dem oberschlesischen Industriegebiet ihre Heimat.

Flüchtlinge unterwegs.

In einem Flüchtlingslager nach der Ankunft in der amerikanischen Zone.

Ein Flüchtlingszug ist im Durchgangslager Wiesau eingetroffen. Das Essen wird auf dem Schienenweg in das weitläufige Lager gebracht.

Nach der Kapitulation am 8. Mai 1945 hilft die Sowjetarmee der deutschen Bevölkerung mit Nahrungsmitteln ihrer Feldküche aus der ärgsten Not.

Sudetendeutsche auf der Flucht vor den Russen und Tschechen 1945. Sie müssen nicht nur Häuser, Vieh, Äcker zurücklassen, sondern viel mehr – die Heimat.

Mit einer letzten Heiligen Messe nehmen Pfarrer und Gemeinde von Mies im Egerland 1945 Abschied von ihrer Heimat.

ge. Auf der Straße zieht eine endlose Kolonne russischer Panjewagen vorbei. Müde Pferde, schläfrige Kutscher.

»Warum laufen wir eigentlich?« fragt Bruno seinen Begleiter.

»Mach keinen Quatsch!« ruft der Kapellmeister.

Aber Bruno ist schon an eines der Fuhrwerke herangetreten und schwingt sich hinauf. Der Musikus folgt ihm.

Der Iwan auf dem Bock dreht sich um, droht mit der Peitsche, schimpft.

Bruno lacht ihm ins Gesicht, und mitten im Wortschwall grinst der Russe zurück. Und so rollen sie gewissermaßen im Polsterabteil erster Klasse nach Hirschberg.

Dieser Kreis gehört zu den Randbezirken des Krieges und erlitt dabei ein vergleichsweise glimpfliches Schicksal, aber Augenzeuge Georg Mintag stellt fest: ›Während der sowjetischen und polnischen Besetzung kommen alle Verbrechen vor: Erschießungen, Erhängen, Totschlag, schwere Mißhandlungen mit Todesfolge, Vergewaltigungen, Grabschändungen.‹

Der Augenzeuge Dr. Johannes Sass berichtet:

›Der letzte Tag des Krieges ist angebrochen. Eine lähmende Stille lag über unserem Dorf. Noch hatte kein feindlicher Soldat das Riesengebirge betreten . . . Es war am Mittag des 9. Mai, als die Russen dann ins Dorf einzogen: Das Auftreten der Russen erregte überall Angst und Grauen, Vergewaltigungen und Plünderungen . . . In Hain erschießen sie einen pensionierten Beamten, weil er seine goldene Uhr nicht gutwillig herausgeben will . . .‹

Augenzeugin Liesbeth Engelmann schildert:

›Ein Mieter bietet den Soldaten, die nach Waffen und deutschen Wehrmachtsangehörigen suchen, Zigaretten an. Sie nehmen die Zigaretten, sie danken – und gehen. In Abständen kommen immer neue Trupps. Ein Vater kann seine beiden Töchter und noch zwei Mädchen dadurch retten, daß er den Russen seine goldene Uhr und seine Ringe überläßt.‹

Dieser Vorhut folgten die Mongolen; einer stürzt sich auf Liesbeth Engelmann, bedroht sie mit dem Gewehr: »Frau komm!«

»Schieß!« sagt die Frau.

Der Iwan läßt das Gewehr sinken und verduftet.

Schlesien hat sich in ein Bestiarium verwandelt. Augenzeuge Christian Friedrich Graf zu Stolberg-Wernigerode berichtet:

›Leider mußten wir miterleben, wie im allgemeinen die russischen Soldaten mit den deutschen Mädchen und Frauen umgingen. Selbst Krankenschwestern wurden nicht verschont. Der

Kaufmann Paul Seidel wurde nachts in seiner Wohnung von russischen Soldaten in rohester Weise erschlagen, weil er nicht sagen wollte, wo sich seine Tochter aufhielt. Diese lag während des ganzen Vorgangs im Zimmer unter dem Bett.‹

Aber es gibt auch Menschen, selbst in dieser Zeit: unter den Russen, unter den Polen, unter den Deutschen. Selbstlosigkeit und Großmut sind an keine Nation gebunden. ›Wir hatten in dem Kommandanten einen gerechten Mann, der auch in seinen eigenen Reihen scharf durchgriff‹, bestätigt Augenzeuge Paul Neiss. ›Er scheute sich nicht, russische Soldaten nach dem Plünderungsverbot an die Wand zu stellen.‹

In Hirschberg findet Bruno leicht eine Unterkunft bei einer Familie, der er von Duderstadt einen Brief, das erste Lebenszeichen ihrer Tochter, überbringt.

Weiter nach Waldenburg, wo Brunos Schwester lebt, vorbei an verschonten Dörfern mit heilen Häusern – aber auch vorbei an Scheußlichkeiten.

In Rudelstadt hat kurz vor Torschluß ein Totenkopf-Kommando versucht, die Boberbrücke zu sprengen und ein KZ-Lager mit 500 jüdischen Frauen in die Luft zu jagen. Die Bevölkerung vereitelte es unter Einsatz des Lebens. › . . . nicht auszudenken‹, stellt der Augenzeuge Pastor Stosch fest, ›was für Folgen die Sprengung des Judenlagers gehabt hätte.‹

Auch der Kreis Waldenburg wurde vom Krieg nur gestreift, aber immerhin haben sich beim Einmarsch der Sowjets in der Kreisstadt dreihundert Menschen, in Hermsdorf dreißig, in Altlässig zwanzig das Leben genommen. Links und rechts der Straße nach Waldenburg lagen die Erschossenen, und neben ihnen randalierten betrunkene Russen. Während Frauen, denen niemand helfen konnte, um Hilfe schrien, kam es in der Seitendorfer Siedlung und am Fuchsberg zu fürchterlichen Verwüstungen. Die Greuel teilten sich die reguläre Rote Armee mit einem aufständischen Russenlager, das an der Bevölkerung Rache für die Gefangenschaft nahm – meistens an Menschen, die genauso unschuldig waren wie die 10000 Insassen des Lagers Wüstegiersdorf, die von den vertierten SS-Wachmannschaften in den Kriegsjahren ermordet worden sind.

Kurz vor 21 Uhr erreichen Bruno und sein Begleiter Waldenburg. Höchste Eisenbahn, denn in fünf Minuten beginnt die Sperrstunde. Sie hämmern gegen die Tür.

Erst als die Schwester Brunos Stimme erkennt, schiebt sie die

Türbolzen beiseite, gerade noch rechtzeitig. Die Männer erholen sich von den Strapazen, dann trennen sich ihre Wege: Der Musiker geht den direkten Weg nach Breslau, Bruno hat 36 Kilometer Fußmarsch bis Bertholdsdorf vor sich.

Eine höllische Strecke. Eine Landschaft wie ein Friedhof, vorbei an Trümmern, an Gräbern. Die Bevölkerung ist geflüchtet, ermordet, verschleppt, vertrieben, im Arbeitseinsatz oder irgendwo versteckt. Die Felder gleichen Wüsten. Ab und zu eine abgerissene, ängstliche Gestalt, die verschwindet, wenn Bruno auftaucht.

Die restlichen Deutschen scheinen dazu verurteilt, auf ihrem früheren Besitz zu verhungern, in Häusern, deren herausgebrochene Fensterstöcke aussehen wie ausgestochene Augen.

So viel Elend kann ein Mensch kaum ertragen. Immer schwerer wird es Bruno Scharfenberg ums Herz. Je weiter ihn die Füße tragen, desto schlimmer sieht es aus. Was ist aus Bertholdsdorf geworden, was aus der Hedel? Was aus dem Springerhof? Warum zwingt er sich, das Unfaßbare auch noch mit eigenen Augen anzusehen?

Erschöpft und verstört erreicht er am späten Nachmittag ein äußerlich heiles Dorf, aber offenbar menschenleer.

Der Springerhof kommt schon in Sicht, da taucht der erste Mensch auf, eine Nachbarin. »Bruno!« begrüßt sie den Heimkehrer laut. »Der Hof steht. Der alte Springer geistert so herum – nur die Hedel ist nicht da. Die Russen haben sie zum Viehtreiben geholt.«

Eine Minute später steht Bruno seinem Schwiegervater gegenüber. Der frühere Großbauer sieht schlecht aus.

»Ist ja prima, daß du kommst, Junge«, sagt er. »Wir haben nicht eine Krume Brot im Haus. Nichts. Seit sechs Wochen.«

»Das kriegen wir schon«, erwidert der Heimkehrer, und sieht erleichtert die unversehrten Eichenmöbel, die ihr Gewicht vor der Zerstörung bewahrt hat.

Und ein weiteres Wunder geschieht: Einen Tag später kommt auch Hedwig Scharfenberg an, so gehetzt und geängstigt von der Flucht, daß es zu keiner richtigen Begrüßung mit Bruno kommt. Zwar hat die Geflohene erfahren, daß sich ihr Posten in Kostenblut auf der Straße einfach eine andere ›Kuhmagd‹ als Ersatz griff, aber sicher ist sicher, und diesen organisierten Rinderdiebstahl, der so gründlich erfolgte, daß zum Beispiel rund um Breslau bei der ersten Erfassung nur noch zwanzig Kühe und fünfzehn Pferde gezählt werden, hat sie ohnehin satt.

Im Haus ist es zu gefährlich, Hedel versteckt sich auf einem Akker. Bruno folgt ihr, und so findet ihr Zusammensein nach langer Trennung in der Natur statt. Auf freiem Feld, unter freiem Himmel.

Überleben setzt Organisieren voraus. Die zweifelhafte Kriegsweisheit kommt zu hohen Ehren. Auf seinen vorsichtigen Streifzügen stellt Bruno auf der Domäne Jungnitz fest, daß die Russen – deren Augen auch oft größer waren als ihr Magen – ungedroschenen Weizen liegen ließen.

Mit Springers Hilfe und einem mittelalterlichen Dreschflegel gewinnen sie zehn bis fünfzehn Zentner Weizen. Bruno besorgt sich einen Handwagen und schafft seinen Reichtum nach und nach zum Müller im Nachbardorf Sasterhausen, den er schon von früher kennt.

»Mensch, Bruno, weißt du, was du von mir verlangst?« sagt sein Geschäftsfreund: »Ich mahl doch jetzt für die Russen.«

»Fünfzehn Zentner Weizen«, lockt Bruno, »mindestens.«

Der Müller wirft ihm zwei Sack Mehl auf den Karren und macht ein Gesicht, als stecke sein Hals schon in der Schlinge. »Pack bloß Stroh darüber, daß es keiner sieht. Ich hab' nichts mit der Sache zu tun!« ruft er ihm so laut nach, daß die Nachbarn schon die Ohren spitzen.

Bruno zieht querfeldein. Keuchend verwünscht er seine Unbescheidenheit. Und dann wiederholt er jede Woche einmal diese Tour – und der alte Springer kommt wieder zu Kräften.

Mitten in diesen Wiederaufstieg zum ›reichen‹ Mann platzen die Polen. Ob sie oder die Russen schlimmer waren, wird unter Schlesiern eine ewig ungelöste Streitfrage bleiben.

Die Vorboten der neuen Herren waren häufig ein wilder Haufen von Kriminellen, Plünderern und Nachkriegspartisanen. Sie nehmen sich, was nicht niet- und nagelfest ist. Seßhaft zu werden, zeigten sie wenig Lust.

Und dann kamen andere. Viele andere. Aus dem östlichen Polen. Schon vor dem Krieg war das Land zwischen Hitler und Stalin – gleiche Brüder, gleiche Mörder – aufgeteilt worden und der rote Zar dachte nicht daran, wieder herauszurücken, was er sich unter den blutigen Nagel gerissen hatte. Die Russen vertrieben die Polen, die Polen hielten sich an den Deutschen schadlos.

Ein Zug des Jammers kriecht durch Bertholdsdorf: gebeugte Männer, rachitische Kinder, abgearbeitete Frauen mit frühwelken Gesichtern. Polnisches Flüchtlingselend.

Der neue Verwaltungschef heißt Hartmann. Um das Manko seines deutschen Namens auszugleichen, gibt er sich als besonders strammer Pole. Er ruft eine Familie aus dem Osten zu sich, betritt ein Haus, läßt – wenn es ihn noch gibt – den Bauern holen und sagt zu seinem Landsmann:

»Du bist jetzt der Herr.« Dann dreht er sich zu dem Deutschen um: »Und du bist jetzt der Knecht.«

So geht es weiter, durch das ganze Dorf. Formlos. Unbürokratisch.

»Du, Herr«, sagt Hermann auch zu Jozef Ogórek. »Du Knecht« zum alten Springer.

Ein halbes Jahrhundert Arbeit löst sich in dreißig Sekunden auf. Der arme Großbauer begreift es nicht. Als er noch rüstig war, brauchte er sieben Stunden nach Breslau, manchmal bloß sechs, bei schlechtem Wetter ein wenig mehr; er ging zu Fuß, um das Fahrgeld zu sparen, legte es auf die Bank, groschenweise.

Wenn eine gute Ernte kam, bestand der Segen in Geld, und wenn die Summe richtig angeschwollen war, kaufte er einen neuen Acker, der ihm noch mehr Arbeit einbrachte. So hatte es sein Vater gehalten, und dann der Sohn, und so sollten Bruno und die Hedel es weiterführen.

Aber der Erbe heißt plötzlich Ogórek.

Und was noch ungeheuerlicher in dieser Zeit erscheint: dieser Ogórek ist ein anständiger Mensch.

»Ihr bleibt hier«, sagt er in polnisch-deutschem Mischmasch zu den Enteigneten. »Haus groß. Viel Platz. Wir Arbeit teilen – wir Brot teilen. Wir Geld teilen.«

Da Bruno sich von so viel Großmut nicht beschämen lassen will, öffnet er die alte Truhe und rückt als Gegengeschenk ein paar Kilo Mehl heraus.

Auf dem Springerhof gibt es keine Probleme zwischen Deutschen und Polen. Freilich – so ist es nicht überall.

Die Leiden der Bevölkerung nehmen kein Ende. Mit einem Federstrich verliert ihr Geld seine Gültigkeit. Durch eine einfache Verwaltungsanordnung werden sie zur Zwangsarbeit verpflichtet und höchstens mit Lebensmitteln, fast nie mit Geld entschädigt.

Gleich dem gelben Stern, zu dessen Tragen die Nazis ihre jüdischen Landsleute gezwungen hatten, müssen die Deutschen nun eine weithin sichtbare weiße Armbinde tragen: Nun sind sie die Juden der Polen.

Vergessen sie einmal, ihr Kainszeichen anzulegen, selbst in dem

Dorf, in dem sie jeder kennt, werden sie von der polnischen Miliz zusammengeschlagen.

Der Superintendent Johannes Klein aus Lauban berichtet:

›Ich habe mehrfach Männer begraben, die in polnischen Milizkellern totgeschlagen worden waren oder die sich aus Furcht, weil sie zur Miliz bestellt waren, das Leben genommen hatten . . . Das Leben war allgemein gekennzeichnet durch fortwährende Angst. Ängstlich fragte man sich am Morgen: Was wird der heutige Tag bringen. Und ängstlich fragte man sich am Abend: Wie wird die Nacht verlaufen? Bei jedem Tritt, der sich in Hausnähe hören ließ, erschrak man. Das Licht wurde gelöscht, kein Wort gesprochen. Jeder Morgen brachte neue Schreckensnachrichten von Vorfällen in der Nacht, Prügelungen, Mißhandlungen, Verhaftungen.‹

Den Bertholdsdorfern war nach allem ein milderes Schicksal beschieden.

Auch als Knechte noch klammerten sie sich mit beiden Armen an ihre Heimat, noch immer in der Illusion, daß sie – unter welchen Umständen auch immer – zu erhalten sei . . .

Auf den Feldern wuchert das Unkraut, in den Häusern grünen Gerüchte. Im ganzen Ort gibt es kein Radio, und die alte Schneiderin, die Dorfzeitung, hat auch nicht mehr viel zu bieten. In einigen Häusern leben Deutsche und Polen einträchtig nebeneinander, in anderen mußten die ehemaligen Besitzer in die Ställe ziehen.

Von außen gesehen macht Bertholdsdorf immer noch einen gesunden Eindruck: die Höfe, in einer Reihe ausgerichtet, an die stilvolle Kirche angelehnt. Rund um das Gotteshaus der Friedhof. Die Namen in Goldschrift auf den Grabsteinen werden verblassen – selbst die Toten haben den Krieg verloren.

Die Neusiedler aus dem Osten versuchen das Land unter den Pflug zu nehmen – aber wer soll ihn ziehen? Als sie an der Curzon-Linie aufgebrochen waren, konnten sie bestenfalls eine Kuh vor den Wagen spannen und mitnehmen. Aber der Weg der Heimatlosen war weit; er führte quer durch das Aufmarschgebiet der Roten Armee, und wenn ein Russe Hunger hatte, fraß er seinem Bundesgenossen die Kuh von der Deichsel.

Jozef Ogórek, der neue Herr des Springerhofes, hatte auf seiner Fahrt von Lemberg bis Niederschlesien nicht nur seine Familie – Frau, zwei Töchter – heil an den scheelen Augen der Rotarmisten vorbeigebracht, zu seinem unangetasteten Besitzstand gehörten auch ein struppiges Pferd und eine hinten an den Wagen gebundene Kuh, dürr wie eine Eisenbahnergeiß. Auf der sandigen Heimaterde, die der stille, bedächtige Pole verloren hat, war der schmächtige Gaul noch zu verwenden, aber Schlesiens satte, schwere Erde war zu viel für ihn. Auf dem Springerhof war der ganze Betrieb auf zwei wuchtige Pferde eingestellt, die eine große Sämaschine zogen. Diese gehörten aber jetzt zur Kriegsbeute der Roten Armee.

»Bruno«, fragt Ogórek in seinem drolligen Deutsch. »Was machen wir bloß?«

»Mal sehen«, brummt der zum Untermieter degradierte Hausherr. »Vielleicht kann ich bei einem Kleinbauern leichteres Gerät beschaffen.«

Die beiden Familien, die deutsche und die polnische, teilen sich Haus und Essen. Die Ogóreks haben nichts, die Scharfenbergs haben nichts, das ist die gesunde Basis der menschlichen Verständigung.

Der ehemalige Oberfeldwebel wird als Straßenarbeiter verpflichtet. Da kann er sich – wenn auch mit seiner weißen Paria-Armbinde – ziemlich ungestört bewegen und kommt unter die Leute. Er hat sogar Anspruch auf Zlotys, aber wenn er am Zahltag bei seinem Straßenmeister vorspricht, hat der Chef schon alles versoffen, und Bruno Scharfenberg schimpft und jammert so lange, bis ihm die Frau des Trunkenbolds etwas Grieß und ein paar Knochen mitgibt.

Bei seiner Rückkehr bringt er einmal einen leichten Pflug mit, und sie beginnen mit den ersten Anbauversuchen gleich hinter dem Haus. Das Saatgut entstammt der Dreschflegelernte. Bei der Arbeit hilft der alte Springer so kräftig mit, als wirtschaftete er noch in die eigene Tasche. Sie basteln sich einen leichteren Wagen, den das Pferdchen jetzt munter zieht, holen Holz aus dem Gäbersdorfer Wald und tauschen nun ganz legal in der Mühle Getreide gegen Mehl. Jedesmal sagt Jozef Ogórek: »Du die Hälfte Mehl – ich die Hälfte Mehl.«

Auch die Kuh kommt wieder zu Kräften und gibt etwas Milch, und die weiße Labsal wird halbiert: Ein Topf für die untere Etage, ein Topf für die obere, kein Schluck mehr, kein Schluck weniger, der Hunger kennt keine Parteien mehr . . .

Trotz Vogelfreiheit, Besitzwechsel, Hunger und Ungewißheit, liegt im Sommer 1945 ein Schimmer Hoffnung über Bertholdsdorf. Polen und Deutsche treffen sich am Sonntag einträchtig in den Chorstühlen der Dorfkirche. Der Pfarrer geht mit der Mode. Wenn er mit seinem Latein am Ende ist, dann mischt er einige polnische Sprachbrocken in seine deutsche Predigt. Er tut sich nicht leicht dabei, es hört sich an, als wollte er sich gewaltsam die Zunge abbrechen, die Deutschen grinsen, und die Polen verziehen schmerzhaft das Gesicht.

Bei der Andacht sind sie nicht nur dem Herrn, sondern auch ihrem Privateigentum ein wenig näher: Kurz vor dem Einmarsch der Russen hatten sie ihre bescheidenen Wertgegenstände in eine Nische hinter dem Altar geschafft in der Hoffnung, daß die Kirche dem Russensturm trotzen würde.

Diese Rechnung ist zwar aufgegangen, aber die Bertholdsdorfer können nicht wissen, daß ihr Pfarrherr so nach und nach die Firmungsuhren, das Tafelsilber und die Schmuckbroschen an die Polen verscherbelt: Nur mit einer robusten Portion Selbstsucht kann man diese schlimme Zeit überleben, und so wird nicht nur aus diesem Hochwürden ein ›Merkwürden‹.

Auf seinen unbezahlten Amtswegen kommt Bruno Scharfenberg häufig nach Gäbersdorf. Hier holt er bei Leo Seniuk, der vor Monaten im Nachbardorf hängengeblieben ist, weil seine sterbende Frau noch einmal Breslau sehen wollte, das neue Ortsschild ab: Bertholdsdorf heißt jetzt Goscislaw – traute Heimat, fremder Klang.

Der Mann, der die neuen Schilder pinselt, spricht fließend Polnisch und Russisch; er ist einer von diesen Alleskönnern. Seitdem er auf einem Klosett eine halbverrottete Schreibmaschine fand, sie reparierte und mit polnischen Lettern versah, geht ›Pane Leone‹ – so nennen ihn die neuen Herren – ein legendärer Ruf voraus. Er hat die junge Kriegerwitwe Gerda, die Tochter des Dorfklempners, geheiratet und die Werkstätte seines Schwiegervaters auf Befehl der polnischen Miliz in ein idyllisches Gefängnis verwandelt: Ein paar Gitterstäbe an den Fenstern, fertig ist das Kittchen.

Von der Tüchtigkeit dieses geborenen Organisators lebt das halbe Dorf, das heißt sämtliche Deutschen.

Im Raum westlich von Breslau ist das Leben gewiß kein Honiglecken, aber noch halbwegs erträglich, verglichen mit den anderen schlesischen Gebieten.

›Sicher war man nie‹, stellte die Lehrerin I. S. aus Liegnitz fest. ›Immer wieder versuchten die Polen und auch die Russen, in die Häuser einzudringen und alles das gewaltsam wegzunehmen, was die Deutschen etwa noch besaßen. Im Sommer und Herbst 1945 waren die Deutschen im Innern der Stadt noch einigermaßen sicher. Aber im folgenden Winter und im Frühjahr 1946 wurde der Zustand unerträglich.

Am Abend, in der Nacht, ja selbst am Tage drangen bewaffnete Scharen in die Häuser ein, schlugen die deutschen Bewohner, vergewaltigten die Frauen, plünderten. Niemand stand uns bei. Polizei gab es nicht. Die polnische Miliz war dafür bekannt, höchst grausam zu verfahren. Sie scheute sich nicht, auf großen Lastwagen oftmals den Rest der gebliebenen Habe fortzuschaffen . . .

Anfang des Jahres 1946 wurde selbst auf die Deutschen, die im abgegrenzten deutschen Viertel wohnten, keine Rücksicht mehr genommen. In fünf Minuten vertrieb man uns aus den Wohnstätten. Polen zogen ein, und wir hockten auf der Straße auf ein paar armseligen Wäschebündeln.

Da von einer Ausweisung keine Rede war, wir auch hörten, daß es unmöglich sei, über die Grenze zu gelangen, kroch man immer enger zusammen, bis schließlich die Stadt Liegnitz am 1. Juli 1946 zwangsevakuiert wurde, indem man alle Deutschen plötzlich um sechs Uhr früh aufforderte, binnen zehn, auch binnen zwanzig Minuten ihre Wohnung zu räumen.

Die Lebensbedingungen für jeden Deutschen waren ungeheuer schwer. Deutsches Geld wurde nicht in Zahlung genommen. Wer beim Russen oder Polen arbeitete, erhielt in den seltensten Fällen Bezahlung in polnischem Geld. Man mußte zufrieden sein, eine Wassersuppe oder ein Stück trockenes Brot als Lohn zu erhalten.

Wer wegen Krankheit oder hohen Alters nicht arbeiten konnte, mußte Schmuck oder Wäsche gegen Lebensmittel umtauschen, oder langsam verhungern. Die erschütterndsten Szenen spielten sich ab.

Von den Russen oder Polen war kein Erbarmen zu erwarten. Wer elend umkam, wurde in ein Laken oder in einen Sack gehüllt, auf einen Leiterwagen gelegt und in einem Massengrab beigesetzt. Zahlenmäßig wird nie festzustellen sein, wie viele Unglückliche durch Hunger und Seuchen umgekommen sind.

Eine eigenartige Methode, die Deutschen zum Arbeiten zu zwingen, bestand darin, daß Frauen und Männer auf der Straße aufgegriffen wurden und zwangsweise irgendwo einen Tag oder mehrere Stunden arbeiten mußten. Es kam oft vor, daß Deutsche auf dem Weg zu ihrer eigentlichen Arbeitsstätte – trotz ihres Ausweises – auf solche Weise mit Gewalt entführt wurden. Oft zerriß auch der Pole den Arbeitsausweis des Deutschen und begann nun mit ihm, was ihm beliebte. Meistens arbeitete der Deutsche unter diesen Umständen ohne Bezahlung, und, was noch schlimmer war, ohne Essen zu bekommen.

Mit uns ging man nicht sanft um. Mit Püffen und Schlägen wurden wir zur Arbeit angetrieben. In der letzten Zeit scheute sich der Pole auch nicht, im Falle irgendeines Ungehorsams hinter uns herzuschießen . . .

Meist erschien der Pole allein oder in Begleitung polnischer Miliz. Die Deutschen waren gezwungen, Schränke, Kommoden oder sonstige Behältnisse zu öffnen, und dann nahm sich jeder mit den Worten: ›Alles mein‹, was er brauchte. Gefielen ihm die Betten, Matratzen oder sonstige Möbel, hielt einen Tag später ein Lastauto vor der Tür, und alles wurde aufgeladen . . .

Wie verhielten sich nun die Russen? In den ersten Monaten, bis ungefähr August 1945, versuchten uns die Russen meist gegen die Polen zu schützen. Wurde uns also irgend etwas entwendet, und wir konnten einen Polen als Täter angeben, so erschien – ersichtlich gern – der Russe und nahm dem Polen das entwendete Gut wieder ab. So erstaunlich es klingt, der Russe konnte den Deutschen im allgemeinen viel besser leiden als den Polen.

Wir hatten dies bald heraus und brauchten den Russen nur zu sagen: ›Russki gut, Polski schlecht‹, so strahlte der bärbeißigste Russe. Ich selbst hab' mich mit vielen Leuten unterhalten, die ihre Wut gegen die Polen nur schwer mäßigen konnten. Eine Schlägerei zwischen Russen und Polen hatte ich selbst beobachtet.‹

Daß die slawischen Brüder häufig zueinander standen wie Kain und Abel, ergibt sich auch aus der Aussage des ehemaligen Bezirksbürgermeisters H. aus Breslau:

›Aber den Polen verachtet der Russe, um nicht zu sagen, er haßt ihn, obwohl ich oft genug von Russen eindeutige Äußerungen dieser Art gehört habe, und in der Zeit, als Breslau noch eine starke russische Garnison hatte, Mord und Totschlag zwischen Polen und Russen an der Tagesordnung waren, wenngleich in solchen Fällen alkoholischer Einfluß, dem sowohl Polen als auch Russen hemmungslos unterliegen, ursächlich war.

Zu Anfang, als den Russen bekannt wurde, daß Breslau und Schlesien polnisch werden, setzten sie ganze Häuserzeilen in Brand aus Wut darüber, daß sie ihr Leben für die Eroberung dieses Landes und dieser Stadt eingesetzt hatten, und daß ihnen die Frucht ihres Sieges nun von einem Haufen von Marodeuren streitig gemacht wurde, die sich in einer Art und Weise als Sieger gebärdeten, wie die wirklichen Sieger niemals zuvor. Noch Wochen später, als sich die Verhältnisse bereits beruhigt hatten, sah man immer wieder hier und da ein Haus in Flammen aufgehen – von Russen angezündet.‹

Die Saat des Hasses ist viel früher aufgegangen als die Saat der Felder. Bei der Frühjahrsbestellung 1946 ist der Springerhof schon wieder ziemlich weit vorn. Hier hat sich die deutsch-polnische Zusammenarbeit bewährt. Jozef Ogórek hat selbst zu viel Leid erfahren, um seinen rechtlosen Untermietern das Leben schwermachen zu wollen.

Auf seinen Dienstwegen trifft Bruno Scharfenberg häufig mit Leo Seniuk zusammen. ›Pane Leone‹ hat eine Feldscheune in eine Malerwerkstätte verwandelt und pinselt Konsonanten am laufenden Band, die Bruno als neue Ortsnamen in der Gegend aufstellt: Bertholdsdorfs Nachbarortschaften heißen jetzt auf einmal Wawrizenczyce oder Mieczkow.

Die Polonisierung macht Fortschritte. Immer mehr Menschen aus dem Osten sickern in das weite verwüstete Schlesien ein. Unter den Deutschen halten sich hartnäckig Gerüchte, die Amerikaner und Engländer würden bald eingreifen, um die Zeit der Willkür zu beenden.

Daß die Großen Vier auf den Konferenzen von Jalta und Potsdam die Menschlichkeit ganz klein geschrieben haben und Millionen von Deutschen von Heim und Herd, von Hof und Heimat vertreiben lassen werden, will den Menschen noch immer nicht in den Kopf.

Wie sollen die Polen einen Mann wie Pane Leone ausweisen, der längst unentbehrlich ist? Die UNRRA, eine internationale Flüchtlingsorganisation, weist den polnischen Neusiedlern Rinder zu: Jeder Hof soll eine Kuh erhalten. Dafür hat er die Milch abzuliefern, und so wird Leo Seniuk, der Dolmetscher und Schildermaler, auch noch Molkereidirektor.

Er steht jeden Morgen um drei Uhr auf, heizt ein, erhitzt und entrahmt die angelieferte Milch, buttert und stellt Käse her. Dann bringt er Zwanzig-Liter-Kannen mit warmer Milch zur Schulspeisung – natürlich geht eine ganze Menge des weißen Lebenssaftes ›daneben‹ – und hilft einigen Dorfbewohnern, die noch mehr hungern müssen als die Kinder.

Dann wird die Gründung eines Konsumladens angeordnet. Pane Leone bastelt noch an der Einrichtung, als schon aus US-Liebesgaben große Blechbüchsen mit Tee angeliefert werden, Ceylon-Ware. Die Verkäuferinnen stehen herum und wissen nicht, was sie machen sollen. Leo gibt ihnen Auftrag, kleine Papiertütchen zu drehen: Jeder Dorfbewohner polnischer Nationalität erhält fünf Gramm, mit der Briefwaage abgewogen – und ungefähr ein Pfund bleibt übrig zur heimlichen Verteilung an die Menschen mit den weißen Armbinden.

Nach dem Tee kommen Schweinehälften, aus Innerpolen angeliefert. Sie wandern ausnahmslos in die polnischen Kochtöpfe, die Innereien steckt der hilfsbereite Leo Seniuk seinen Landsleuten zu.

Die Russen erfahren, daß es bei den Polen wieder etwas zu holen gibt. Und schon geht es rund. Sie schnappen sich die UNRRA-Kühe und führen wieder ihre bewährte Schnellschlachtmethode vor.

Milizsoldaten werden als Bewacher aufgestellt. Vergeblich. Nur Pane Leone kann helfen. Nunmehr auch oberster Rinderhirt, tritt er den Rotarmisten entgegen, nur mit seinen Russischkenntnissen bewaffnet: »Nichts zu machen!« schreit er sie an. »Das sind Staatskühe!«

Staatskühe – das ist etwas anderes. Was bewaffnete Miliz nicht verhindern kann, schafft der Unentbehrliche mit Dialektik.

Gerda, seine junge Frau, ist zu einer polnischen Familie als Dienstmädchen zwangsverpflichtet. Es geht ihr nicht schlecht; sie erhält reichlich zu essen und darf sogar etwas für ihre Mutter abzweigen. Wenn ihr das Leben manchmal erbärmlich vorkommt, dann tröstet sie sich damit, daß sie im Gegensatz zu der aus dem KZ kommenden Schwester ihres Dienstherrn noch ihre Haare hat.

›Ich erfuhr zum erstenmal, wie es in den Lagern zugegangen ist‹, erinnert sich Gerda Seniuk, ›und ich wunderte mich, daß sie auf mich als Deutsche keinen Haß zeigte. Wir haben uns damals gesagt: Nachdem wir jetzt alles überstanden haben, kann es nur noch besser werden. Warum sollten wir unsere Heimat verlassen, wo doch Hoffnung bestand, daß man uns hier leben läßt? Wir waren zufrieden und beinahe glücklich. Das Leben ohne Eigentum hatte so etwas Leichtes . . . ‹

Dann wird das Leben schwer. Ganz plötzlich. Am 6. Juni 1946 bekommen die Deutschen aus Bertholdsdorf den Ausweisungsbefehl. Milizsoldaten brüllen, Kinder weinen. Abmarsch in zwanzig Minuten.

Ist der Milizsoldat menschlich, läßt er zwanzig Kilo Gepäck mitnehmen; ist er ein Schinder, nur zehn. In Wirklichkeit wird keiner dabei bevorzugt, denn vor der Abreise am Bahnhof nehmen die Polen den Vertriebenen ohnedies alles ab, was ihnen brauchbar erscheint.

Die Scharfenbergs müssen jetzt den Springerhof verlassen. Bruno nimmt einen Handwagen und verstaut das Fluchtgepäck. Dabei sieht er, wie seine Nachbarn von der Miliz buchstäblich aus den Häusern gedrückt werden. Dann kommen schon die Ausgewiesenen aus Gäbersdorf, aus Bläswitz und von Metschgau, und der Zug der Armut und der Tränen setzt sich in Marsch.

»Bruno, bleib hier«, sagt Jozef Ogórek. »Ich setz das durch. Komm, du kannst wirklich hierbleiben.«

»Was soll's?« erwidert Bruno. »Auf die Dauer geht das doch nicht so weiter.«

Sie reichen sich die Hände. Hedwig Scharfenberg greift nach der Deichsel. Der alte Springer will sich hinter dem Handkarren herschleppen.

»Herr Springer«, sagt der Pfarrer, »kommen Sie. Ich bleib auch hier. Bleiben wir zusammen.«

Der Alte nickt.

Bruno wirft den Sack mit den Habseligkeiten des Schwiegervaters vom Wagen: ein paar kleine Töpfe und eine Axt. Der Springerbauer geht in sein Haus, oder besser in das Haus von Jozef Ogórek, zurück. Er dreht sich nicht mehr nach seinem Mündel und nach seinem Schwiegersohn um. Und auch Hedel und Bruno schauen stur geradeaus, als sie ihren kleinen Handwagen durch das Dorf ziehen, das sie für immer verlassen müssen.

Auf der Domäne Stefansdorf versammeln sich Tausende von Menschen aus allen Himmelsrichtungen. Hier müssen sie noch zwei Tage auf die Viehwagen warten. Sie schlafen auf ihren Bündeln, um sie vor Diebstahl zu schützen. Dabei enthalten sie nur Plunder, den heute selbst die Ärmsten auf die Schutthalde werfen würden.

Manchmal waren die Transporte äußerst schikanös. Der Eisenbahnsekretär Adolf Walda aus Breslau berichtet, daß er mit dem Güterwagen sechs Tage und fünf Nächte unterwegs war. ›Ohne jede Verpflegung waren die Ausgewiesenen noch einmal der Willkür der polnischen Begleitmannschaft ausgesetzt. Alle Nächte waren Kontrollen, und das Wenige, das mitgenommen werden durfte, wurde von den polnischen Soldaten geplündert. Auch die polnischen Eisenbahner beteiligten sich ohne Ausnahme daran.

Ein Aufatmen ging durch die Reihen der Gehetzten, als in Forst der Russe den Transport übernahm und sofort alle auf freien Fuß setzte. Ich konnte dann am 25. Oktober 1945 endlich mit meiner Frau und Tochter in einem kleinen Ort Oberfrankens Wiedersehen feiern und mich erholen.‹

Manche empfanden wie bei einem Unfallschock keinen Schmerz bei der Ausweisung. ›Es begann sich langsam bei der deutschen Bevölkerung die furchtbare Erkenntnis durchzusetzen‹, stellte Pfarrer Richard Berndt aus Quickendorf fest, ›daß Schlesien verlorenes Land und der Auszug, bzw. die Vertreibung der Eingesessenen, nur eine Frage der Zeit sei, aber welch eine Unsumme von Leid bedeutete diese Erkenntnis! Wie zerrieben die einander ständig widersprechenden, bald tröstenden, bald deprimierenden Nachrichten, die wohl systematisch aus Polenquellen geformt und genährt wurden, die seelische Widerstandskraft! So kam es schließlich dahin, daß deutscherseits die Evakuierung ersehnt und begrüßt wurde.‹

Die Flüchtlinge aus Bertholdsdorf und Umgebung bleiben zusammen. Sie landen in der kleinen, mittelalterlichen Stadt Einbeck, zwischen Goslar und Hildesheim. Aber die Freude an den schönen Fachwerkbauten schwindet schnell: Die Einheimischen wehren sich gegen die Einquartierung so heftig, daß sie nur mit Polizeigewalt vollstreckt werden kann. Die Menschen von Einbeck sind nicht hartherziger als anderswo, aber der Raum, auf dem sie leben, ist schon sehr beengt.

Zahlen können die Tragödie auch nicht annähernd ausdrücken: Fast jeder fünfte Schlesier kommt beim Zusammenbruch um. 1,5 Millionen werden von den Russen überrollt. 1,6 Millionen entkommen zwar in die Tschechoslowakei, geraten aber dabei vom Regen in die Traufe. Etwa ebenso viele flüchten nach Sachsen und Thüringen und werden von der Roten Armee wieder eingeholt, bis auf einige Glückliche, denen die Flucht nach Bayern gelingt.

Das Leben geht weiter – wenn auch auf Sparflamme. 1950 will der Springerbauer, nun schon vom Alter gebeugt, nicht mehr länger der fremden Familie zur Last fallen. Er leiht sich einen Schubkarren, belädt ihn mit seinem Eichensarg und schiebt ihn acht Kilometer weit zu den katholischen Schwestern von Kostenblut, jetzt Kostomloty. Für das Kloster läutet er die Glocken und fegt den Hof.

Zu dieser Zeit haben die Ausgewiesenen in Einbeck schon erste Wurzeln geschlagen. Als der Springerbauer zwei Jahre später im

Kloster stirbt, hat Bruno Scharfenberg längst den Grundstock für eine neue Karriere im Justizdienst gelegt.

Jozef Ogórek holt den Leichnam des Vorbesitzers mit dem Fuhrwerk aus dem Kloster ab. Feierlich legen ihn die Schwestern in den Eichensarg, und der alte Springer wird – seinem Wunsche entsprechend – auf dem Friedhof bei der Kirche neben seiner Frau beigesetzt.

Auch der Ackerknecht und die Mägde des Springerhofs sind nach Einbeck gekommen. Sie arbeiten nun nicht mehr in der Landwirtschaft, sondern gehen in die Fabrik. Jahre der Arbeit, Jahre des Erfolgs, bescheidener Anteil am Wirtschaftswunder – Lastenausgleich.

Nur die Erinnerung lebt an die alte Heimat. Sonst sehen die Vertriebenen nach vorne. Ihre Kinder sprechen die Sprache der zunächst unwilligen Gastgeber. Sie wohnen längst nicht mehr in Untermiete, viele bringen es sogar zu einem eigenen Haus.

Der heutige Justizoberverwalter a. D. Bruno Scharfenberg besitzt gleich zwei. Mit Hilfe des Lastenausgleichs für zwei Bauernhöfe, ergänzt durch eiserne Sparsamkeit. Es sind keine Paläste, aber sie bringen doch zusammen an die 900 Mark Miete im Monat, immerhin so viel, daß der Mann, der es wieder zu etwas gebracht hat, es vorzieht, in einer billigeren Dienstwohnung zu leben.

So weit, so gut, wenn das Heimweh nicht wäre, gleich einer Wunde, die nicht heilen will. Ein wenig hebt sich der Eiserne Vorhang zwischen gestern und heute und Hedwig Scharfenberg besucht 1972 ihre ehemalige Heimat.

Sie fährt zurück nach Goscislaw, das für sie immer noch Bertholdsdorf heißt. Sie sitzt im Zug, die Bisamkappe rutscht ihr auf die Brille und verdeckt ein wenig ihr lustiges rundes Gesicht. Vor lauter Aufregung verlegt sie auf der Reise durch die DDR ein paarmal ihren Geldbeutel. Sie ist schon elf Stunden unterwegs, und das Abteil ist dicht gefüllt mit Schülern, Pendlern, Arbeitern. Abermals schaut sie in ihren Plastikbeutel: gekochte Eier, Krakauer Wurst, Semmeln, Strümpfe für eine Nichte, die einen Polen geheiratet hat, und Schokolade für die Kinder von Jozef Ogórek.

Aus dem enterbten Mündel, das vor mehr als dreißig Jahren Bertholdsdorf verlassen mußte, ist die reiche Tante aus dem Westen geworden. Zu ihrem Gepäck gehört auch eine gewöhnliche Blechdose. »Die hat mir mein Mann mitgegeben«, sagt Hedwig Scharfenberg zu ihren Reisebegleitern. »Ich soll ihm Heimaterde mitbringen, von unserem Hof. Die will er später in seinem Sarg haben.«

Die Wiederbegegnung mit der Heimat wurde als ein achttägiger Touristenausflug angegeben. Vom Bahnhof Jelenia Gora, früher Hirschberg, geht es mit dem Auto zum neuen Hotel ›Cieplice‹. Hedel ist überrascht: Zimmer mit Bad, Telefon, Fernsehapparat im Aufenthaltsraum.

Der polnische Reiseleiter ist Kummer gewöhnt, er weiß, daß ein Deutscher, der im Urlaub in diese Gegend kommt, seinen früheren Wohnort wiedersehen, oder Verwandte besuchen will.

»Was soll ich tun?« fragt er, »wenn es dem Frieden und der Verständigung dient . . .«

Weiter geht die Reise. Zwar sind die Häuser verfallen und die Fassaden brauchen einen neuen Anstrich, aber jeder Quadratmeter Boden liegt unter dem Pflug, zum größten Teil privat bewirtschaftet; nicht zufällig kann die Volksrepublik Polen unter den Ostblockstaaten die beste Landwirtschaftsbilanz herzeigen.

Der Zug passiert Gorkau, wo am Himmelfahrtstag in Hedwigs Jugend immer der Heiratsmarkt stattfand. Eigentlich wurden nur Pferde verkauft, aber wer den schönsten Gaul hatte, dem winkte auch die Chance, die schönste Maid zu erobern. Oder auch die reichste, denn seinerzeit wurde weniger von Mann zu Frau, als von Hof zu Hof geheiratet.

»Abends wurde getanzt«, erzählt Hedwig Scharfenberg ihren Mitreisenden. »Dazu fuhr man nach Königszelt. Da war ein Lokal, das hieß Sanssouci. Hier spielte eine Damenkapelle. Da war vielleicht was los.« Einen Moment schließt die Frau die Augen und trällert vor sich hin: »Im Rosengarten von Sanssouci, da küßte ich Marie, Marie. Die ersten Küsse vergeß ich nie.« Sie lacht halblaut. »Der Schlager ist hier entstanden, in der Nachbarschaft von Bertholdsdorf, Mensch, waren das Zeiten!«

Der Zug rattert weiter. Er hält in jedem Ort, und jeder trägt einen fremden Namen. »Wenn man das nur aussprechen könnte«, klagt Hedwig. »Marciszwo, Swiebodzice, Jaworzyna . . . «

Langsam fliegt die schlesische Hügellandschaft vorbei. Kreisstadt Zarow, früher Sarau. Pferdefuhrwerke rumpeln über das Kopfsteinpflaster. Neben der alten Düngemittelfabrik moderne Wohnblocks.

»Nicht mehr weit nach Bertholdsdorf«, erläutert Hedwig. »Hier hat mein Vater immer den Kunstdünger gekauft für die Zuckerrüben«, erinnert sie sich.

Sie steigt in ein Taxi Marke ›Wolga‹. Der Wagen passiert Kleingärten, buntbemalte Gartenlauben – und in der Ferne taucht der Kirchturm auf, neben dem die Eltern begraben sind.

»Bertholdsdorf«, sagt die Hedel zappelig, »hier war ich zu Hause.« Aufgeregt setzt sie hinzu: »Hier in der Kirche bin ich getraut worden. Mein Gott, das ist ja noch alles wie damals!«

Die Zeit steht still in Goscislaw. Keine Vorbauten aus gewelltem Kunststoff, keine gewaltsamen Durchbrüche der Fassaden, keine kunstgeschmiedeten Hausnummern und keine modischen Fliesen um die Eingangstüren. Einfache, kleine Bauerngärten, wackelige, rohe Sitzbänke neben der Haustür, kleine Fenster mit Blumentöpfen davor, schiefe Zäune, ein Ackerwagen, gezogen von einem müde nickenden Gaul.

Am Ende des Dorfes der Springerhof. Hunde zerren an ihren Ketten. Ihr Gebell alarmiert die Hausbewohner. Ein Mann mit einem kleinen, zerfurchten Gesicht kommt aus dem Stall: Jozef Ogórek. Er erkennt Hedwig, reibt sich die Hände an der Hose, geht auf sie zu.

Einen Moment stehen sich die beiden wie unschlüssig gegenüber und dann umarmen sie sich.

Mit der Sprache hapert's. Das bißchen Deutsch hat Jozef inzwischen vergessen, und Hedwig kein Polnisch dazugelernt. Mittlerweile hat sich die ganze Familie um die beiden herum versammelt: die alte Bäuerin, die beiden Schwiegersöhne mit ihren Frauen, die Enkelkinder.

Hedwig wird in den Wohnraum links neben dem Eingang gedrängt. »Das ist ja noch die Couch, die mein Vater anfertigen ließ!« ruft sie. »Nur die Stühle sind neu.« Sie stellt ihre Tasche mit den Geschenken ab, breitet den Pelzmantel sorgfältig über die Couch.

Sie fühlt sich wie zu Hause, sitzt am Tisch. Ihre Gastgeber haben ein Festessen vorbereitet: Gänsebraten, als Nachtisch Apfelstrudel. Die Früchte stammen von den Bäumen, die der alte Springer vor sechzig Jahren hinter dem Haus gepflanzt hatte.

Neugierig und verstohlen mustern Jozefs Enkelkinder die fremde Frau aus der anderen Welt, die sie mit Schokolade beschenkt hat. Sie dürfen sie erst nach Tisch essen. Und da sitzt sie nun, ißt und erzählt in einer Sprache, die keiner versteht, hat goldene Ringe an den Fingern, eine Perlenkette um den Hals und ein Sonntagskleid aus hübscher, bunter Seide an: So sieht doch keine Bäuerin aus . . .

Und diese fremde Frau weiß hier im Haus überall Bescheid. Sie weiß, daß unten und oben je fünf Zimmer sind. Sie kennt den Weg zum Stall, und sie besichtigt ihn, während ihr Jozef stolz erzählt, daß die Ernte gut war, daß er jetzt Bürgermeister ist und daß er demnächst den Stall erweitern muß, denn er besitzt nunmehr sechs Kühe, zehn Stück Jungvieh und achtzehn Schweine. Die Ställe sind frisch gestrichen, aus der Backstube ist ein Badezimmer geworden.

Am Nachmittag geht Hedwig auf den Friedhof und legt einen Kranz am Grab ihrer Eltern nieder. Und jetzt, an der Kirchenmauer, ist sie auf einmal nicht mehr die fröhliche Frau, die unbekümmert über alle Schicksalsschläge hinweggekommen ist.

Jozef Ogórek und seine Familie lassen sie nicht so schnell wieder weggehen. Sie laden sie ein, über Nacht zu bleiben und in ihrem alten Bett zu schlafen.

Dann kommt der Morgen und der Abschied, der auch den Ogóreks schwerfällt. Noch eine Umarmung. Eine Gans gibt man ihr als Gastgeschenk mit und bittet sie, bald wiederzukommen.

Als das Taxi anfährt, läuft Jozef noch ein Stück hinterher und winkt. Dann bleibt er auf der Dorfstraße stehen. Durch das Rückfenster des Wagens wird er immer kleiner. Für ihn beginnt ein neuer Arbeitstag – für Hedwig der zweite Abschied von der Heimat.

Vielleicht wird sie wiederkommen. Vielleicht wird sie das nächstemal Bruno mitbringen, der sie vorausgeschickt hat. Aber sie wird immer nur zu Besuch sein, bei sich, in ihrer Heimat, in ihrer Erinnerung . . .

TEIL 4

BÖHMEN UND MÄHREN

Der Frühling kommt als erster Eroberer nach Prag. Er macht die Luft weich, läßt die Bäume blühen, und in den Parkanlagen scheint ein vorwitziger Friede bereits zu grünen. Warmer Sonnenglanz liegt auf den Dächern der Goldenen Stadt.

Drei Tage vor Ausbruch eines beispiellosen Blutbades – es wird die sowjetischen Greuel in Schlesien, in Ostpreußen, in Pommern und sonstwo in den Hintergrund drängen – sitzen Deutsche wie Tschechen, nicht alle, doch die meisten, in einem Boot und hoffen gemeinsam, daß die Heeresgruppe des Durchhaltefanatikers Schörner im Nordosten die Rote Armee noch so lange aufhalten wird, bis der US-Panzergeneral Patton, der amerikanische Rommel, über die Karlsbrücke zum Hradschin hochfährt, durch das Spalier der steinernen Heiligen: ein frommer Wunsch.

Es ist der 2. Mai 1945. Gestern hat der stellvertretende ›Reichsprotektor von Böhmen und Mähren‹ Karl Hermann Frank verkünden lassen, daß er einen Aufstand ›in einem Meer von Blut‹ ertränken würde. Heute quillt aus den auf den Straßen aufgestellten Lautsprechern, umrahmt von zackiger Marschmusik, mit fast zwei Tagen Verspätung die Meldung des Tages, des Jahres, des Jahrhunderts: »Hitler tot . . . In vorderster Linie . . . heldenhaft kämpfend . . . bei der Verteidigung der Berliner Reichskanzlei . . . im Nahkampf gefallen . . . « Ständig wird diese Lüge im Fortissimo wiederholt, als würde sie dadurch wahr.

»Die Amis sollen schon in Pilsen sein«, sagt der Fahnenjunker-Feldwebel Dubsky (25) zu seinem Studienfreund Schmitz (24). »Ich hab' dir auf dem Sanitäts-LKW einen Platz mitorganisiert. Kein Schwein wird dich hier kontrollieren.« Bruno Dubsky hat breite Schultern und schmale Hüften, ein intelligentes Gesicht mit Augen, die härter und älter wirken. »Ein paar Stunden Angst, Erich, und du bist über dem Berg.«

»Nach dir«, entgegnet Schmitz, die rheinische Frohnatur.

»Du bist und bleibst ein unverbesserlicher Optimist«, versetzt Bruno verärgert. »Ich bin in Prag zu Hause. Ich spreche Tschechisch – sogar Dialekt –, wenn's soweit kommt, zieh ich mir Zivilklamotten an, geh um die Ecke und bin untergetaucht. Kapiert?«

»Warum soll ich denn deinen Eltern und deiner Verlobten oder einem anderen den Platz im Lastwagen wegnehmen, wenn dieser Scheißkrieg hier in Prag schon aus ist, bevor er begonnen hat?«

Dubsky gibt es auf, er trägt den Arm in der Schlinge; Schußbruch. Das russische Infanteriegeschoß war, wie er meint, ein Glückstreffer. Erstens kam es zur rechten Zeit, zweitens verschaffte es ihm einen Studienurlaub in seiner Heimatstadt, an der Universität Prag – der ältesten deutschsprachigen Universität überhaupt –, und zum dritten kann er in der Altstadt bei seinen Eltern wohnen und braucht nur zum Verbandswechsel und zur Nachuntersuchung in das ehemalige Tyrs-Haus, zur Zeit Reservelazarett VII, Prag, Kleinseite.

Die Zeichen stehen auf Sturm, aber die beiden Freunde laufen durch eine Stadt, in der die Partisanen von übermorgen noch in der Sonne spazierengehen. Die Mädchen tragen schon bunte Sommerkleider, sie promenieren über die Gehsteige, und die Herren, die ihnen nachschauen, sind für diese schlechten Zeiten überraschend gut angezogen, als wollten sie die Nachrede bestätigen, daß in jedem Prager ein Stutzer steckt.

Nur die vielen Uniformen stören die scheinbar friedliche Idylle: Verwundete beim Ausgang, Rotkreuzschwestern, tschechische Protektoratspolizei, Volksdeutsche, zwangsweise zur SS rekrutiert.

Es ist nicht weit her mit ihrem Kampfgeist; sie haben bereits ihre Heimat verloren und möchten wenigstens ihr Leben behalten. Es wird sie nicht davor bewahren, verstümmelt oder zerstückelt oder lebendig eingemauert zu werden, häufig von tschechischen Gendarmen, die der Gestapo seit 1939 die Blut- und Dreckarbeit weitgehend abgenommen hatten.

›Kurz vor Ausbruch des Aufstandes befanden sich in Prag im ganzen etwa 200000 Deutsche, in der Mehrzahl Zivilisten . . . ‹, stellt die Dokumentation des Bundesministeriums für Vertriebene, Band IV/1 fest. ›Der Tod Hitlers und die für jedermann sichtbaren Auflösungserscheinungen im militärischen und politischen Bereich ließen das tschechische Selbstbewußtsein gegenüber den deutschen Machthabern wachsen und verstärkten die Aktivität der Untergrundorganisationen.‹

Während Schmitz den Mädchen nachsieht, spürt sein Freund Bruno eine unterschwellige Spannung, eine Mischung von Angst und Haß, von Unterwürfigkeit und Drohung, von Anpassung und Rachsucht. Die Tschechen sind noch höflich und friedlich, aber manche kratzen bereits die deutschen Inschriften von den Geschäften ab.

Die beiden jungen Männer biegen in die Železná ulice ein.

»Spürst du nicht, was auf uns zukommt?« fragt Dubsky. Aber die Frage ist in den Wind gesprochen, denn sein rheinischer Freund – Tünnes und Schäl in einer Person – spürt nur Durst, wenn er die vielen Wirtshäuser der Altstadt sieht.

Vielleicht ist Prag nirgendwo schöner als hier. Häuser mit prächtigen Renaissance-Fassaden oder mit Barock-Ornamenten, verwinkelte Gassen, ein ständiges Spiel von Licht und Schatten, eine Stadt wie ein Traum.

Und wie ein Alptraum.

Prag atmet Geschichte: deutsche Geschichte und zugleich slawische Geschichte. Böhmen und Mähren, die ›Zitadelle Mitteleuropas‹, hat schon einmal einen Krieg – den Dreißigjährigen Krieg – gezündet, aber der in den letzten Zügen liegende Krieg hat die Stadt ausgespart wie eine Oase, eine Insel der Seligen, fast eine Art Schlaraffenland, in dem die Luft auch noch im sechsten Kriegsjahr mehr nach Gänsebraten, Powidldatschgerln und Marillenknödeln riecht als nach Pulverdampf.

Fahnenjunkerfeldwebel Dubsky hat das Haus mit der Wohnung seiner Eltern erreicht. Während er die Treppe zur Beletage hinaufeilt, rechnet er sich aus, daß ihm Hitlers ›Heim-ins-Reich-Aktion‹ nicht mehr gebracht hat als sechs Jahre Barras, ein verzögertes Studium und das EK II neben dem silbernen Verwundetenabzeichen.

Er bleibt vor der Tür stehen, horcht, schließt geräuschlos die Tür auf und ist erleichtert, als er die beiden Koffer im Flur sieht. Nur Marina, seine Kommilitonin und Braut, hat ihn gehört und kommt ihm entgegen.

Er zieht sie an sich. Unter ihrem Kopftuch quellen rotblonde Haare hervor, wie farblich abgestimmt auf ihre hellgrünen Augen.

Er legt die Arme um Marinas Schultern, als er sie ins Wohnzimmer zieht, wo seine Mutter so mit Packen und Poltern beschäftigt ist, daß sie sogar ihre übliche Eifersucht um ihren Einzigen vergißt.

Gestern ist es Bruno endlich gelungen, die Eltern zur Flucht aus Prag zu überreden, um vorübergehend auf dem Bauernhof ihrer Verwandten bei Eger im Sudetenland Unterschlupf zu suchen.

»Ich hab' dir versprochen, daß wir zu meiner Schwester fahren«, schimpft Elfriede Dubsky, »aber ich halt es für unnötig.« Ihr Sohn nimmt ihr die zu prall gefüllte Handtasche ab, um sie zu schließen. »Ich hab' keinem was getan«, stellt sie fest. »So wird auch mir keiner was tun.«

Ihre Rechnung ist falsch, auch wenn sie in diesen Tagen Millionen genauso aufmachen. Wo man die längste Zeit zur Flucht hatte, wo die Wege nach Westen am kürzesten sind, da versuchten die Bedrohten am wenigsten, ihrem grausamen Schicksal zu entkommen. 230000 Deutsche im Sudetenland und im Protektorat Böhmen und Mähren werden es mit ihrem Leben bezahlen, die Flüchtlinge aus Schlesien kommend, die in Böhmen und Mähren stationierten Soldaten und die Bombengäste nicht mitgerechnet.

»Bruno hat sicher recht«, versucht Marina ihre künftige Schwiegermutter zu überzeugen.

»Du bist eine verliebte Gans«, erwidert Elfriede Dubsky derb.

»Mag sein«, sagt Marina und lächelt Bruno zu. »Aber vom Krieg versteht dein Sohn doch schließlich mehr als wir alle drei zusammen.«

Hinter dem Rücken seiner Mutter nickt Bruno seiner Verlobten zu. Sie macht das ganz richtig: Je zorniger die alte Dame ist, desto weniger Schmerz wird sie über den jähen Abschied empfinden. Er blickt auf die Uhr: In dreißig Minuten muß der Lastwagen kommen.

Vater Dubsky sitzt geistesabwesend an seinem leeren Schreibtisch. Er ist einen Kopf kleiner als Bruno und zu seinem Kummer noch immer Studienrat. Dabei könnte er längst Studiendirektor sein, wenn er in die Partei eingetreten wäre.

»Es paßt mir einfach nicht, daß ich ohne Entschuldigung meine Schule im Stich lassen soll«, brummt er.

»Und wie oft hat dich schon die Schule im Stich gelassen?« greift Bruno geschickt seines Vaters Lieblingsthema auf.

Der Alte geht prompt in die Falle: »Stimmt schon! Zuerst wurde ich nicht befördert, weil ich kein Tscheche bin. Dann, nach der deutschen Besetzung, weil ich mit diesen braunen Schreihälsen nichts zu tun haben wollte.« Er steht auf, setzt gereizt hinzu: »Will man mir jetzt vielleicht noch einen Strick daraus drehen, daß ich kein Nazi war?«

»Nicht so laut, Vater«, erwidert Bruno und schließt das Fenster. »Noch sind die an der Macht. Denk an die Hausbewohner.«

Zwölf Familien leben in diesem schönen alten Haus, acht deutsche und vier tschechische. Merkwürdig ist, daß die deutschen Nachbarn fast alle slawisch klingende und die tschechischen – bis auf die Sokols – deutsche Namen haben. In Prag, der Frontlinie eines beinahe tausend Jahre alten Sprach- und Kulturkampfes, sitzen die Vertreter zweier Völker enger, aber weniger engstirnig als anderswo, aufeinander. Gern gesehen oder nicht: Nicht nur in diesem Haus gibt es menschliche Kontakte zwischen deutschen Bewohnern und Protektoratsangehörigen. Bei der letzten Weihnacht waren alle drei Dubskys bei den kein Wort deutsch sprechenden Hausmanns zum Gänsebraten eingeladen, und als der junge Sokol das Maul zu weit aufgerissen hatte und, von einem Landsmann denunziert, in das Petschek-Palais eingeliefert worden war, ging Studienrat Dubsky in die Höhle der Gestapo und erreichte, daß er wieder freigelassen wurde, obwohl Dubsky selbst dort sehr schlecht angeschrieben war.

»Ich tu, was du sagst«, resigniert Vater Dubsky und schichtet seine Dokumente in eine Mappe. »Aber gerade Menschen wie wir sollten in Prag bleiben, und –«

»Du als Germanist?« erwidert Bruno vorsichtig.

»Gibt's in Deutschland keine Slawisten?« versetzt der Alte verständnislos. »Sogar unter Hitler!«

»Du hast ja ganz recht, Vater«, beruhigt ihn sein Sohn. »Du sollst ja auch bloß ein paar Tage in Deckung gehen. Gesunde Landluft, frische Eier . . . bist ja fast zu beneiden.«

»Ganz recht«, stimmt Marina zu, die das Arbeitszimmer betreten hat. »Und Luftveränderung kann nicht schaden.«

Bruno kommt es vor, als stünde Marina, die das Physikum bereits hinter sich hat, schon im weißen Kittel im Ordinationsraum. Sie wird eine prächtige Ärztin abgeben, im Gegensatz zu ihm, der sich für Medizin nur entschieden hatte, um Studienurlaub zu bekommen. Nun hat er genug von Eiter, Blut und Dreck, von Infektionen und Schußbrüchen, von Todesschreien und zerrissenen Gedärmen. Wenn erst Frieden ist, wird er die Medizinsemester in den Wind schreiben und vielleicht Braumeister in Pilsen werden. Oder Ingenieur bei Skoda. Oder Abteilungsleiter bei Bata.

Die Dubskys leben seit vielen Generationen in Prag. Sie gehören zu den 41701 Deutschen, die von der letzten Volkszählung 1930 erfaßt worden waren. Ihre Vorfahren hatten zusammen mit den Tschechen im Laufe ihrer langen Geschichte gemeinsam zum Heiligen Römischen Reich Deutscher Nation gehört. Für eine bemessene Zeit war Prag sogar als Regierungssitz der Mittelpunkt der damaligen Welt gewesen. Später wurden sie für Jahrhunderte Bürger der österreichischen k. u. k.-Monarchie. Aus dem Zusammenbruch des Jahres 1918 war als künstliche Staatsschöpfung die

Tschechoslowakische Republik hervorgegangen. Ein Nationalitätenstaat, der eine ›höhere Schweiz‹ werden sollte und in dem von Anfang an die Tschechen ihre Vormachtstellung zur Unterdrükkung der Slowaken, Deutschen, Ungarn, Polen und Karpato-Ukrainer ausnutzten.

Der ČSSR wurde eine grobe Fälschung in die Wiege gelegt. Beneš, der Mitgründer und spätere Totengräber eines aus der Konkursmasse entstandenen Staatsgebildes, hatte kurzerhand auf der Landkarte rein deutschsprachige Gebiete ausradiert und den deutschen Bevölkerungsanteil um eine Million verringert. Sudetendeutsche wurden in dem Staat Bürger zweiter Klasse, deutsche Beamte entlassen, deutsche Schulen von der Schließung bedroht. Der in den zwanziger Jahren beginnende Volkstumskampf hatte die Deutschen in die Arme Hitlers getrieben, ob sie nun Nazis waren oder nicht.

Bruno steht am Fenster, als der Wagen mit dem Roten Kreuz vorfährt. »Wir müssen uns beeilen«, sagt er hastig. »Die Leute im Haus.«

Er nimmt zwei Koffer. Marina trägt die Tasche seiner Mutter. Der Vater preßt die Dokumentenmappe mit den Sparbüchern, den Versicherungsscheinen, Trauurkunden und arischen Nachweisen unter den Arm wie eine Waffe, die er sich nicht nehmen lassen will.

Sie erreichen die Straße. Es geht dann alles ganz schnell; zuerst hievt Bruno die Mutter hoch, dann den Vater, dann reicht er Marina, die sich auf den Lastwagen geschwungen hat, die Gepäckstücke.

»Gute Fahrt!« ruft er.

Der Vater nickt. Marina hat nasse Augen.

»Und versäum ja die Vorlesungen nicht!« ruft ihm die Mutter mit gerötetem Gesicht noch zu.

Der Wagen poltert los, zuerst Richtung Norden, dann schwenkt er nach Westen ein, der Nachmittagssonne entgegen.

Der alte Studienrat sitzt mit versteinertem Gesicht am Heck, schaut durch einen Schlitz in der Plane zurück, sieht die Burg im Sonnenglast, sucht mit den Augen die Landstube, den Schauplatz des Prager Fenstersturzes von 1618.

Die Kaiserlichen Räte und der Geheimschreiber haben damals den Aufprall aus siebzehneinhalb Meter Höhe überlebt, sagt er sich, aber er kann sich nicht vorstellen, welchen Fall die Goldene Stadt nun erleben wird.

Sie kommen nur langsam voran. Für die ersten zehn Kilometer brauchen sie einen ganzen Tag. Immer wieder bleiben die Fahrzeuge liegen wie gestrandete Schiffe. Aufgelöste Flüchtlingstrecks aus Schlesien und der Slowakei verstopfen die Ortsdurchfahrt. Amerikanische Jabos leisten Zutreiberdienste, zerschießen Lokomotiven, Gleisanlagen, bombardieren die Knotenpunkte.

Alle Städte Böhmens, mit Ausnahme von Tabor sind deutsche Gründungen. Aber jetzt formiert sich im Land der zweite Hussitensturm. Hitler hatte unter Bruch des Münchner Abkommens im Frühjahr 1939 seine Panzer über die neue ›Friedensgrenze‹ rollen lassen, um die ČSSR zu zerschlagen. Unter dem Zwangsprotektorat waren die Tschechen unfrei – wie die Deutschen übrigens auch –, doch sie lebten gut. Die Lebensmittelzuteilungen waren höher als im Altreich, und auf dem kaum gestörten Schwarzmarkt konnte man sich günstig mit zusätzlichen Landesprodukten eindecken. Hitler brauchte die böhmische Rüstungskammer, und so behandelte ausgerechnet SS-Obergruppenführer Reinhard Heydrich die Tschechen ziemlich sanft.

Der Exiltscheche Beneš ließ aus London zwei Attentäter in einem britischen Langstreckenflugzeug über dem Protektorat mit dem Fallschirm absetzen. Sie lauerten Heydrich in einem Prager Vorort auf und verübten ein Handgranatenattentat. Der Reichsprotektor erlag seinen Verletzungen. Bei der Fahndung nach den Tätern gingen Hitlers Schergen blutig vor: Jeden Tag wurden an die hundert Tschechen erschossen, wahllos aus der Intelligenzschicht herausgegriffen. Fünfundzwanzig Tage lang wurden ihre Namen über die Lautsprecher bekanntgegeben, und die letzte Fahrt der Leichen in Holzkisten zum Krematorium markierten von den Lastautos herabtropfende rote Rinnsale auf den Straßen der Stadt.

Eine Spur der Attentäter schien in das Bergarbeiterdorf Lidice zu führen. Sondereinheiten Hitlers umstellten es bei Nacht und Nebel

Alle männlichen Bewohner über sechzehn wurden erschossen, auch der hochbetagte Pfarrer, später auch die Arbeiter, die von der Nachtschicht zurückkehrten, insgesamt waren es 186. Die Frauen kamen ins KZ, die Kinder wurden über das ganze Reichsgebiet zerstreut, die Häuser niedergebrannt und zusammengewalzt. Das untilgbare Verbrechen wurde mit zwei Millionen Mark abgeschlossen, die der tschechische Denunziant als Belohnung erhielt.

Die Sudetendeutschen, die – mit wenigen Ausnahmen – sich der

Versuchung widersetzt hatten, während der Protektoratszeit den deutschen Herrenmenschen herauszukehren, waren entsetzt über dieses, auch noch von der Propaganda gefeierte Verbrechen, mit dem sie nichts zu tun hatten. Sie hofften, daß die Strafe die Schuldigen treffen würde. Sie konnten nicht wissen, daß Rache an allen Menschen mit deutscher Abstammung genommen werden sollte.

Während die Familie Dubsky und Marina, eingekeilt auf der überfüllten Heerstraße, das ehemalige Dorf Lidice südlich liegen lassen, hat sich bereits herumgesprochen, daß jeder erledigt ist, der in Innerböhmen zurückbleibt oder einen Nebenweg einschlägt. Schon wurden die ersten Opfer geborgen, mit ausgestochenen Augen, abgeschnittenen Geschlechtsteilen, zertrümmerten Nasen.

Der Haß, der hier plötzlich explodiert, fragt nicht nach Schuldigen oder Unschuldigen. Wer in die Hände der Mörder fällt, wird Opfer eines immer durstiger werdenden Blutrausches.

Die Lautsprecher tönen in Prag weiter, ohne heiser zu werden. Die Zeitungen, zwangsweise auch die tschechischen, müssen wegen Hitlers Selbstmord mit schwarzem Rand erscheinen. Und die Fahnen hängen auf halbmast, drei Tage Staatstrauer sind angeordnet, während sich die tschechische Nationalbank bereits weigert, deutsche Reichsmark in Zahlung zu nehmen. Vereinzelt taucht die Trikolore, die tschechische Nationalflagge, auf, und die Trauerflore werden von roten Fetzen abgelöst. Der stellvertretende ›Reichsprotektor‹ Frank ist zu Großadmiral Dönitz geflogen, und Gerüchte wollen wissen, daß er nicht mehr zurückkommen wird.

Während Bruno Dubsky seine Angehörigen über die verstopfte Landstraße fortschickte, ist sein Freund Schmitz in eine Altstadtkneipe gegangen und läßt sich richtig vollaufen. In dem hohen romantischen Kellergewölbe sitzen Deutsche und Tschechen gemeinsam an rohen Holztischen.

»Prost!« ruft der fröhliche Kölner den Zivilisten zu. »Das Schwein ist kaputt.«

Es wird still im Raum. Ein paar Landser lächeln dünn, aber ausgerechnet die Tschechen machen entsetzte Gesichter. Während Schmitz über das ganze Gesicht strahlt, scheinen sie mehr Interesse an der richtigen Biertemperatur zu haben – sie prüfen sie mit kleinen Thermometern, die sie immer bei sich tragen – als an einem Putsch.

»Krieg aus«, sagt ein Zivilist schließlich zu dem Kölner. »Du nach Hause. Du zu Mama. Du nix mehr schießen!«

»Bist'n kluger Junge«, antwortet Schmitz und steht auf. Er muß sich eine Gasse bahnen. Die Protektoratsbürger weichen willig aus, keiner stellt ihm ein Bein, auch nicht die von den Russen über den Luftweg bewaffneten Kommunisten.

In diesem Haus hatte der berühmte Komponist Smetana einst eine Musikschule unterhalten, der Schöpfer der symphonischen Dichtung ›Die Moldau‹ aus dem Zyklus ›Ma vlast‹ – ›Mein Vaterland‹. Nirgendwo ist der romantische Fluß so breit wie in Prag, überspannt von elf Brücken. Klar und heiter strömt die Moldau dahin, noch treiben in ihren Fluten nicht Hunderte von Menschen, die man mit zusammengebundenen Händen lebend von den Brücken geworfen hat, nicht Tausende von Erschlagenen, Erstochenen und Verbrannten, nicht die Flöße, auf die man ganze Familien, Väter, Mütter, Töchter, Söhne festgenagelt – zu Tode gequälte Opfer einer Stadt, die Goethe nach dreijährigem Aufenthalt ›einen Edelstein in der steinernen Krone der Welt‹ genannt hatte.

Unteroffizier Schmitz ist schon ziemlich betrunken. Er geht mit unsicheren Schritten weiter, sieht, daß sich überall an den Tischen deutsche Soldaten und tschechische Zivilisten verbrüdern, genau wie er es erwartet hat, denn schließlich sind die Kameraden auch froh, wenn dieser faule braune Zauber vorbei ist, denkt Erich Schmitz in seinem Suff und vergißt dabei, daß viele Brüder Kain heißen. Er trifft Freunde, die noch eine volle Flasche Marillenschnaps haben, und trinkt weiter, und immer mehr, bis sie ihm die Flasche wegnehmen.

Das Gerücht sickert durch, daß die Nazis auf dem Hradschin bereits mit dem tschechischen Nationalrat verhandeln. Sie wollen Prag zur Lazarettstadt erklären. Neben den 25000 Verwundeten, aufgeteilt auf achtzehn Heereslazarette mit zahlreichen Hilfshospitälern, sind auf den Bahnhöfen noch Lazarettzüge stehengeblieben. Zusammen mit den ambulant Behandelten halten sich in der Goldenen Stadt nach Feststellung des Chefarztes Dr. med. Hans Wagner (wiedergegeben in der Dokumentensammlung der Bundesregierung) etwa 50000 Verwundete auf.

Auch mit den anderen Wehrmachtsverbänden kann kein Krieg mehr geführt werden. Sie sind miserabel bewaffnet, davon ganz abgesehen, daß die Soldaten keine Lust haben, kurz vor oder nach Torschluß noch draufzugehen. Schlechte Zeiten stehen wohl nur den Goldgräbern und Goldfasanen bevor, die aus dem Altreich gekommen waren und bei den Deutsch-Böhmen genauso verhaßt sind wie bei den Tschechen.

»Mach mal Platz, Freund«, sagt Unteroffizier Schmitz zu einem jungen Burschen, der ihm den Eingang zur Toilette versperrt.

Als er zurückkommt, steht der Mann wieder in der Tür und sagt etwas auf tschechisch. Schmitz glaubt, daß er Zigaretten kaufen will.

»Ich schenk dir eine«, sagt er und bietet dem Tschechen ein Päckchen an.

Der Mann schüttelt den Kopf. »Krieg aus«, sagt er und deutet auf die Pistole. »Was kosten?«

»Nu hör mal zu, Sportsfreund«, brummt der Unteroffizier. »Für was brauchst du im Frieden so'n Schießeisen?«

»Was kosten?« wiederholt der zukünftige Partisan.

»Schenk ich dir«, erwidert Schmitz gönnerhaft; er reißt die Tasche auf, holt die geladene und gesicherte 7,65 heraus, drückt sie dem Tschechen in die Hand und geht mit dem zufriedenen Gesicht des Pfadfinders, der seine gute Tat vollbracht hat, an den Tisch zurück.

›Soldaten verkauften ihre Waffen gegen Lebensmittel‹, schildert der Autor E. Franzel in seinem Buch ›Die Vertreibung, Sudetenland 1945/46‹ (Podzun-Verlag, Bad Nauheim) die Situation vor der Explosion des Pulverfasses: ›Sie zogen truppweise durch die Lokale und fraternisierten mit der tschechischen Bevölkerung, die sich auffällig freundlich gegen das deutsche Militär verhielt. Ob das bei einem Teil der Tschechen ehrlich gemeint war, wird nie festgestellt werden können, es darf aber angenommen werden. Bei den Mitgliedern der Widerstandsbewegung und den Zehntausenden, die sich ihr jetzt anschlossen, war es Berechnung. Die Deutschen wurden in Sicherheit gewiegt, und in ihrer bodenlosen Dummheit verschafften sie den Tschechen die Waffen, die für den Volksaufstand nötig waren. Die Zahl der Pistolen, die in jenen Stunden verkauft und verschenkt wurden, kann in die Zehntausende gegangen sein.‹

Der Funke fällt am 5. Mai, elf Uhr vormittags, in das Pulverfaß Prag – zwei Tage vor der Kapitulation, die Dönitz am 7. unterschreiben wird und die am 9. in Kraft treten soll. Schon am frühen Morgen schwirrt es in der Goldenen Stadt von Gerüchten:

US-Panzerspähwagen haben tatsächlich Berau erreicht und

stehen somit nur noch knapp zwanzig Kilometer vor der ›Zitadelle Europas‹. Das ist richtig. Darüber hinaus verbreiten die Partisanen bewußt die falsche Meldung, daß die Amerikaner bereits im Vorort Smichow kämpfen und ihre Flugzeuge auf Prags Flughafen Ruzyň gelandet seien.

Wieder steht die Sonne leuchtend am Himmel, als das Blutbad beginnt. Um elf Uhr fährt ein Lastwagen durch den Torbogen des Senders Prag II, dem schläfrigen SS-Posten an der Einfahrt beinahe über die Füße. Die Wachmannschaft wird teils niedergemacht, teils verschanzt sie sich im Erdgeschoß, während die Partisanen die Senderäume im ersten Stock stürmen.

Bruno Dubsky sitzt mit seinem Freund Schmitz in der elterlichen Wohnung am Radio, als die Partisanen mit schneidender Stimme ihre Mordparole verkünden: ›Smrt Němcům!«

»Was sagen die?« fragt Erich Schmitz.

»Tod den Deutschen!« übersetzt Bruno mit dumpfer Stimme.

Was es heißt, gibt der Diplomphysiker F. K. wieder, der mit fünf anderen Gefangenen von der aufgebrachten Menge zum Wenzelsplatz geschafft wurde.

›Dieser war gesteckt voll mit einer grölenden Menge, und man mußte uns erst eine Gasse freimachen‹, schildert er in einer Dokumentensammlung der Sudetendeutschen (Europa Buchhandlung, München). ›Ich hätte nie gedacht, daß ein Menschenantlitz so zur Fratze werden kann, denn wie geifernde Hunde reckten sie uns mit gefletschten Zähnen die Köpfe entgegen, als sie uns anspien und anbrüllten. Mit aller Gewalt und entsicherten Pistolen mußte unsere Bewachung diese Wesen (Menschen kann ich nicht sagen) von uns fernhalten. So kamen wir zur Einmündung der Wassergasse und sahen unsere Aufgabe: An der großen Reklametafel an dieser Ecke hingen drei nackte Leichen an den Füßen aufgehängt und mit Benzin verbrannt. Die Gesichter bis zur Unkenntlichkeit verstümmelt, die Zähne restlos herausgeschlagen, der Mund nur ein blutiges Loch. Die gekochte Haut klebte uns an den Händen, so mußten wir sie in die Stefansgasse tragen und schleifen, als wir nicht mehr tragen konnten. Ein Passant wollte unseren Zug fotografieren, wurde gesehen und halb erschlagen.

Als wir die Toten abgelegt hatten, zwang man uns, sie auf den Mund zu küssen mit den Worten: ›Das sind doch eure Brüder, jetzt küßt sie!‹ Ich höre diese Worte noch wie heute. Was half da aller Ekel, das Leben ist einem doch lieber, und so preßten wir die zusammengepreßten Lippen in die blutige Lache, die den Mund darstellte. Noch heute spüre ich die eiskalten Köpfe in meinen Händen . . . ‹

Der blutige Frühling von Prag hat begonnen. Die Greuel werden immer fürchterlichere Formen annehmen und auf das ganze Land übergreifen . . .

Die Stimme des Hasses gellt aus Hunderten von Lautsprechern über die Straßen und Plätze von Prag, dringt in jede Wohnung ein. ›Smrt Němcům!‹ fordert der von kommunistischen Partisanen im Handstreich besetzte Sender Prag II – ›Tod den Deutschen!‹ Marschmusik. ›Schlagt die deutsche Besatzung tot!‹ Fanfarengeschmetter. ›Povstání! Povstání!‹ . . . ›Aufstand! Aufstand!‹ Die Internationale im Fortissimo; nach ein paar Takten bricht sie ab, es folgt eine üble Greuelpropaganda: ›Die Deutschen erschießen in Pankrac alle tschechischen Männer, vergewaltigen die Frauen . . . Die SS nagelt in Dejwitz Kinder an die Wand . . . In einer Stunde gehen die Prager Brücken hoch. Und der Hradschin.‹ Trommelwirbel. ›Erschlagt die Deutschen, wo ihr sie trefft! Keine Rücksicht auf Kinder, Frauen und Greise! Der Deutsche ist unser Todfeind. Rottet ihn aus mit Strunk und Stiel!‹ In den aufwühlenden Rhythmus der tschechischen Nationalhymne ruft ein Sprecher aus: »Smrt všem Němcům okkupantům a kollaborantům!«

»Kannst du diesen Scheißkasten nicht leiser stellen?« fragt der Student und Unteroffizier Schmitz seinen Freund gereizt.

Als Bruno Dubsky an den Knöpfen des Radiogerätes dreht, tönt das Geschrei von der Straße zu der Beletage herauf: »Schlagt die deutschen Ratten tot! . . . Werft sie in die Moldau! . . .«

Bruno schließt das Fenster. Aber noch immer ist die plärrende Stimme zu hören: »Wir werden jeden Tschechen erschießen, der einem Deutschen Hilfe oder Unterschlupf gewährt.«

»Richtig gemütlich hier«, sagt die rheinische Frohnatur Schmitz. »Hier sitzen wir hübsch in der Falle.«

»Ganz Prag ist eine Falle«, erwidert Bruno müde. Er hält Wache in der verlassenen Wohnung seiner Eltern. Die Teppiche stehen aufgerollt in einer Ecke. Über die Couch ist eine alte Decke gebreitet. Die Clubsessel schützen Bettücher. Die antike Standuhr mit dem verschnörkelten Zifferblatt ist in Wellpappe eingewickelt, aber die Freunde wissen auch so, was die Zeit geschlagen hat.

»Deine Mutter ist gut«, sagt der Fahnenjunkerunteroffizier. »Sie schützt die Wohnung gegen den Staub . . . Aber wer schützt sie und uns gegen die Tschechen?«

»Schütz dich selbst«, erwidert Bruno, geht an den Kleiderschrank und kramt mit seinem unverletzten Arm Hose, Hemd, Pullover und Socken hervor und wirft sie seinem Studienfreund zu.

»Das ist doch Quatsch!« wehrt sich Schmitz, die Uniform auszuziehen. »Meinst du, ich will mich vor Torschluß noch als Spion aufhängen lassen?«

»Wenn sie dich in der Uniform schnappen, werden sie dich als SS-Mann erschlagen.«

»Aber ich bin doch gar nicht bei der SS.«

»Erklär's ihnen«, erwidert Bruno ironisch.

Er tritt ans Fenster, sieht auf die Straße. Trotz des Ausgehverbots rotten sich die Tschechen zusammen, reißen das Pflaster auf, errichten Barrikaden.

Schlagartig hängen aus den Fenstern Fahnen – die Železná ulice wird rot.

Die Altstadt, in der man, trotz aller Zeitwirren, in den letzten Jahren gemütlich unter dem Motto: ›Bißl Böhmisch, bißl Deutsch – bißl Suppe, bißl Fleisch‹, zusammengelebt hatte, hält noch halbwegs Ruhe. Jetzt zeigen die Tschechen plötzlich ein anderes Gesicht. Auf vielen Straßen und Plätzen Prags werden Soldaten und Krankenschwestern gejagt, umstellt und unter dem Gekreisch »Krepiere, deutsche Sau . . . « erschlagen.

Feiglinge, die sich plötzlich als Helden fühlen, dringen in die zahlreichen Lazarette ein, oft fünfzig, hundert und noch mehr. Angefeuert von entmenschten Weibern fallen sie über die Verwundeten her.

Wer durch Kopfschuß endet, hat noch Glück. Die Patienten werden im Bett erdrosselt, mit Beilhieben zerstückelt, mit dem Kopf in Waschschüsseln gesteckt, bis sie ertrinken. Sie enden mit abgeschnittenen Geschlechtsteilen, oder sie werden die Treppe hinabgeschleudert und in die nahe Moldau geworfen. Der Pöbel kann für sich in Anspruch nehmen, bei Torschluß eines unmenschlichen Kriegs den Katalog der Grausamkeiten noch um abscheuliche Neuheiten bereichert zu haben.

Eines der Mordkommandos dringt in die Adolf-Hitler-Schule und zerrt einige hundert Schüler – die meisten, Kinder zwischen zehn und fünfzehn, manche gegen den Willen ihrer Eltern hier einquartiert – aus den Klassenräumen und stellt sie an die Wand. Ob sie sich aneinanderkrallen, auf die Knie werfen und um ihr Leben betteln, oder ihren Mördern die Verachtung ins Gesicht spukken, sie werden ausnahmslos erschossen – doch wenigstens ohne lange Quälerei.

›Die Stadt verwandelte sich im Nu in einen brodelnden Hexenkessel‹, heißt es in der Dokumentation des Bundesministeriums für Vertriebene (Band IV/1): ›Viele der über das ganze Stadtgebiet verteilten deutschen Dienststellen wurden von den Aufständischen überwältigt oder ergaben sich kampflos. In wenigen Stunden war der größte Teil der Stadt, mit Ausnahme des Regierungsviertels um den Hradschin, des SD-Hauptquartiers im Petschek-Palais, am Stadtrand gelegener Kasernen und einiger Straßenzüge in Dejwitz, die vorwiegend von Deutschen bewohnt waren, in der Hand der Aufständischen, denen sich die Soldaten der Regierungstruppe und die Protektoratspolizei anschlossen, und die nun die sogenannte Revolutionsgarde (RG) bildeten . . . ‹

Die Hetze schafft ein Klima, in dem die Besonnenheit im Blut ertrinkt. Eine maßlose Propaganda – unter der Regie von Moskau – stempelt alle Deutschen zu Schweinen, Huren und Mördern.

Für den Haß sorgten die Braunen, den Appell an die Instinkte übernehmen die Roten. Sie trimmen den Mob auf Mord, schüren die Pogrom-Stimmung. Perversion wird in Patriotismus umgefälscht. Massenmord wird zur Volksbelustigung, den Sieg erringt der Sadismus.

In Prag-Weinberge, ganz in der Nähe des eroberten Senders, beobachtet Leutnant W. L., wie die hochschwangere tschechische Braut eines deutschen Soldaten aus dem Haus gezerrt und auf der Straße bestialisch ermordet wird. Er berichtet: ›Mit abgeschnittenen Brüsten und aufgeschlitztem Bauch lag sie da. Herbeigerufene Pressevertreter (auch ausländische) stellten an Hand von Ausweisen fest, daß es sich um eine Tschechin handelte und zogen die Folgerung, daß die Greueltat nur die Deutschen verübt haben konnten. So entstanden Nachrichten über Bestialitäten der Deutschen während der tschechischen Revolution.‹

Schon zeichnet sich das Einheitsschicksal der deutschen Zivilisten ab. Wo die ›Roten Garden‹ in der Überzahl sind, dringen sie in die Wohnungen ein, verhaften Frauen und Kinder und plündern, was sie tragen können. Sie zerren verstörte Zivilisten aus den Kellern, treiben sie an Sammelplätzen zusammen und halten sie ohne Verpflegung, Wasser und sanitäre Einrichtungen in Kinos, Schulen oder auf Sportplätzen gefangen.

›Meine Frau und ich entgingen nur durch Zufall dem Tod‹, berichtet der Dozent Dr. Korkisch in der Dokumentation des Bun-

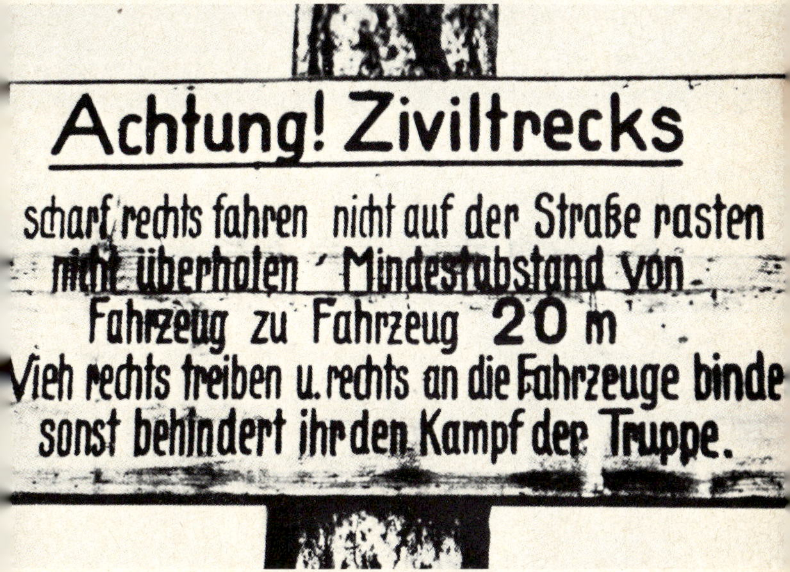

Ein Flüchtlingstreck zieht im Winter 1944/45 durch Schlesien Richtung Westen, streng nach Vorschrift auf der rechten Seite des Weges, zwischen den Fuhrwerken ein Abstand von jeweils zwanzig Metern.

Ein Flüchtlingstreck in der Nähe von Hirschberg im Riesengebirge. Da die Männer beim Volkssturm oder bei der Wehrmacht sind, werden die Trecks vorwiegend von Greisen und Frauen geführt – über die vereisten Straßen bei zwanzig Grad Kälte.

Leute aus Pommerellen (Dirschau) auf einer Landstraße bei Köslin in Pommern während ihres entbehrungsreichen Marsches in Richtung Westen. Nur die wenigsten konnten per Bahn oder Lastwagen fliehen, so haben sie ihre Habe auf einem primitiven Handwagen verstaut.

Rast auf der Flucht vor den Russen in einem schlesischen Dorf im Winter 1944/45.

Ein Flüchtlingszug auf der Fahrt durch Schlesien wird aufgehalten. Rechts ein umgestürzter Wagen.

Die Familie Berghammer aus einem kleinen Ort bei Posen (8 Personen) hier bei ihrer letzten Rast im Raum Berlin. Tage später gerät der aus zwei Pferdewagen bestehende Flüchtlingstreck in russisches Granatwerferfeuer. Keiner kommt in den Westen durch.

desvertriebenenministeriums: ›Wir hielten uns mit den anderen deutschen Bewohnern unseres Hauses im Luftschutzkeller auf, wo wir schon oft viele Stunden verbracht und uns sicher gefühlt hatten.

An diesem Tag jedoch wurde ich von einer unerklärlichen Unruhe befallen und redete allen zu, daß wir uns in unsere Wohnungen begeben sollten. Ich hatte keinen Erfolg, und man schien zu glauben, meine Nerven hätten mich verlassen. Um mein lästiges Drängen loszuwerden, halfen uns schließlich die anderen, mit unserem Luftschutzgepäck unsere Wohnung zu erreichen. Eine Viertelstunde später drangen aus dem Nachbarkeller durch den Luftschutzdurchbruch Partisanen in unseren Luftschutzkeller ein und erschossen alle anwesenden Deutschen. Zwei Männer, vier Frauen und ein vierjähriges Kind. Sinnlos. Aus keinem anderen Grund als dem, weil damals Deutsche straflos getötet werden konnten.‹

Und weiter schleudert das Radio seine Mordparolen in die Dubsky-Wohnung.

»Wenn die diesem Hetzsender nicht endlich das Maul stopfen«, sagt Schmitz »dann seh ich schwarz.«

Bruno dreht am Gerät herum, fischt eine deutschsprachige Meldung auf: Der stellvertretende ›Reichsprotektor‹ Frank ist von Großadmiral Dönitz nach Prag zurückgekehrt und hat befohlen, den tschechischen Putsch ›mit allen Mitteln‹ niederzuschlagen.

»Na also«, sagt Schmitz.

Aber Bruno fragt skeptisch: »Was für Mittel hat er denn noch?«

Plötzlich starren sich die Freunde betroffen an: Es hat geklingelt.

Werden sie bereits geholt? Unsinn, sagt sich Bruno, so zaghaft klingelt kein Partisan.

Es ist die tschechische Nachbarin mit dem deutschen Namen Hausmann, eine stille, mütterliche Frau, genauso unpolitisch wie seine Mutter.

»Ich muß dich warnen, Bruno«, sagt sie. »Der junge Sokol läuft mit einer roten Armbinde herum und stößt die schlimmsten Drohungen aus –«

»Gegen mich?«

»Gegen alle Deutschen«, erwidert die Nachbarsfrau und setzt hastig hinzu: »Wir helfen dir, wo wir können. Aber es ist besser, du verläßt das Haus und versteckst dich ein paar Tage, bis . . . «

Frau Hausmann blickt ihn bittend an.

In diesem Moment begreift Bruno, was sie eigentlich von ihm will. Letzte Weihnachten hatten die Hausmanns gemeinsam mit den Dubskys eine Weihnachtsgans verzehrt, die ihnen jetzt plötzlich schwer im Magen liegt. Und zwar mit Recht. Denn solch eine tschechisch-deutsche Freundschaft kann in diesen Tagen der Denunziation und des Blutrausches tödlich sein.

»Ich paß gut auf«, sagt Bruno und stellt fest, daß die Nachbarin, eine Nenntante, verstohlen wie eine Einsteigdiebin, die Wohnung der Dubskys verläßt.

Dann wummern Abschüsse. Die Deutschen haben zum Gegenschlag auf die Partisanen angesetzt.

Die beiden Freunde gehen in den Keller. Die tschechischen Hausbewohner machen ihnen Platz. Keiner spricht ein Wort mit ihnen, auch nicht Frau Hausmann.

»Die Kumpels pauken uns schon heraus«, sagt Schmitz, der Optimist vom Rhein, leise zu Dubsky.

»Oder sie machen das Schlamassel erst perfekt«, erwidert Bruno. »Wärst du mal mit meinen Eltern und Marina abgehauen.«

»Sei froh, daß wenigstens sie in Sicherheit sind«, antwortet der Freund.

Schweigend verfolgen sie, wie unter dem Gewicht deutscher Panzer die jahrhundertealten Häuser der Prager Altstadt zu zittern beginnen.

Der Lastwagen mit der Rotkreuzplane, auf dem Bruno Dubsky seinen Eltern und seiner Verlobten einen Fluchtplatz gesichert hat, liegt wieder einmal fest. Drei Tage lang hat sich das schwere Fahrzeug förmlich über die überfüllte Landstraße gepflügt und dabei eine Strecke hinter sich gebracht, die ein Auto normalerweise in einer Stunde schafft.

Jede Ortsdurchfahrt ist ein verstopfter Engpaß. Pferdefuhrwerke, Handkarren, Troßkolonnen der Wehrmacht, Flüchtlinge der letzten Stunde versperren sich gegenseitig den Weg. Alle suchen ihr Heil in einer heillosen Flucht: Richtung Westen, zu den Amerikanern, die einen großen Teil des Sudetenlandes bereits besetzt haben.

Vielleicht gäbe es querfeldein ein schnelleres Durchkommen, aber hier lauern die Rebellen im Hinterhalt. Sie wagen zwar meist kein offenes Gefecht mit regulären Wehrmachtseinheiten, aber Zivilisten oder einzelne versprengte Soldaten, die vom Weg abkommen, landen oft mit durchschnittener Kehle in einer Jauchegrube. Oder hängen mit herausgequollener Zunge am Scheunentor, oder sie werden in Fässern zu Tode gerollt.

Der Sender Prag II hat die Massen im ganzen Lande mit seiner Hetzpropaganda in den Blutrausch gepeitscht. Ob die Aufständischen rote Armbinden tragen oder ob sie sich durch die tschechische Trikolore als Nationalisten ausweisen – sie alle quälen ihre Opfer mit der Grausamkeit mittelalterlicher Hexenverfolger, machen Treibjagd auf alles, was deutsch spricht: Es geht nicht um Sühne, sondern um Ausrottung.

Der Feldwebel am Steuer des Rotkreuzfahrzeugs klettert aus dem Führerhaus. Er ist ebenso ein Verwundeter wie sein Beifahrer. Auf Tragbahren liegen vier Schwerverletzte, die ein vernünftiger Oberfeldarzt mit gültigen Papieren in Marsch gesetzt hat. Es ist fraglich, ob sie die Stadt Eger je erreichen, aber von vornherein stand fest, daß der LKW nie mit Medikamenten in die Goldene Stadt zurückkehren würde. Vom ärztlichen Standpunkt aus ist der Transport dieser Schwerverletzten ein Risiko, andererseits ist es wohl ihre einzige Chance zur Rettung. Und besser als sich Marina, die Medizinstudentin, um die Patienten kümmert, könnte es auch ein fertiger Arzt nicht tun.

»Mit ein bißchen Geduld schaffen wir das schon noch«, muntert der Fahrer die Zivilisten auf. »Höchstens noch zwanzig Kilometer bis zu den Amis.« Alle sprechen von den Amerikanern wie von Rettern, obwohl ihre Jabos das blutige Chaos noch schlimmer machen.

»Besser schlecht gefahren als gut gelaufen«, tröstet Marina ihre zukünftigen Schwiegereltern. Die Alten leiden natürlich unter den Strapazen am meisten. Von kleinen Unbillen abgesehen, haben sie sechs Jahrzehnte lang gelebt, ohne anderen ein Leid anzutun oder auch eines zu erdulden. Nun geraten sie plötzlich in die Umwertung aller Werte. Nur allmählich dämmert dem Studienrat Dubsky, daß es nicht mehr um seine endliche Beförderung, sondern um das nackte Leben geht.

»Langsam begreife ich«, sagt er zögernd, »warum uns Bruno von Prag weghaben wollte. Aber warum ist er zurückgeblieben?«

»Der schlägt sich schon durch«, meint Marina tröstend, obwohl sie selbst Angst um ihren Verlobten hat.

»Wie mag es bloß in der Wohnung aussehen!« wiederholt Mutter Dubsky ihre ständige Klage.

Die Orientierung fällt schwer. Die deutschen Ortsschilder sind größtenteils schon verschwunden. Dörfer und Weiler haben nur noch tschechische Namen. Entweder sind sie verlassen, oder bereits von den Rebellen besetzt.

›Die Aufrufe des Prager Senders zur bewaffneten Aktion gegen die Deutschen löst auch im Protektoratsgebiet schlagartig den Aufstand aus‹, heißt es in der Dokumentation des Vertriebenenministeriums (Band IV/1). ›Zentren der Erhebung waren die Städte Kladno, Jungbunzlau, Kolin und Königgrätz.

Wie in Prag bildeten die Protektoratspolizei und die Untergrundorganisationen, die vor allem in Kladno von linksradikalen Gruppen beherrscht wurden, die Kader der Aufständischen. Sie erhielten Zulauf von der Jugend des Landes, bewaffneten sich mit weggeworfenen oder erbeuteten Waffen, griffen die den amerikanischen Linien zustrebenden deutschen Verbände an und suchten deren Rückzugsstraßen zu blockieren. Begünstigt durch die Verwirrung unter den zurückflutenden und kampfmüden Truppen konnten die Aufständischen den Rückzug erheblich stören und überlegene Verbände zur Kapitulation zwingen. Das war vorwiegend dort der Fall, wo die deutschen Truppen aus Rücksicht auf die mitgeführten und auf den Straßen befindlichen Flüchtlingstrecks nicht an entschlossene Abwehrreaktionen denken konnten. Andererseits kam es dort, wo disziplinierte Fronteinheiten angegriffen wurden, zu blutigen Gefechten, in denen die Aufständischen den kürzeren zogen und erhebliche Verluste erlitten. Um so ärger wüteten sie dann gegen wehrlose Gefangene und Zivilisten, als die sowjetischen Panzerverbände, von Sachsen auf Prag vorstoßend, die Deutschen zur Kapitulation gezwungen hatten.‹

Der Fahrer setzt sich wieder ans Steuer. Die Kolonne ohne Kopf und ohne Ende stottert weiter. Zehn Meter nur oder zwanzig. Erst eine Stunde später ist die Ortsdurchfahrt geschafft.

Immerhin kommt der Lastwagen von jetzt an zügiger voran. Rakonitz ist schon passiert. Es ist nicht mehr weit zum Tepler Hochland, das in der Mitte des Sudetengebietes liegt. Hier ist man wieder unter Deutschen und damit den Schikanen der Tschechen nicht mehr so hilflos ausgeliefert, denken die Dubskys – und verrechnen sich.

Zweihundert Meter Straße sind frei, Richtung Lischon. Der Sanitätswagen prescht um die Kurve – da muß der Feldwebel hart auf die Bremse steigen. Die Gewehrläufe eines Partisanenkommandos sind auf den Wagen gerichtet. Die Tschechen sind motorisiert, bis an die Zähne bewaffnet und abenteuerlich kostümiert. Nur ihr Anführer trägt die blitzsaubere Uniform eines tschechischen Majors. Offensichtlich gelingt es ihm auch, seine Soldateska in Schach zu halten.

Die Partisanen zwingen den Fahrer des Sanitätswagens, in eine kleine Seitenstraße abzubiegen. In einem einsamen Dorf endet die Fahrt. Alle Gehfähigen müssen aussteigen und sich neben die anderen Flüchtlinge stellen, die schon vor ihnen geschnappt wurden. Marina zählt an die zwanzig Soldaten, der Rest sind Frauen, Kinder und alte Männer.

»Ich eröffne Ihnen, daß Sie Gefangene der tschechischen Revolution sind«, sagt der Offizier. »Liefern Sie ihre Waffen ab! Wenn Sie nicht an Naziverbrechen beteiligt waren, wird Ihnen nichts geschehen.«

»Nichts lieber als das«, sagt der Fahrer und reicht dem Major seine Pistole. Der Offizier zeigt etwas k. u. k.-Charme: Er packt sogar mit an, als man die Tragbahren mit den Verwundeten von den Autos hievt. Dabei redet er von Frieden und Selbstbestimmung.

»Wenn ich gewußt hätte, daß die Partisanen so anständig sind, wäre ich in Prag geblieben«, sagt Vater Dubsky, und der Major nickt ihm freundlich zu.

Eine Stunde später ist er verschwunden.

Schlagartig ändert sich die Behandlung.

Zuerst fallen die Partisanen über die Gefangenen her und plündern sie aus bis aufs Hemd. Unter brutalen Schlägen werden den Frauen die Eheringe von den Fingern gerissen, den Männern die Schuhe von den Füßen. Die leichter verletzten Soldaten müssen die Tragbahren ihrer verwundeten Kameraden zum Dorfweiher schleppen und in einer Linie aufstellen.

Ein junger Bursche geht mit der Maschinenpistole von einem zum anderen, betrachtet die Gesichter, genießt die Angst der Wehrlosen, schießt, lacht, schießt, mal zwischen die Augen, mal in den Bauch, mal in die Genitalien. Und die anderen werfen die Opfer johlend in den Teich, ob sie nun ausgelitten haben oder sich noch bewegen.

»Mein Gott, der lebt doch noch!« ruft der Fahrer des Sanitätswagens.

»Du doch auch noch«, erwidert einer der Partisanen und hebt die Pistole. »Rate mal, wie lange noch –«

»Schieß doch, du Drecksau!«

»Das könnte dir so passen«, entgegnet der Tscheche. »To by šlo moc rychle . . . Das ginge uns zu schnell . . . Mit dir haben wir noch was anderes vor.«

Die meisten stehen wie gelähmt. Einige versuchen zu fliehen, aber darauf haben die Rebellen nur gewartet. Sie verfolgen die Flüchtenden mit Mistgabeln, einer oder zwei entkommen, aber die anderen werden von den Tschechen niedergestochen.

Die Mörder quittieren die fürchterlichen Schreie mit Triumphgeheul. Es sind meistens Jugendliche, einige nicht älter als die Schüler des Studienrats Dubsky, Milchgesichter mit blutigen Händen.

Einer schleppt ein Hitlerbild an.

»Spuck es an!« sagt er zu Marina.

Es fällt der Studentin nicht schwer.

»Leck das ab«, wendet er sich an Frau Dubsky. Und als sie zögert: »Mach schnell, du Hure!«

»Lassen Sie meine Frau in Ruhe!« tritt der Studienrat dazwischen.

Sie reißen ihn zu Boden. Sie trampeln mit den Stiefeln auf ihm herum, bis er sich übergibt. Bis seine Schließmuskeln versagen. Sie zerren ihm die Hose herunter, weisen auf den Kot.

»Friß das auf, du Hure«, sagt ein Sechzehnjähriger zu Marina.

»Und du auch!« befiehlt ein anderer der alten Frau Dubsky. »Ihr werdet noch an der Scheiße ersticken, die ihr fressen müßt!« brüllt er.

Plötzlich fallen wieder Schüsse. Vielleicht ist einer der geflüchteten Soldaten auf eine versprengte deutsche Einheit gestoßen – jedenfalls greifen vierzig, fünfzig Soldaten im Sturmlauf an. Aber so viel Aufwand wäre nicht nötig: Die Freiheitshelden laufen blindlings auf und davon.

»Wir nehmen euch in die Mitte«, tröstet ein junger Leutnant die Verstörten. »Bis wir auf die Amerikaner stoßen.«

Frau Dubsky kniet weinend neben ihrem bewußtlosen Mann.

»Auch in Prag ist es zu einer entscheidenden Wende gekommen«, fährt der Leutnant fort. »Der Aufstand wird niedergeschlagen.«

Der alte Dubsky hört es nicht mehr, er liegt bereits im tiefen Koma.

Er wird daraus nicht mehr erwachen . . .

Der tschechische Aufstand ist ohne Maß, der deutsche Gegenschlag ohne Kraft. Der Alarmplan erweist sich von vornherein als militärische Flickschusterei, denn er überläßt den Aufständischen den größten Teil der Goldenen Stadt und beschränkt sich auf

Stützpunkte, die ohne Nachschub bleiben und ohne Verbindung zu Nachbareinheiten ganz auf sich selbst gestellt sind.

Es geht an diesem 6. Mai 1945 für die deutsche Wehrmacht nicht mehr um die Beherrschung der Stadt, sondern nur noch darum, möglichst viele Frauen und Kinder den Klauen einer tollwütigen Meute zu entreißen.

Dabei kommen viele Soldaten in den letzten Stunden des Krieges noch ums Leben.

Während man in den deutschen Kommandostellen noch nicht genau weiß, was eigentlich vor sich geht, erlebt der Ingenieur Franz Rösch bei einem Beerdigungskommando in Prag-Wokowitz die Situation als Augenzeuge:

›Ich sah dort, wie Tausende von deutschen Soldaten und Zivilisten, Männer und Frauen, auch Jungen von zehn Jahren aufwärts, auf die grausamste Weise ermordet wurden. Sie wurden von der Revolutionsgarde meistens mit Knüppeln erschlagen, zum kleineren Teil erschossen. Die meisten wurden nur angeschossen, um sie zu quälen und dann zu erschlagen. Die furchtbar zerschlagenen Körper wurden häufig mit Salzsäure eingerieben, um sie zu quälen.

Eine Frau Blume aus Berlin war beauftragt, den Tod der Leute festzustellen. Es wurden den Leuten bei lebendigem Leibe Finger mit Ringen abgerissen.‹

Es gibt Wehrmachtseinheiten, die sich still verkrümeln, und andere, die nach Ladenschluß als Helden wider Willen auftreten, wie der namenlose Hauptmann am Masaryk-Bahnhof, der einen dünnen Schutzschild um Tausende von Zivilisten legt. Auf den Gleisanlagen stehen noch elf lange Züge, die wenigstens die Alten und die Kinder aus Prag wegbringen sollten. Auf Befehl der Parteibonzen sind sie liegengeblieben, weil auch in dieser Stadt die Goldfasanen versuchten, das Schicksal der deutschen Bevölkerung mit ihrem persönlichen Los zu verknüpfen.

Soweit die deutschen Einheiten begriffen haben, was ihnen bevorsteht, schlagen sie mit barbarischer Härte zurück. Aber die meisten Verbände bestehen aus schlechtbewaffneten Landsturmmännern oder Pimpfen, die mehr ihre eigene Rettung im Kopf haben, als die Niederkämpfung der Aufständischen. Und was sie sehen, erfüllt sie mit Entsetzen.

Sie stoßen auf nackte Frauen, die barfüßig über Glasscherben schwere Steine für die Barrikaden schleppen mußten und denen man die Achillessehnen durchschnitten hat, damit sie nicht den

Schlägen mit Hundepeitschen, Nudelhölzern, Besenstielen und Schürhaken entkommen können.

Sie finden die Leichen ihrer Kameraden, die in heißen Teerkesseln zu Tode gesotten worden waren.

Sie sehen in der Moldau Hunderte von Toten treiben – viele davon mit Stacheldraht aneinandergefesselt, andere auf Flöße gebunden, von Halbwüchsigen abgeknallt.

Sie sehen in die Augen der Achtzigjährigen, die – ihren Urenkel an der Hand – immer wieder mit schwindender Kraft schreit: »Ich bin eine deutsche Hure . . . Ich bin eine deutsche Hure . . . Ich bin . . .« In ihrer Verwirrung begreift sie nicht, daß sie von den Deutschen noch einmal befreit wurde – und sei es nur für einen Tag oder zwei.

Einer der wenigen gezielten Gegenangriffe gilt dem Partisanensender Prag II in Weinbergen.

»Kommt uns zu Hilfe! Kommt sofort!« ruft der Sprecher immer wieder. Seine Stimme kippt: »Wir sind eingeschlossen.« Die zakkige Marschmusik ist verstummt; dafür tönt der Aufruf wie eine steckengebliebene Schallplatte: »Verhindert, daß die deutschen Okkupanten das Sendehaus zurückerobern!«

»Na also«, quittiert Unteroffizier Schmitz in der Wohnung seines Freundes Dubsky die Wendung. »Das klingt doch schon besser. Die haben jetzt ihre eigenen Sorgen.« Er grinst breit. »Denen steht doch das Wasser bis zum Hals.«

»Uns auch«, erwidert Bruno Dubsky. »Ich möchte bloß wissen, wo diese Schlafmützen von Amerikanern bleiben.«

Die Freunde gehen in den massiven Luftschutzkeller des malerischen Altstadthauses in der Železná ulice. Abschüsse und Einschläge liegen ganz in der Nähe. Ein paar deutsche Granaten rauschen in die Zentren des Aufstandes. Ein Zufallstreffer knallt in die Fassade des alten Rathauses. Irgendwo flammen wieder Straßenkämpfe auf, obwohl die Rebellen meistens beim Auftauchen regulärer Wehrmachtsverbände sofort stiftengehen.

Unsicherheit und Angst bringen die deutsch-tschechische Hausgemeinschaft in der Železná ulice noch einmal auf Tuchfühlung. Prag ist für die Deutschen auf die Dauer nicht zu halten, das ist klar. Aber ein letzter Machtwechsel kann für die Tschechen üble Folgen haben.

Bruno Dubsky sieht, daß ihm der alte Sokol mit den Augen winkt. Über zwanzig Jahre haben die Dubskys mit den Sokols ohne Streit hier zusammengelebt. Jetzt müssen sie – abseits von den anderen – heimlich miteinander sprechen, wie Verschwörer.

»Bruno«, raunt der sechzigjährige Bankbeamte dem Verwundeten zu, »du bleibst doch nicht hier? Du hast doch einen Platz, wo du ...«

»Sicher«, erwidert der Fahnenjunkerfeldwebel, der bereits Zivilsachen trägt. Er wäre längst untergetaucht, hinge ihm nicht sein Freund wie ein Klotz am Bein.

Brunos Tante – die Schwester seiner Mutter – hat einen Tschechen geheiratet, 1936 bereits. Ihr Mann betreibt auf der anderen Seite der Moldau eine kleine Autoreparaturwerkstätte. Hier will sich Bruno, der ein besseres Tschechisch spricht als die meisten Tschechen, aber auch den Dialekt beherrscht, zunächst einmal verkriechen. Das ist eine stillschweigend ausgemachte Sache.

»Du kannst deinen Freund in Sicherheit bringen«, sagt der alte Sokol leise, und Bruno fällt wieder einmal auf, wie die Beflissenheit des Schalterbeamten sich förmlich in das Gesicht des Mannes gegraben hat. »Die Deutschen auf dem Hradschin verhandeln mit dem tschechischen Nationalrat über den freien Abzug der Deutschen. Es scheint zu klappen ... steht unmittelbar vor dem Abschluß.«

»Aber da machen die Kommunisten sicher nicht mit«, zweifelt Bruno.

»Vielleicht doch«, versetzt der Alte. »Ich hoffe wenigstens.«

»Ich auch«, sagt Bruno. »Aber fragen Sie mal Ihren Sohn ... der läuft doch bereits mit einer roten Armbinde herum.«

»Leider«, entgegnet František Sokol verlegen. »Er ist manchmal so unbeherrscht. Aber ihr Deutschen habt uns ja auch einiges angetan.«

»Ich?« fragt Bruno.

»Du natürlich nicht«, antwortet der Beamte hastig und sieht an Bruno vorbei. »Dein Vater hat den Jungen damals sogar aus dem Petschek-Palais von der Gestapo rausgeholt«, fährt er fort. »Er wird dir das sicher nie vergessen«, setzt er mit unsicherer Stimme hinzu.

Sie schleichen sich wieder zurück zu den anderen. Es herrscht eine gespenstische Stimmung in dem muffigen Kellerraum mit dem hohen Gewölbe. Sobald sich die Tür öffnet, wird er von einer Welle oft widersprüchlichster Gerüchte überschwemmt. Keiner weiß, was los ist. Aber die Mitläufer der Partisanen, die sich gerade erst politisch umgestellt haben, beginnen, sich nun wiederum umzustellen.

›Zögernd nur setzte die deutsche Gegenaktion ein und wurde durch die Verwirrung in der obersten Führung und den Mangel an kampfkräftigen Truppen gehemmt, von denen der größte Teil bereits den amerikanischen Linien zustrebte‹, heißt es in der Dokumentation des Vertriebenenministeriums (Band IV). ›Der Wehrmachtsbevollmächtigte beim Deutschen Staatsminiter für Böhmen und Mähren, General Toussaint, alarmierte die in der Nähe Prags stehenden Truppen, vor allem die auf dem Truppenübungsplatz Beneschau und um Böhmisch-Brod stationierten Verbände der Wehrmacht und der Waffen-SS, die in aller Eile in Richtung Prag in Marsch gesetzt wurden, aber auf den von Aufständischen blockierten Straßen nur langsam vorankamen. Ihr in den folgenden Tagen von Panzern unterstützter Gegenstoß war im Anfangsstadium erfolgreich – Holleschowitz, Liben und Pankrac fielen wieder in deutsche Hand – blieb dann aber vor den in Windeseile auf allen wichtigen Straßen errichteten tschechischen Barrikaden liegen. Auch der Versuch, den Sender wieder in deutsche Hand zu bekommen, scheiterte. Dennoch brachte der deutsche Gegenangriff die Aufständischen in eine kritische Situation. Sie sandten über den Rundfunk Hilferufe an die bereits in Pilsen stehenden Amerikaner. Die in London verbliebenen tschechoslowakischen Politiker versuchten, die Amerikaner auf diplomatischem Wege zum Entsatz Prags zu bewegen. Aber selbst Churchills Bemühungen, Eisenhower für den Vorstoß nach Prag zu gewinnen, blieben ergebnislos, da die Sowjets ihre Zustimmung für den weiteren amerikanischen Vormarsch über die zugestandene Demarkationslinie hinaus verweigerten.‹

Das Kriegsende hätte General Eisenhower Prag genauso geschenkt wie zuvor Berlin, aber von den Sowjets gebremst, schlägt der anglo-amerikanische Oberbefehlshaber beide Städte aus. Wie zuvor an der Elbe hält er jetzt seine Truppen auf der ›Bier‹-Linie Pilsen-Budweis an. Erst lange Zeit später werden die Amerikaner begreifen, daß sie als ›Lenins nützliche Idioten‹ zu Tölpeln stalinistischer Langzeitpolitik gemacht wurden: Das unverteidigte Prag sollte durch einen vorwiegend kommunistischen Aufstand und einen russischen Einmarsch fallen, um das Bett für die rote Alleinherrschaft zu richten.

Daß Brunos Vater tot ist, weiß die Medizinstudentin Marina mit Sicherheit. Und die im Wagen zusammengepferchten Soldaten vermuten es. Keiner wagt es aber, seiner laut nach einem Arzt jammernden Witwe die Wahrheit zu sagen. Und so nimmt ein Toter den für die Lebenden dringend benötigten Raum ein, ohne daß ihn einer darum beneiden würde.

Vielleicht noch zehn Kilometer bis zur endgültigen Rettung, oder bloß noch acht. Gelegentlich tauchen schon Jeeps und Panzerspähwagen mit dem US-Stern auf und versuchen, ziemlich zwecklos, sich in Gegenrichtung durch den Einbahnverkehr zu wühlen.

Wieder hält die Kolonne, wieder ruft Elfriede Dubsky: »Ihr könnt ihn doch nicht einfach hier so liegen lassen! Macht doch etwas! Holt endlich einen Arzt und –«

Es gibt kein Weiterkommen, vorläufig.

Der Feldwebel, der seit Prag am Steuer sitzt, klettert aus dem Führerhaus. Nach ein paar Minuten kommt er tatsächlich mit einem Arzt in Zivil zurück.

»Macht mal Platz für den Doktor, Kumpels«, ruft er hinauf.

Sie rücken beiseite, so gut es geht.

Mit ängstlichem Gesicht verfolgt Elfriede Dubsky, wie der Arzt ihren Mann untersucht. Er nimmt seine Hand, versucht die Herztöne abzuhören, hebt ein Augenlid, richtet sich auf.

»Sie sind seine Frau?« fragt er.

»Ja . . . Wie geht es ihm?« fragt die Verstörte hastig. »Noch etwas zu . . . «

»Ihr Mann ist tot«, antwortet der Arzt, klettert von dem Lastwagen hinunter, dreht sich noch einmal um und sieht, wie Marina die Witwe stützen muß. »Mein Beileid«, ruft er hinauf und ist verschwunden.

Der Motor heult auf. Schreie. Pfiffe. Das Requiem für den Studienrat Dubsky.

Ein endloser Zug kriecht auf das deutsche Sprachgebiet zu, das wie ein Gürtel rings um den Nationalitätenstaat liegt. Von Jägerndorf im Osten bis Nikolsburg im Süden, von Marienbad und Karlsbad im Westen über Aussig und Reichenberg im Norden bis Braunau an der Grenze zu Schlesien. Der greise Präsident Hindenburg hatte es mit Hitlers Geburtsort Braunau am Inn verwechselt und den Österreicher als ›böhmischen Gefreiten‹ verspottet.

Insgesamt leben an den Rändern des Protektoratsgebietes und auf Sprachinseln fast dreieinhalb Millionen Deutsche, deren Vorfahren meistens schon seit Jahrhunderten in Böhmen-Mähren und Schlesien – österreichischer Landesteil – angesiedelt waren.

Aus einem geographischen Begriff wurde ein politischer. Man hat sich angewöhnt, die ČSSR-Deutschen Sudetendeutsche zu nennen, ob sie nun nach Mentalität und Sprache mehr zu Schlesien, Sachsen, Thüringen, Oberfranken, dem Bayerischen Wald oder nach Österreich tendieren. Sie wohnen auf einer Fläche, die der Größe Hollands entspricht, ein tüchtiger, erfolgreicher Menschenschlag, in dessen Händen sich 80 Prozent des Braunkohlenbergbaus, 75 Prozent der chemischen Industrie, 86 Prozent der Glasindustrie, 90 Prozent der Textilindustrie und 90 Prozent der Porzellanindustrie befinden, und der 90 von 100 Musikinstrumenten herstellt.

Natürlich sorgen sich die Sudetendeutschen in den Tagen des Zusammenbruchs um ihren stolzen Vorkriegsbesitz. Sie rechnen mit Schikanen der Tschechen. Aber nicht einmal die Pessimisten unter ihnen ahnen, daß sie in Millionenzahl über die Grenze getrieben und daß bei und nach Kriegsschluß an die 230000 von ihnen durch Gewalt ihr Leben verlieren werden.

Angst hat man im Osten des Sudetenlandes, wo die Russen eingefallen sind. Aber im westlichen Teil, das der amerikanische General Patton überrollt, hofft man auf ein gnädiges Schicksal.

›Die Besetzung deutscher Ortschaften durch die Amerikaner läßt sich mit den Ereignissen beim Einmarsch der Sowjettruppen nicht vergleichen‹, heißt es in der Dokumentation des Bundesvertriebenenministeriums (Band IV/I). ›Die Zivilbevölkerung erlitt zwar auch hier in der Kampfzone oder im Hinterland durch Kampfeinwirkungen, vor allem durch die ununterbrochenen Tiefflieger- und Bombenangriffe, Verluste. Bei der Besetzung kam es aber nicht zu Plünderungen, Vergewaltigungen und sonstigen Drangsalierungen. In einzelnen Orten wurden die bisherigen Bürgermeister eingesetzt. Sie waren freilich kaum mehr als Übermittler der Befehle der amerikanischen Militärbehörden, die meist sofortige Ablieferung aller Waffen, Räumung einzelner Häuser oder ganzer Straßenzeilen für die vorübergehende Unterbringung der Truppen und Ausgangssperre in den Abend- und Nachtstunden anordneten. Die Einschränkungen der persönlichen Freiheit wurden von der Bevölkerung als unvermeidlich hingenommen; man sah darin mit Recht nur vorübergehende Maßnahmen.

Auch die bald einsetzenden Verhaftungen und Internierungen der politischen Amtsträger und exponierten Verwaltungsbeamten erregten zunächst, außer bei den betroffenen Familien, keine nennenswerte Beunruhigung, da es bei Einzelfällen blieb. An den kleineren oder abseits gelegenen Gebirgsdörfern ging der Einmarsch spurlos vorüber.‹

Den Flüchtlingen, die aus der Hölle kommen, aus der Slowakei oder den schlesischen Randgebieten, oder aus Böhmen und Mähren selbst, muß die US-Besatzungszone wie ein Paradies erscheinen.

Gegen die Pforten dieses vermeintlichen Paradieses drängen sie zu Hunderttausenden – doch vergeblich.

Plötzlich werden die Kolonnen gestoppt, die Straßen gesperrt. Einigen Nachschubeinheiten der Wehrmacht gelingt es, geschlossen über die Demarkationslinie zu kommen – alle anderen werden zurückgewiesen und dadurch dem Blutrausch nachträglicher Sieger ausgeliefert.

Der Rückstau beträgt Kilometer. Viele Flüchtlinge bleiben auf Wiesen und Feldern liegen, eine Trotzreaktion, die nichts einbringen wird.

»Feierabend«, sagt der Feldwebel. »Es ist zum Kotzen. Endlich sind wir bei den Amis. Und jetzt lassen sie uns nicht hinüber.«

»Vielleicht an einer anderen Stelle?« fragt Marina vorsichtig.

»Möglich«, erwidert der Mann. »Ich versuch's heute nacht schwarz«, setzt er mit gedämpfter Stimme hinzu.

Aus. Vielleicht wäre gestern noch ein Durchlaß gewesen. Heute haben die GIs die Übergänge dicht gemacht – das begreift sogar die alte Frau Dubsky. Die gläserne Wand, hinter der sie seit Stunden lebt, ist zerschlagen.

»Du kannst doch Englisch«, sagt sie. »Sprich doch mal mit denen. Wir können doch Vater nicht einfach hier liegenlassen.«

Brunos Braut geht durch ein Heerlager der Hoffnungslosigkeit. Einige Verzweifelte hängen sich unter den Augen der Amerikaner auf, oder erschießen sich. Aber die olivgrünen Soldaten aus Alabama, Arizona oder Wisconsin können im Einzelfall mal ein Auge zudrücken, ansonsten sind sie an ihren Befehl gebunden, keinen durchzulassen.

Nach langem Umherirren stößt das beherzte Mädchen auf einen schlaksigen Leutnant, der den Kopf schüttelt, aber sie dabei wohlgefällig mustert. »Sorry«, sagt er.

»Wissen Sie, was die Tschechen mit uns machen werden? Halten Sie das für menschlich?«

Der Offizier schiebt seinen Kaugummi von rechts nach links.

»Menschlich?« sagt er. »Ist Dachau menschlich? Oder Buchenwald?«

»Kann mein Schwiegervater etwas für Dachau oder Buchenwald?« fährt ihn Marina an. »Er wurde von den Partisanen totgetrampelt.«

Es hat keinen Sinn, mit diesem Leutnant zu reden, der ganz andere Dinge gesehen hat.

»Meine Schwiegermutter steht vor dem Zusammenbruch«, ändert Marina die Taktik. »Wir wollen ihn bei Eger begraben . . . Da wohnen Verwandte von uns.«

»Well«, erwidert der Leutnant. »Der Tote kann passieren. Aber nur auf eigenen Beinen.« Er beugt sich zu Marina hinunter. »Du auch, heute nacht«, sagt er. »Aber allein.«

Die Studentin spuckt vor ihm aus und geht müde zurück.

»Keine Chance«, sagt sie zu Brunos Mutter.

»Mein Gott, was machen wir jetzt?«

»Wir werden erst einmal Vater begraben«, sagt Marina und verschweigt, daß sie auf die Rettung verzichtete, um die hilflose alte Frau nicht allein zu lassen.

Für die 200000 Deutschen in Prag sind die letzten Tage des Krieges die längsten, und für 30000, die während des Blutbades sterben müssen, auch die letzten. Weder kommt der US-General Patton in die Goldene Stadt noch die Rote Armee. Und auch der Durchhalte-General Schörner, in dem viele eine letzte Hoffnung sehen, pfeift auf die Deutschen in der Falle wie auf seine Soldaten. Er bereitet in seinem Hauptquartier Wochow, zehn Kilometer westlich von Josefstadt, seine eigene Flucht im Trachtenanzug mit dem Fieseler Storch vor.

Für Tschechen wie für Deutsche ist es nicht ratsam, den Keller zu verlassen. Die Witwe Gintar, die stillste Hausbewohnerin in der Železná ulice, versteht nichts von Krieg und Revolution. Sie hat selber Hunger, aber weil ihre Katze Milch braucht, geht sie zu dem Laden um die Ecke.

Nach zwei Stunden wird sie wiedergebracht. Die Schneidezähne sind ihr ausgeschlagen. Ihr Gesicht ist ein blutiger Brei. Die Kleider hängen in Fetzen herab und lassen zahlreiche Wunden erkennen. Die Haare der Bewußtlosen wurden zu einem Hakenkreuz geschoren.

»Wir sind gerade noch rechtzeitig gekommen, um das Schlimmste zu verhindern«, sagt der Unteroffizier der Wehrmachtsstreife. »Ich habe viel im Krieg erlebt, aber noch nie solche Schweine.«

Er schnorrt sich bei Bruno eine Zigarette, zieht den Rauch tief ein. »Kann euch nur sagen: Verpißt euch. Die haben ein junges Mädchen mit jedem Fuß an ein Pferd gebunden und die Gäule in verschiedene Richtungen auseinandergepeitscht.«

Er nickt den beiden zu, geht nach draußen. Er hört den alten Sokol tschechisch sprechen und gibt ihm einen Tritt, daß er mit Wucht gegen die Wand fliegt und wimmernd zu Boden fällt. Der Tscheche ist zwar ebensowenig schuld an dem Aufstand der Straße wie die Witwe Gintar an den Verbrechen der Protektoratsregierung, aber wer unter die Knobelbecher der Soldaten oder der Partisanen gerät, wird zertreten wie die Schar der Frauen– die Älteste unter ihnen ist fünfundsiebzig –, die nach einem Bericht der Wehrmachtshelferin A. L. auf einem Hof antreten müssen:

›Wir wurden in Arbeitsgruppen eingeteilt und dann mit erhobenen Händen bis zur Moldau-Brücke durch die Straßen gejagt. Sobald jemand die Arme sinken ließ, wurde er von den Begleitmannschaften mit dem Gewehrkolben bearbeitet.

Noch schlimmer gebärdete sich der Pöbel auf der Straße. Hier taten sich besonders ältere Frauen hervor, die mit allen möglichen Gegenständen wie Eisenstangen, Knüppeln und Hundepeitschen bewaffnet waren. Einige von uns wurden so geschlagen, daß sie zusammenbrachen und liegenblieben.

Der Rest, darunter auch ich, mußte an der Moldau-Brücke Barrikaden abbauen.

Die tschechische Polizei bildete um die Arbeitsstelle eine Kette, doch wurde diese vom Pöbel durchbrochen, und so waren wir vollkommen schutzlos den Mißhandlungen ausgesetzt. Einige sprangen in ihrer Verzweiflung in die Moldau; auf sie wurde sofort das Feuer eröffnet. Wir sollten schwere Eisenrohre tragen, die wir gar nicht imstande waren, hochzuheben. Dafür gab es wieder fürchterliche Schläge. Dann mußten wir fünf große Pflastersteine aufeinanderlegen und tragen. Von den Schlägen waren die Arme so kraftlos, daß die Steine immer wieder herunterfielen.

Ein Tscheche hatte eine große Schere, und damit schnitt er uns der Reihe nach die Haare ab. Ein anderer goß uns rote Farbe über den Kopf. Vorher waren mir schon vier Zähne ausgeschlagen worden. Fingerringe wurden uns mit Gewalt von den geschwollenen Fingern gerissen. Andere wieder hatten es auf unsere Schuhe und Kleider abgesehen, so daß wir schließlich fast nackt waren, denn selbst Unterwäsche wurde uns vom Leib gerissen. Junge Burschen und Männer traten uns mit den Füßen in den Unterleib.

Ich versuchte in meiner Verzweiflung ebenfalls ins Wasser zu springen, doch wurde ich zurückgerissen und von neuem geschlagen.‹

Kurz bevor die Wehrmacht die Goldene Stadt ein letztes Mal in den Griff bekommt, erlaubt sich die Weltgeschichte eine abenteuerliche Variante: Zwei Divisionen des Generals Wlassow, eines Überläufers, der sich freiwillig auf deutscher Seite zum Kampf gegen Stalin gemeldet hat, hauen die Partisanen heraus und putschen gegen die Soldaten, deren Uniform sie tragen.

Die Tschechen empfangen die Verräter mit wildem Beifall, mit Volkstänzen, überschütten sie mit Blumen. Sie vergessen, daß die blendend ausgerüsteten Soldaten zuerst die Rote Armee verrieten, dann die deutsche Wehrmacht. Die Amerikaner, bei denen sich die Verlorenen durch ihren Umfall von Prag einschmeicheln wollen, haben ein besseres Gedächtnis: Sie werden die ›Wlassowci‹ erbarmungslos den Schergen Stalins ausliefern. Der 36-Stunden-Auftritt von Prag bringt den ›Hiwis‹ nicht mehr als Kugel oder Strick.

Viel zu spät wird tatsächlich eine Vereinbarung zwischen den Nazis und dem tschechischen Nationalrat im Hradschin getroffen: Alle Wehrmachtsverbände haben freien Abzug. Prag wird zur Lazarettstadt erklärt. Alle Zivilisten, die zurückbleiben, werden ausdrücklich dem Schutz des Internationalen Roten Kreuzes unterstellt.

Als das im Radio bekanntgegeben wird, sagt Bruno: »Die Gruppe Dubsky macht jetzt einen geschlossenen Sprung.«

Er schiebt seinem Freund Schmitz noch Zigaretten und Geld zu und begleitet ihn nach oben. Zwar wird irgendwo geschossen – aber die Tschechen scheinen sich tatsächlich an die Vereinbarung zu halten. Ihre Gendarmen decken geradezu mustergültig ausgerechnet den Auszug der Gestapo- und SS-Dienststellen und des stellvertretenden ›Reichsprotektors‹ Karl Hermann Frank, der mit seiner Familie inmitten deutscher Panzer Zuflucht sucht und findet, aber von den Amerikanern später zu den Tschechen zurückgeschickt und gehängt wird.

»Mach's gut, Erich«, sagt Bruno und sieht erleichtert, wie sich sein Freund auf den Troßwagen schwingt; erst jetzt macht er sich auf den Weg zu seinem angeheirateten tschechischen Onkel.

Die letzten ausziehenden Wehrmachtskolonnen müssen durch ein Spalier von Speichel, Steinen und Hohngeschrei. Zwar wickelt der tschechische Major Fürst Schwarzenberg an dem taktisch wichtigen Masaryk-Bahnhof den Machtwechsel vorbildlich ab und verhindert dabei alle Ausschreitungen, aber die Ritterlichkeit einiger nationaltschechischer Offiziere wird dann von den Kommunisten hoffnungslos überspielt.

Der Auszug der Wehrmacht zieht sich über die ganze Nacht hin. Die Deutschen gehen, die Russen kommen. Barrikaden und Verstopfung fressen Zeit, und so prallt die russische Vorhut in die deutsche Nachhut.

Jetzt erst stürzten sich auch Tschechen in den ›Kampf‹, die bisher zu feige waren. Sie fallen über Nachzügler, Verwundete, Zurückbleibende her, zerren sie aus den Wohnungen und Fahrzeugen. Es beginnt der vielleicht widerwärtigste Exzeß eines widerlichen Krieges. Der Pöbel gerät in Blutrausch. Unfaßbare Grausamkeiten in jeder Straße, auf jedem Platz, in jedem Dorf, überall, wo Deutsche leben.

Als im Mittelalter der tschechische Reformator Jan Hus unter Bruch des kaiserlichen Ehrenwortes in Konstanz verbrannt wurde, legte man, um den Gestank zu symbolisieren, einen toten Hund unter den Scheiterhaufen.

Auf diesen unappetitlichen Kunstgriff kann die Prager Revolution Anno 1945 verzichten, denn über der Goldenen Stadt, über dem ganzen Land schwebt eine einzige Dunstglocke von Qualm, Blutgeruch und Verwesung.

In den Morgenstunden des 9. Mai 1945, bereits beim Abzug der letzten Wehrmachtsverbände, verwandelt sich Prag endgültig in eine riesige Mördergrube. Bei strahlendem Sonnenschein tobt der Haß wie eine Springflut über die Straßen und Plätze der Goldenen Stadt. Biedere Bürger werden zu blutrünstigen Bestien, Kinder zu abgefeimten Sadisten und Prags Mädchen und Frauen zu abstoßenden Flintenweibern.

Die Kolonne, in der Unteroffizier Schmitz mitfährt, kommt nur im Schrittempo voran. Sowie sie hält, werden die Soldaten und Zivilisten auf den Wagen mit Steinen beworfen und bespuckt.

Auf einer Kreuzung geschieht es dann. Ein Lastwagen mit Aufständischen kommt aus der Seitenstraße, stellt sich quer, schneidet damit die letzten Wagen der Kolonne ab. Während der Fahrer verzweifelt versucht, noch vorbeizukommen, fällt der Mob der Straße über die Deutschen her.

»Und ich Idiot hab' einem von euch meine Pistole geschenkt«, schreit der Unteroffizier Schmitz wütend, während er sich gegen Fausthiebe, Fußtritte und Schläge mit Eisenstangen und Besenstielen wehrt.

Ebenso wie er sind die meisten Deutschen nicht bewaffnet. Zwei vierzehnjährige Jungen flehen die Tschechen um Gnade an. Sie werden zu Tode getrampelt: Lynchjustiz. Es gibt keine Untersuchung, keine Zeugenaussage, nicht einmal ein Standgericht.

Schmitz liegt schon halb bewußtlos auf der Straße, da schreit jemand: »Gestapaci! Gestapaci!«

Die Meute läßt von ihm ab, er begreift nicht, daß der Aufschub nur wenige Minuten dauern wird und daß er zu einer besonders schaurigen Hinrichtung verurteilt wurde. Er trägt Infanterieuniform mit den Abzeichen eines Sanitätsdienstgrads; er hat kein Blutgruppenzeichen auf der Haut, er könnte sich durch sein Soldbuch als regulärer Soldat ausweisen – aber jetzt wird er mit ein paar anderen, genauso harmlosen Landsern, als ›Gestapo-Mann‹ zum Wenzelsplatz geschafft, um vor Tausenden von Zuschauern als lebende Brandfackel die Geburtsstunde des neuen Staates zu illuminieren.

Hier, am Wenzelsplatz, in der Rittergasse, im Masaryk-Stadion und im Zuchthaus Pankrac feiern erbärmlich-erbarmungslose Schauspiele gräßliche Höhepunkte. Schmitz, der noch immer hofft, auf Umwegen in ein Kriegsgefangenenlager gebracht zu werden, muß zusehen, wie aus den unterirdischen Klosettanlagen Hunderte von Geflüchteten emporgezerrt und von einer entmenschten Menge erschlagen werden.

»Laßt mich los!« schreit er seine Mörder an, als sie ihn vom Wagen zerren. »Ich hab' euch doch nichts getan!«

Einer tritt ihn mit dem Stiefel in den Unterleib. Sie fesseln seine Füße. Es geht ganz schnell, sie haben bereits Übung. Sie ziehen Schmitz an einem Lichtmast hoch. Er baumelt mit dem Kopf nach unten, schreit und zappelt, als der Pöbel Kanister anschleppt, das Benzin auf den Boden schüttet – und anzündet.

Eine Zeitlang gelingt es ihm, unter dem Johlen eines hysterischen Publikums mit dem Kopf dem Feuer auszuweichen. Die Flammen greifen auf seine Uniform über, fressen sich nach oben weiter, schmoren seinen Körper, erfassen seine Haare, versengen sein Gesicht. Und er hängt und leidet, bis ihn nur noch der Wind bewegt und nicht mehr die Todesqualen.

Inzwischen geht sein Freund Bruno Dubsky durch die Stadt seiner Jugendstreiche und Blütenträume – und kennt sie nicht wieder. Die verträumten Winkel, die stille Idylle, die historischen Fassaden, die anheimelnden Gassen, die herrlichen Brücken seiner Heimatstadt sind Schauplätze eines wahnwitzigen Massakers.

Dubsky ist in Prag aufgewachsen. Er kennt die slawische Mentalität; er weiß, wie unberechenbar Tschechen sein können, im Guten wie im Bösen.

Trotzdem hat er nur mit einem reinigenden Gewitter gerechnet, nicht mit diesen Massenexzessen.

Die Zwangsbürger des Protektorats – nicht alle, aber die meisten – hatten sich mit der deutschen Besatzungsmacht ziemlich willig arrangiert. Zwar mußten sie in Unfreiheit leben, stets bedroht von Himmlers Henkern. Aber es war ihnen weit weniger angetan worden als den Polen oder den Russen. Deren brutale Revancheakte waren deshalb auch verständlicher, im übrigen auch seltener.

Bruno Dubsky ist auf dem Weg zur Autowerkstätte seines tschechischen Onkels auf der anderen Moldau-Seite. Hier will er untertauchen, bis die Treibjagd auf die Deutschen abgeblasen wird. Unter normalen Umständen würde er sein Ziel in drei, vier Minuten erreichen, aber heute scheint die Hölle die Zeit zu messen.

Da ihn auch die Tschechen für einen Landsmann halten, wird er von den jugendlichen Rotten immer wieder aufgefordert, sich mit ihnen an dem Deutschenpogrom zu beteiligen. Er antwortet darauf immer: »Ich gehöre zu einer revolutionären Spezialbrigade. Habe leider keine Zeit.« Das leuchtet ein, und man läßt ihn weitergehen.

Die Horden dringen in die Wohnungen der Deutschen ein, stehlen Wertsachen oder werfen das Mobiliar zum Fenster hinaus, reißen die Mütter von den Kindern, die Männer von den Frauen.

Das Wiedersehen mit ihrem 66jährigen Mann, den man verhaftet und auf der Polizeidirektion ermordet hatte, schildert Marianne Klaus:

›Sein Gesicht hatte faustgroße Beulen, Nase und Mund waren eine blutige Masse, seine Hände waren dick aufgeschwollen.

Ich habe ferner gesehen, wie man zwei SS-Leute mit Peitschen ins Gesicht schlug, bis sie blutüberströmt zusammenbrachen. Dann wurden sie an den Füßen über eine Treppe heruntergeschleift.

Ich sah, wie eine Wehrmachtshelferin gesteinigt wurde, bis Sie zusammenbrach, dann wurde sie am Rollbalken eines Geschäftes aufgehängt.

Ich sah am Revolutionstag einen SS-Mann an einem Fuß an einen Kandelaber gehängt und vom Kopf hinauf brennen.‹

Tschechen ziehen in die Wohnungen der Deutschen ein, während die rechtmäßigen Wohnungsinhaber mit Schlägen durch die Straßen getrieben werden. Der Pöbel unterscheidet nicht zwischen Schuldigen und Unschuldigen, Frauen und Männern, Kindern und Greisen.

In der Scharnhorstschule reißt man Luftwaffenhelferinnen die Uniformen vom Leib und wirft sie nackt in die Löschteiche. Sie müssen um ihr Leben schwimmen. Wenn sie versuchen, sich an den Rändern hochzuziehen, treten ihnen Folterknechte mit Stiefeln auf die Finger, drücken Zigaretten auf ihren Handrücken aus, werfen die Mädchen in das trübe Wasser zurück: Die beste Schwimmerin stirbst am längsten.

Vor den Gewehrläufen der Erschießungskommandos müssen sich Kriegsgefangene gegenseitig auspeitschen, bis die Haut in Fetzen fliegt. Vierzehnjährige Pimpfe müssen im Masaryk-Stadion unter Androhung der Erschießung 70-, 80jährige Frauen öffentlich vergewaltigen, während sich die Revolutionshelden junge Mädchen greifen und sie vor aller Augen schänden. Sterbende werden in die Latrinen geworfen; über ihnen müssen Lebende ihre Notdurft verrichten.

Der Student Bruno Dubsky erlebt seine Heimatstadt in ihrer tiefsten Erniedrigung. Er schämt sich für sie, und er begreift, daß er weder Bierbrauer in Pilsen, noch Autoingenieur bei Skoda werden wird, daß er seine Heimat verloren hat.

Gewiß, es gibt auch Töne des Mitleids und des Entsetzens. Zehntausende von Pragern schließen sich voller Abscheu in ihren Wohnungen ein. Andere flüchten voller Ekel über die Untaten ihrer eigenen Landsleute in die Kirchen, und die Orgelmusik, die oft feierlich aus den überfüllten Gotteshäusern schallt, überlagert kurzfristig die Todesschreie der Gejagten.

›Nicht überall konnte die von radikalen Elementen gesteigerte Psychose der Rache die Lebensgemeinschaft von Deutschen und Tschechen im persönlichen Verhältnis von Mensch zu Mensch stören‹, stellt die Dokumentation der Bundesregierung (Band IV/1) fest. Viele Berichte lassen erkennen, daß sich Tschechen schützend vor ihre deutschen Bekannten stellten, nach Ausbruch des Aufstandes in ihren eigenen Wohnungen aufnahmen oder in sichere Verstecke brachten. Sie setzten dabei ihr Leben aufs Spiel; denn eine Aufdeckung ihres Verhaltens hätte sie unweigerlich zu Kollaborateuren gestempelt. Die während des Aufstands und in den Tagen danach kurzerhand vorgenommenen Massenexekutionen ohne Gerichtsverfahren an den der Kollaboration beschuldigten Tschechen beweisen, wie sehr sich jene, die den Deutschen beistanden, in Gefahr begaben. Auch später setzten sich einzelne nationalbewußte und für die revolutionären Behörden verdächtige Tschechen für internierte deutsche Bekannte ein.

Als Bruno Dubsky die Smetana-Brücke erreicht, tritt ihm ein grüner Junge mit einer roten Armbinde, ein selbsternannter Partisanenführer, in den Weg: »Wie viele deutsche Schweine hast du heute schon geschlachtet?« fragt er ihn.

»Fünf«, antwortet Bruno Dubsky.

»Zu wenig«, versetzt der etwa Sechzehnjährige. »Wie hast du sie massakriert?«

»Ich hab' sie erschossen.«

»Hau bloß ab, du Feigling!« gibt ihm der Pubertätsgeneral den Weg über die Brücke frei.

Das Blutbad ist nicht spontan. Die Mörder sind nur Statisten in einem Schauspiel, dessen Text aus dem Kreml stammt.

Im ersten Akt ist das Deutschtum auszurotten, im zweiten wird die tschechische Intelligenz zerschlagen. Das Finale ist die kommunistische Machtergreifung.

Von dieser hintergründigen Regie wissen selbst die schlimmsten Bluthunde nichts, deren Instinkte sich tagelang austoben.

Bruno erlebt nur Teilausschnitte eines beispiellosen Passionstages. Der Augenzeuge Martin Teschauer, ein Bergbaumanager aus Eger, der auf seiner letzten Dienstreise in Prag überrascht wurde, sagt aus:

› . . . sah ich auf den Straßen viele zerschlagene, zertretene Deutsche liegen. Die sonst immer so höflichen Tschechen wüteten vier Tage und vier Nächte durch die Stadt und ermordeten in dieser Zeit über 30000 Deutsche in unmenschlicher Weise. Darunter waren ungezählte Frauen und Kinder . . .

Am Morgen des 9. Mai 1945 wurde ich mit noch elf anderen Deutschen für ein Sonderkommando bestimmt . . . Vor dem Abmarsch wurde uns auf den Rücken mit Farbe ein weißes Hakenkreuz gemalt. Bei dieser Gelegenheit beobachtete ich, daß der Kommandant der Schule etwa ein Dutzend tschechischer Mädchen im Alter von achtzehn bis zwanzig Jahren herbeirief. Vor ihren Augen ließ dieser tschechische Kommandant die in der Schule untergebrachten alten Männer auf gemeinste Weise verprügeln. Die Mädchen jubelten und klatschten vor Begeisterung in die Hände . . .

Beim Transport vom Masaryk-Bahnhof sah ich an Leitungsmasten die verkohlten Überreste deutscher Soldaten hängen, die tags zuvor an dieser Stelle lebendig verbrannt wurden, wie uns die tschechischen Begleitmannschaften zynisch erklärten.

Ich konnte infolge der großen Schmerzen mich nur noch mit großer Willensanstrengung aufrecht halten und bat um ärztliche Hilfe. Die Tschechen lachten nur und zwangen mich, die ganze Nacht hindurch (vom 9. zum 10. Mai) Lastwagen mit lebender Fracht zu entladen und diese in Holzbaracken zu tragen.

Es handelte sich hier um die Insassen deutscher Krankenhäuser und Altersheime. Die Menschen waren aus den Betten gerissen worden und wurden hier buchstäblich wie die Heringe übereinander geschlichtet. Die, welche unterwegs schon gestorben waren, wurden bei der Entladung ausgesondert und irgendwo verscharrt.

Aus einem LKW entlud ich sieben Tote. Als der wachhabende tschechische Soldat eine noch lebende alte Frau zu den Toten werfen wollte, weigerte ich mich, dies zu tun. Da schoß der Tscheche der Frau eine Kugel durch den Kopf und sagte zu mir: ›So, du deutsches Schwein, jetzt kannst du dein zartes Gewissen beruhigen und sie doch zu den Toten werfen‹.‹

Es wäre klüger für Bruno Dubsky, seinen tschechischen Onkel erst im Schutz der Dunkelheit aufzusuchen, aber die wenigsten kennen ihn hier, denn er hat sich in der abgelegenen Gasse nicht oft sehen lassen, da seine Tante wegen ihrer Ehe mit einem Tschechen ohnedies genug Nazischikanen ausgesetzt gewesen war.

Er geht langsam, sieht sich sichernd um. Die roten Rowdys sind unterwegs, und die Tschechen, die menschlich bleiben, haben sich in ihre Wohnungen zurückgezogen wie in Schneckenhäuser.

Er geht über den Vorhof, vorbei an einem Tatra, der einen neuen Kühlergrill erhalten soll. Die Werkstatt ist still und leer, auch die Wohnung im ersten Stock.

Dann stößt Bruno auf den alten Černý, der schon seit zwanzig Jahren hier arbeitet.

»Wo ist mein Onkel?« fragt er.

Der Alte sieht ihn an. In seinen Augen steht noch das Grauen. »Sie haben ihn erschlagen und in die Moldau geworfen«, sagt er.

»Und meine Tante?«

». . . wurde verhaftet.«

»Dann sucht mich hier wenigstens keiner mehr«, versetzt der Student kalt, um sich nicht anmerken zu lassen, wie sehr ihm die

Tragödie an die Nieren geht. Er setzt sich, raucht eine Zigarette, grübelt, versucht die Bilder des Grauens zu verdrängen.

Er hört Schritte und fährt hoch.

In der Tür steht, mit umgehängter Maschinenpistole, der junge Zdeněk Sokol: »Hab' ich mir gedacht, daß du hier bist«, sagt er und winkt mit dem Arm mit der roten Binde: »Komm!«

Während Bruno aufsteht, hadert er mit seinem Vater, der Zdeněk damals aus dem Petschek-Palais von der Gestapo losgeeist hat.

Es ist die armseligste Beerdigung, die Marina je erlebt hat, aber doch ein Begräbnis mit Pfarrer, wenn auch ohne Sarg. Sie hat einen Handwagen organisiert, den toten Studienrat in eine Decke gehüllt und auf den Karren gebettet. Zusammen mit Frau Dubsky zog sie den Wagen von Ort zu Ort, auf der Suche nach einem Pfarrer. Sie wußten, daß sie nicht weit kommen und wenig Mitleid begegnen würden, denn mit einem Toten ist in diesen Tagen nicht viel Trauer zu machen.

Im ersten Dorf gab es keinen Pfarrer mehr, im zweiten empfing sie ein tschechischer Priester mit umgehängter Maschinenpistole und schrie: »Ich hab' schon ein Dutzend von euch deutschen Schweinen umgelegt. Verschwindet, sonst knallt's!«

Er ist nicht der einzige Geistliche, der in den Tagen des wiedererstandenen Hussitensturms Gott aufs Herz tritt.

Weiter. Sie begegnen den ersten Sowjetsoldaten. Sie merken gar nicht, daß die Rote Armee bereits das Land besetzt hält, zunächst noch mit dünnen Verbänden. Obwohl es auch hier zu den üblichen Einmarschgreueln kommt, bleiben Stalins Soldaten – wie auch schon in Sachsen und Brandenburg – weit hinter ihrem Ruf zurück.

Endlich stöbert Marina einen deutschsprachigen Pfarrer auf und überredet ihn, den Keller zu verlassen, in dem er sich vor Angst eingeschlossen hat. Ein Totengräber hebt gegen ein paar Konserven ein flaches Grab aus. Der Pfarrer spricht ein Vaterunser: Der Studienrat, der so gern Professor werden wollte, ist bestattet. Später will ihn Elfriede Dubsky in eine Familiengruft überführen. Daß sie Prag nie wiedersehen wird, kann sich die Witwe so wenig vorstellen, wie die Schändung des Friedhofs, dessen Grabsteine deutsche Namen tragen.

Sie werden umgestürzt, fallen auf das Gesicht mit der verblichenen Goldschrift ›Hier ruht in Frieden . . . ‹, und auf den deutschen Gottesäckern werden nicht selten die Kinder der Tschechen Fußball spielen.

Gleich nach der Beerdigung werden die Frauen von Tschechen aufgegriffen und ins Spritzenhaus eingesperrt. Sie müssen eine weiße Armbinde anlegen – das Zeichen, daß sie Deutsche sind und damit vogelfrei. Aber sie werden nachts wenigstens nicht – wie andernorts – von den Tschechen herausgeholt und betrunkenen Russen übergeben.

Sie erfahren, daß man ganze Dorfgemeinschaften wie Vieh in endlosen Fußmärschen auf die deutsche Grenze zutreibt. Vielleicht gäbe es eine Möglichkeit, sich ihnen anzuschließen, aber Elfriede Dubsky will in der Nähe des Grabes bleiben.

Dann werden die beiden Frauen auf dem Dorfplatz wie auf einem Sklavenmarkt als Arbeitskräfte versteigert. Ein Lastauto verfrachtet sie nach Norden, in Richtung Aussig, während nur fünf Kilometer weiter westlich das Schicksal der deutschen Bevölkerung, trotz der langsamen Machtergreifung durch die Tschechen, sich menschlicher gestaltet:

›Die Lebensverhältnisse in den rein deutschen Städten und Dörfern unterschieden sich während der ersten Tage und Wochen nach der Besetzung durch die Amerikaner kaum von denen im übrigen alliierten Besatzungsgebiet Deutschland‹, schildert die Dokumentation des Bundesvertriebenenministeriums (Band IV/1) die Zustände im besetzten Sudetenland. ›In den Orten allerdings, wo eine tschechische Minderheit oder gar eine Mehrheit vorhanden war und die Verwaltung sofort in tschechische Hände überging, setzte bald die Drangsalierung und Entrechtung der Deutschen durch Einheimische und mehr noch durch die aus Innerböhmen und Mähren zuströmenden Tschechen ein.

Die Verhältnisse im amerikanisch besetzten Gebiet der ČSSR unterschieden sich aber doch bis zum Abzug der Besatzungstruppen merklich von denen im übrigen Gebiet der Republik. Die Anwesenheit amerikanischer Truppen übte offenbar einen moralischen Druck auf diejenigen Tschechen aus, die im Taumel der wiedererrungenen Freiheit und staatlichen Souveränität die gesamte sudetendeutsche Bevölkerung für die erlittene Unbill seit 1938/39 bestrafen wollten. Gelegentlich griffen die Amerikaner bei Verschleppungen von Frauen und Kindern zur Zwangsarbeit nach Innerböhmen oder bei anderen ungerechtfertigten Maßnahmen gegen politisch nicht exponierte deutsche Familien ein und verhinderten Gewaltakte von tschechischer Seite.

Mit der Stabilisierung der tschechischen Verwaltung in den deutschen Ortschaften im Laufe des Sommers und dem gleichzeitig einsetzenden Abzug der amerikanischen Besatzungstruppen gewannen die administrativen deutschfeindlichen Maßnahmen der immer selbstbewußter auftretenden Tschechen an Wirksamkeit. Immerhin unterblieben im amerikanisch besetzten Westsudetenland jene ›wilden‹ Austreibungsaktionen, die in der sowjetisch besetzten Zone bereits Ende Mai einsetzten und ungeachtet der Potsdamer Beschlüsse den ganzen Sommer hindurch anhielten.

Während im sowjetisch besetzten Gebiet die Reichsdeutschen der Willkür der Tschechen überlassen und unter Zurücklassung ihrer letzten noch geretteten Habe bald nach der deutschen Kapitulation durchweg zu Fuß das tschechoslowakische Gebiet verlassen mußten . . .

Nach Bekanntwerden der Potsdamer Beschlüsse, als die Aussiedlung der Sudetendeutschen zur Gewißheit geworden war, konnten einzelne Sudetendeutsche sogar Hausrat und Möbel mit Hilfe der Amerikaner auf Heeresfahrzeugen nach Bayern bringen und das Land also unter weit besseren Voraussetzungen verlassen, als später im Rahmen der Zwangsaussiedlung.

Seit dem Abzug der letzten amerikanischen Truppen Anfang Dezember 1945 unterschied sich das Schicksal der in diesem Gebiet lebenden Deutschen kaum noch von dem derer im übrigen Staatsgebiet. Zu jenem Zeitpunkt aber war die Welle der schlimmsten Exzesse bereits abgeklungen.‹

Bruno Dubsky wundert sich, daß Zdeněk Sokol nicht auch den alten Černý als ›Kollaborateur‹ verhaftet. Erst als ihm der Junge grinsend eine rote Armbinde überreicht und sagt: »Leg das an!«, erfaßt er die Lage: Er soll nicht getötet, sondern er soll gerettet werden.

So nebenbei erhält er die Gratislektion, daß nicht alle Mörder sind, die das Emblem der ›Roten Garde‹ tragen.

Der junge Sokol hat ein Motorrad organisiert; Bruno schwingt sich auf den Sozius: »Wohin bringst du mich?« fragt er.

»Dahin, wo du in Sicherheit bist«, versetzt Zdeněk. »Hier trau ich dem Frieden nicht.«

Sie starten, rollen quer durch eine Stadt, in der die ersten Sowjetsoldaten auftauchen. Der Mob läßt einen Moment von den Wehrlosen ab, um die Russen zu umarmen.

Immer wieder muß der junge Sokol vor den Barrikaden anhalten, die Dutzende von halbnackten Frauen beiseite räumen, damit die Rote Armee schneller in die Goldene Stadt einrücken kann.

›Am 9. Mai wurde ich in meiner Wohnung vom Hausmeister verprügelt‹, schildert die Zeugin Helene Bugner. ›Hierauf ohne jedes Gepäck zur Beseitigung von Barrikaden in den Straßen Prags abgeführt. Meine Arbeitsgruppe bestand aus zwanzig Frauen, darunter auch sechzig- bis siebzigjährige, die von einem Professor Zelenka geführt wurden.

Als wir aus dem Haus traten, lieferte uns Professor Zelenka mit den Worten: ›Hier bring ich euch die deutschen Säue‹ dem Pöbel zu Mißhandlungen aus.

Mit den Worten: ›Du deutsche Hure‹ mußten wir niederknien, dann wurden uns mit Bajonetten die Haare abgeschnitten. Schuhe und Strümpfe wurden uns ausgezogen, so daß wir barfuß gehen mußten. Bei jedem Schritt und jeder Bewegung wurden wir mit Latten, Gummiknüppeln usw. unmenschlich geschlagen. Wenn eine Frau zu Boden sank, wurde sie mit Füßen getreten, im Kot gewälzt, oder mit Steinen beworfen, bis sie starb.

Ich selbst wurde mehrmals ohnmächtig und wurde dann mit Wasser übergossen und mußte weiterarbeiten. Als ich wirklich nicht mehr konnte, erhielt ich einen Fußtritt in die linke Seite, durch den mir zwei Rippen gebrochen wurden.

Während einer meiner Ohnmachten wurde mir aus der Fußsohle ein Stück Fleisch, ungefähr vier Quadratzentimeter groß, herausgeschnitten.

Diese Mißhandlungen dauerten den ganzen Nachmittag. In meiner Gruppe waren auch hochschwangere Frauen und stillende Mütter, die ebenso mißhandelt wurden. Bei einer dieser Frauen trat im Verlauf von drei bis vier Tagen ein Abortus ein.

Am Abend kehrten wir nach Hause zurück. Meine Kinder erkannten mich nicht, so war ich durch die erlittenen Mißhandlungen entstellt.‹

Zu dieser Zeit haben Bruno Dubsky und der junge Sokol ein winziges Häuschen in einer Schrebergartenanlage in der Nähe des Flugplatzes Ruzyň erreicht.

Zdeněk öffnet die Tür: »Klein, aber fein«, sagt er. »Mach dich möglichst unsichtbar. Und sprich kein deutsches Wort.«

»Wem gehört das?« fragt Bruno.

»Einem Freund. Er ist zuverlässig. Konserven sind genug da. Ich laß dich schon nicht verkommen.«

»Du bist ein feiner Kerl, Zdeněk«, erwidert Bruno.

»Quatsch«, versetzt der Tscheche. »Grüß deinen Vater von mir und sag ihm: Wir sind jetzt quitt.«

Er verabschiedet sich – und auch das gibt es an diesem Tag des Infernos: einen deutsch-tschechischen Händedruck.

Vier Tage dauert der Blutrausch von Prag. Vier Tage und vier Nächte werden die Deutschen gejagt und erschlagen, zerfleischt, ertränkt und lebendig eingemauert, werden sie zur Volksbelustigung im Masaryk-Stadion als lebende Zielscheiben abgeknallt.

Dann wird das laute, öffentliche, sichtbare Abschlachten auf den Straßen allmählich von dem stummen, schleichenden, allgegenwärtigen Sterben in den Zellen und Lagern abgelöst.

Das Gartenhäuschen in der Nähe des Flugplatzes Ruzyň, in das der junge Sokol seinen Mitbewohner Bruno Dubsky geschafft hat, erweist sich als ein sicheres Versteck. Allerdings nur solange er der ständigen Versuchung widersteht, in dem wildwuchernden Grün des Gartens die strahlende Maisonne zu genießen.

Einem blutigen Treiben folgt ein strahlender Frühling. Ein wolkenloser, seidig-blauer Himmel wölbt sich über der Stadt, in der nun das jahrhundertealte Zusammenleben zweier Völker beendet ist.

Wie im ganzen Land. Zuerst gehen die deutschen Sprachinseln in Böhmen und Mähren unter. Alle Deutschen werden verhaftet, in provisorische Gefängnisse eingesperrt, auf Arbeitsmärkten versteigert oder bestenfalls mit etwas Handgepäck auf die Straße gesetzt und wandernden Revolutionsbanden in die Arme getrieben, für die das blutige Geschäft weitergeht.

Dem Hexenwahn auf den Brücken und Plätzen folgt der kurze Prozeß der Standgerichte. Wie dort ›Recht‹ gesprochen wird, beschreibt Dr. Leopold Pfitzner im ›Landskroner Heimatbrief‹:

›Ein vom Schreien heiser gewordener Partisan veranstaltete mit uns Sprechchöre, indem er uns zu ›Heil Hitler!‹ kommandierte, anschließend sogleich auf Tschechisch: ›Es lebe Präsident Benesch, es lebe Generalissimus Stalin!‹

Zivilisten gingen die Reihen ab und suchten sich entweder besondere Opfer aus, die sogleich vor den unter freiem Himmel aufgestellten ›Richtertisch‹ geschleppt wurden, um sofort gehängt oder erschossen zu werden . . . Jeder angehaltene Deutsche mußte vor dem ›Richtertisch‹, bis die Reihe an ihn kam, die letzten Schritte auf den Knien rutschen.

Jeweils der erste rechte Mann in der Reihe trug mit erhobenen

Händen ein Hitlerbild, das die Partisanen mit aufgezogenem Schleim bespuckten. Der Nebenmann mußte diesen Auswurf jedesmal aufschlecken und hinunterschlucken.

An dem ›Partisanenrichtertisch‹ saßen der Vorsitzende namens Hrabaček, vier weitere Zivilisten, ein Gendarm, ferner stand dabei ein Partisanenweib, welches einige Deutsche, darunter auch mich, mit einem Gummiknüppel im Gesicht viermal abstempelte, bis ein Tscheche aus dem ersten Stock des Landratsamtes ihr dies verbot . . .

Dieses Blutgericht ›verurteilt‹ die herangeschleppten Deutschen entweder zu Prügelstrafen zwischen zehn und hundert Schlägen oder zum Tod durch Erschießen oder Erhängen.

Die zu Prügeln Verurteilten wurden an jenen zwei Tagen in die Toreinfahrt des Gemeindehauses geschleppt, dort auf ein vorbereitetes breites Brett geworfen und, ohne daß einer der Henker zählte, mit Gummiknüppeln, Ochsenziemern, Gewehrkolben und Stöcken über den ganzen Körper, auch über den Kopf und Hals geschlagen und mit Füßen getreten. Vor mir erhielt Brauereidirektor Gustav Zimmermann zehn Schläge zudiktiert. Die gellenden Schmerzensschreie der Geprügelten waren den ganzen Tag über in grauenerregender Stärke zu hören. Damit vermengten sich ununterbrochen die Gewehr- und Maschinenpistolensalven.

Ein Kandelaber vor dem Gasthaus Schmeiser diente als Galgen. Ich sah, wie der Installateur Josef Jurenke gehängt wurde. Er eilte selbst auf den Galgen zu, legte sich die Schlinge um den Hals, ein Partisan stieß den Hocker weg. Der Gehängte blieb, solange ich auf dem Ringplatz war, am Galgen . . .

Links vor dem Aufgang zum Rathaus (Amtsgericht) befand sich ein Luftschutzwasserbassin, in das mehrere Deutsche hineingeworfen wurden, worauf die Partisanen auf sie schossen. Die am Leben gebliebenen Deutschen wurden herausgezogen, über das Geländer geworfen, aus Feuerwehrschläuchen angestrahlt, so daß sie umfielen, dann wurden die meisten von ihnen an die Mauer gestellt und von Partisanen durch Feuerstöße aus Maschinenpistolen niedergestreckt. Die Ermordeten lagen dort auf einem Haufen, wurden gegen Abend auf einen Plateauwagen des Fuhrwerkers Stransky geworfen, auf den Friedhof gefahren und, wie ich später hörte, dort in einem Massengrab begraben. Fast nach jedem Mord trat ein Partisan an den Toten heran und gab ihm aus der Pistole einen Fangschuß mit der zynischen tschechischen Bemerkung: ›Ted' má dost! Jetzt hat er genug.‹«

Durch das Radio ist Bruno mit der Umwelt verbunden. Er hört die pausenlosen Aufrufe des tschechischen Rundfunks an alle Deutschen, sich unverzüglich bei den Registrierstellen zu melden. Die meisten werden gleich dabehalten und unterschiedslos in die Gefängnisse gesteckt. Da der Tod in den Lagern erst Platz schaffen muß, entläßt man einzelne oft wieder, aber sie kommen nicht mehr in ihre Wohnungen, die inzwischen von tschechischen Familien besetzt wurden.

Wenn sie um eine Zahnbürste oder einen Waschlappen bitten, werden sie nicht selten verprügelt. In den Gefängnissen sind in Sechs-Mann-Zellen oft hundert Insassen zusammengepfercht, bedroht vom Erstickungstod, halb wahnsinnig vor Hunger, denn meistens gibt es erst ab dem dritten Tag eine Wassersuppe und ein Stückchen Brot. Häufig wird die Essensausgabe auch mit Prügelstrafe verbunden.

Der Prager Sender, der durch seine Hetze entscheidend zu dem Massenmord beigetragen hat, schaltet jetzt um. Fast jeder sechste Deutsche ist in Prag getötet worden, aber die Bilder des Schrekkens, die sich seit dem 9. Mai Bruno Dubsky und Tausenden anderer Zeugen eingebrannt haben, werden in einem großangelegten Propagandafeldzug ausnahmslos als deutsche Verbrechen geschildert:

Mord braucht Reklame.

Auch mit den tschechischen Exzessen, die jetzt noch geschehen, wird das deutsche Schuldkonto belastet. Sechzehn Jahre alt ist der Augenzeuge Hans-Georg L., als er dem Tod noch einmal von der Schippe springt:

›Wir marschierten über den Wenzelsplatz, und ganz oben bei dem Museum sahen wir, wie deutsche Soldaten lebend verkehrt aufgehängt, oder mit Benzin überschüttet und angezündet wurden, oder man hat sie lebend auf Fleischer-S-Haken am Kinn aufgespießt und aufgezogen . . . Damals arbeiteten ungefähr zwanzig andere Kameraden noch mit mir. Die ersten wurden gezwungen, auf die Brückenbarriere zu steigen und hinabzuspringen. Von beiden Seiten schossen dann die Posten ins Wasser. Ich stand auf der steinernen Bariere und wollte springen, da hält mich jemand am Ärmel fest und zieht mich herab. Ich drehe mich um und sehe einen russischen Offizier, der sich erkundigt, warum hier so ein Theater gemacht würde, usw. Er stellte die Posten zur Rede und führte uns übriggebliebenen vier zurück ins Lager . . . ‹

Daß die Russen von der Grausamkeit ihrer slawischen Brüder so abgestoßen werden, daß sie für gequälte Deutsche eintreten, entwickelt sich von der Ausnahme fast zur Regel:

›Die Tschechen trieben es so unmenschlich und barbarisch, daß wir oft die Russen zum Schutz gegen diese Horden bitten mußten‹, berichtet Anton Schuppler. ›Ich muß sagen, daß uns die russischen Soldaten ihre Hilfe nicht versagten. In einem Fall war auf dem Marktplatz von Mährisch-Trübau eine große Zahl deutscher Männer zusammengetrieben und an die Wand gestellt worden. In letzter Minute konnten noch russische Offiziere verständigt werden, die durch ihr sofortiges Eingreifen ein Blutbad verhinderten.‹

Auf dem Marktplatz von Landskron trieben tschechische Partisanen 1500 deutsche Männer, aber auch Kinder und Frauen zusammen:

›Mit Stöcken und Gewehrkolben, mit großen Knüppeln und sogar mit Säbeln hieben die Tschechen dann erbarmungslos auf uns ein‹, berichtet Fritz Mrusek in einer vom Bundesarchiv in Koblenz registrierten eidesstattlichen Aussage. ›Viele Deutsche wurden in den auf dem Stadtplatz vorhandenen Wasserbehälter geworfen und so lange unter Wasser gehalten, bis sie tot waren. Viele wurden auch bis zur Unkenntlichkeit geschlagen und zu Tode geprügelt. Dabei spielten sich Szenen ab, die den Charakter der Schinder deutlich kennzeichnen . . .

Erst gegen 17 Uhr wurde dieser grausame Spuk von einem russischen Offizier verboten, ebenso wurde das Hochhalten der Hände, das bis gegen 15 Uhr andauerte, von dem Russen untersagt.‹

›Am Reichenberger Tuchplatz wurden – um nur ein Beispiel zu nennen – viele vorübergehende Deutsche gezwungen, Schuhe und Strümpfe auszuziehen, diese auf einen Haufen zu werfen und sich dann an den Hauswänden aufzustellen. Zwei Männer wurden erschossen. Sie wurden wahllos von den Tschechen herausgegriffen. Es war Mord aus Willkür.

Andere verdanken ihr Leben dem Eingreifen eines zufällig vorbeikommenden russischen Obersten, der befahl, daß die Tschechen von weiteren Morden abließen‹, berichtet Emil Breuer auch Reichenberg.

›Wir wurden vor einem mit Wasser gefüllten Panzergraben hinter der Rudolfskaserne aufgestellt‹, berichtet Alois Waschek aus Troppau: ›Etwa zwanzig bis fünfundzwanzig Meter vor uns wurde ein Maschinengewehr aufgebaut, das – wie man uns sagte – ein Berliner Partisan zu bedienen hatte. Dieser machte seine Waffe bereits schußbereit, als ein russischer Hauptmann hinzukam, der nach eingeholter Information beim Exekutionskommando und bei der Lagerleitung dem Treiben ein Ende setzte und die Erschießung verbot. Die Tschechen waren mit diesem Entscheid nicht zufrieden, wagten es aber nicht, dem russischen Verbot zu trotzen.‹

Gewiß: Die Tschechen, die sich nicht an den Ausschreitungen gegen die Deutschen beteiligt haben, bildeten die Mehrheit. Aber es war eine schweigende Mehrheit. Andere kommen jetzt zur Besinnung. Viele ČSSR-Bürger weigern sich, das deutsche Eigentum anzunehmen, das ihnen der neue Staat schenken will.

Langsam normalisiert sich das Leben wieder. Bruno Dubsky erkennt es daran, daß sich die Kleingärten ringsum mit Naturfreunden bevölkern. Manche kommen bei der Arbeit so nahe an das Gartenhäuschen, daß Bruno nur noch nachts das Radio einzuschalten wagt.

Er weiß, daß er das Asyl bald verlassen muß: Wenn man ihn hier findet und die Wahrheit aus ihm herausprügelt, bringt er den jungen Sokol um den Kopf. Er weiß nicht, wie er es schaffen soll, aber er muß unauffällig weg von Prag, und er wehrt sich noch immer ein bißchen dagegen, daß es ein Abschied für immer sein soll.

Wenn die Kleingärtner am Abend gehen, öffnet er das Fenster, dann dringt Frühlingsluft in den Raum, dann überwältigt ihn der Duft des Flieders, und er denkt an Marina und seine Eltern, die auf dem Bauernhof ihrer Verwandten im Egerland jedenfalls besser aufgehoben sein dürften als in einem Prager Gefängnis.

Bruno kommt ein bißchen ins Träumen, hört Schritte, spürt die Gefahr, fährt hoch, stellt sich mit dem Rücken zur Wand, bereit zur Flucht – als hätte er eine Chance. Aber dann sieht er erleichtert, daß sich sein Retter, der junge Sokol, dem Gartenhäuschen nähert.

»Alles in Ordnung«, beruhigt er Bruno schon von weitem. »Langweilig, was?«

»Das kleinste Übel, Zdeňko.«

Zdeněk Sokol bringt Lebensmittel, Getränke, Geld.

»Und da hab' ich noch etwas«, sagt er dann grinsend. »Erstklassig gefälscht!« Er überreicht Bruno einen provisorischen Personalausweis. Der Name Bruno Dubsky ist richtig, die ČSSR-Staatsbürgerschaft falsch.

»Wo hast du das Foto her?«

»Ich hab' mich in deiner Wohnung umgesehen«, sagt Zdeněk.

»Wer wohnt jetzt dort?« fragt Bruno.

»Ich kenne die Leute nicht«, antwortet der Tscheche.

Sie setzen sich, rauchen eine Zigarette zusammen, voraussichtlich die letzte gemeinsame in ihrem Leben.

»Du hast dir eure neue Freiheit etwas anders vorgestellt?« fragt Bruno vorsichtig.

»Es sind schlimme Dinge passiert, das gebe ich unumwunden zu«, erwidert der junge Sokol. »Jede Revolution vergeht sich an Unschuldigen. Der Fortschritt kostet Opfer, und –«

»Du brauchst dich nicht zu verteidigen«, unterbricht ihn Bruno. »Du hast dich phantastisch benommen. Du hast für mich mehr riskiert als mein Vater damals für dich.«

Die aufkommende Rührung macht sie beide verlegen.

»Mach's gut«, sagt Zdeněk Sokol: »Und laß von dir hören, wenn das wieder möglich ist.« Er ist schon draußen, aber er kommt noch einmal zurück. »Ich will dir nur noch sagen, daß in unserem Haus in der Železná ulice kein tschechischer Bewohner seinem deutschen Nachbarn auch nur ein Haar gekrümmt hat«, sagt er und verschwindet endgültig.

Da begreift Bruno, wie sehr das Blutbad seinen Stolz verletzt haben muß.

Im Sudentenland schreitet die Slawisierung urdeutschen Gebietes im unaufhaltsamen Tempo voran. Aus Marienbad wird Marianské Lázně, aus Eger Cheb, aus Reichenberg Liberec, aus Karlsbad Karlovy Vary, aus Teplitz-Schönau Teplice Šanow, und aus Aussig Ústí.

Elfriede Dubsky, Brunos Mutter, ist zur Zwangsarbeit bei einem Neusiedler abgestellt worden. Sie muß ungewohnte Feldarbeit verrichten.

Sie wird unfreundlich behandelt, doch nicht unmenschlich. Sie teilt mit zehn Landsleuten die Scheune als Quartier und mit den Schweinen das Essen, ohne jedoch dabei fett zu werden. Sie wehrt sich erbittert gegen kursierende Gerüchte, alle Deutschen würden ausgewiesen.

»Das ist doch barer Unsinn«, sagt sie zu Marina, der Braut ihres Sohnes. »Man kann uns schikanieren. Man kann einzelne ausweisen. Aber man kann doch nicht Millionen einfach über die Grenze jagen. Nach dem Ersten Weltkrieg war es ja zuerst auch schlimm, und dann –«

»Wenn du dich rechtzeitig entschließt, kann ich dir vielleicht eine Fahrgelegenheit verschaffen. Dann hast du die Chance, zu

Die tschechische Miliz bringt verhaftete Deutsche zur Prager Burg.

Öffentliches Revolutionsgericht tschechischer Partisanen (links): Hier in Landskron (Ostböhmen) wurden Hunderte deutsche Einwohner mißhandelt, gefoltert und etwa vierzig erschossen.

Der stellvertretende »Reichsprotektor« Karl Hermann Frank wird in Prag öffentlich gehenkt (rechts).

Deutsche Einwohner Prags bei Straßenbauarbeiten. Auf dem Rücken mußten sie ein weißes Hakenkreuz tragen, auch wenn sie keine Nazis gewesen waren.

Verhaftete Deutsche werden in ein Lager gebracht. Für viele ist der Weg ein Gang in den Tod.

Nach dem Blutbad im Mai 1945 begann die Tragödie der Vertreibung. In völlig überfüllten Zügen oder in offenen Kohlewagen wie Vieh zusammengepfercht, werden die Vertriebenen über die Grenze geschafft.

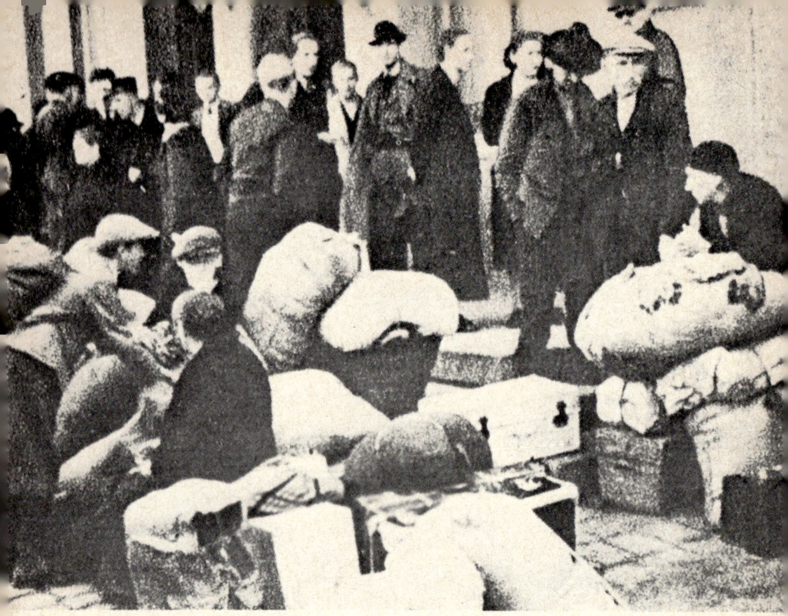

Die Tschechen verjagen alle Deutschen, ob sie schuldig oder unschuldig, alt oder jung waren. Die Bilder zeigen Flüchtlinge auf dem Bahnhof von Eger 1945 . . .

. . . und bei der Ankunft in Deutschland nach dem Transport in Güterwagen.

den Amis nach Bayern zu kommen . . . Das wäre immer noch besser als zu den Russen nach Sachsen.«

»Wir sind die Dubskys«, erwidert die Witwe erregt. »Und die Dubskys leben seit vielen Generationen in Prag. Wenn du immer noch Bruno heiraten willst –«

»Natürlich will ich das«, antwortet Marina müde.

» . . . dann wirst du in Prag leben.«

Die Medizinstudentin Marina arbeitet als Assistentin bei einem tschechischen Arzt. Er hat blendende Beziehungen zur neuen Regierung und ist offensichtlich ein so hohes Tier, daß er sogar Deutsche behandeln darf. Jedenfalls schirmt er Marina ab. Sie kann sich ziemlich frei bewegen. Von ihrem Arbeitgeber weiß sie auch, daß Engländer, Amerikaner, Russen und Franzosen längst beschlossen haben, dreieinhalb Millionen ČSSR-Deutsche aus dem Land zu vertreiben.

Noch lange nach der Machtübernahme verüben die Tschechen wahllos perverse Bluttaten. Ein Rollkommando hängt im Schulzimmer von Hohenstadt den Bauernsohn Franz Heger vor den Augen seiner Mutter auf; er überlebt, weil der Strick reißt, aber eine MP-Salve zerfetzt den Nachbarn, einen Vater von sieben Kindern.

Amalie Peterek aus Opahof im Kreis Troppau wird mit 21 anderen Frauen und Männern in den Eiskeller eines Gasthofes geworfen und am Abend zur Tanzveranstaltung tschechischer Revolutionäre ›eingeladen‹. Sie berichtet:

›Dort wurden wir unter höhnischem Lachen empfangen und bespuckt. Nach dem Takt mußten wir marschieren und dabei ›Wir danken unserem Führer‹ und ›Sieg Heil‹ rufen. Plötzlich stürzten einige aus der Horde auf uns zu und schlugen uns mit den Gummiknüppeln immer nach dem Takt der Musik. Die Bäuerin und mich trieben sie dann wieder in den Keller zurück. Die Gastwirtin wurde noch so lange geschlagen, bis sie so schwarz wie Kohle aussah.

Kaum waren wir im Keller, wurden auch schon die Männer geholt. Mein Gatte und ein SS-Mann wurden geschlagen, daß ihnen das Blut aus Mund, Nase, Ohren und Augen rann. Als sie bewußtlos am Boden lagen, wurden sie mit Wasser begossen, bis sie wieder zu sich kamen. Dann fing die Quälerei aufs neue an. Einer nach dem anderen wurde geholt, ein jeder sollte spüren, daß er Deutscher ist und daß diese Halunken jetzt die Macht haben.

Von den 21 Menschen wurde die Hälfte zu Krüppeln geschlagen. Nur zwei Fälle möchte ich herausgreifen, um die Blutgier der Tschechen zu zeigen. Zwei Männern wurde die Haut auf dem Rücken mit einem Rasiermesser aufgeschnitten und heruntergezogen. Einen Schmerz mußten die zwei Wehrlosen ausstehen, daß sie schrien wie Tiere. Einem jungen Burschen wurde das Auge ohne Erbarmen herausgeschlagen. Vielen wurden die Zähne herausgebrochen, das Nasenbein zertrümmert und vieles andere mehr . . . ‹

›Als erster mußte sich Fleischermeister Mittelbach aus Komotau entkleiden‹, berichtet Dr. W. K., der als Lagerarzt verpflichtet wurde. ›Er wurde so lange auf den Rücken gepeitscht, bis dieser nur noch ein blutiger Fleischklumpen war. Er mußte sich auf den Rücken legen und wurde über Brust, Bauch und Hoden geschlagen. Als er ohnmächtig geworden war, wurde ein mit Benzin getränkter Papierknäuel unter seinen Hoden entzündet, und als er wieder hochkam, wurde er mit Wasser begossen. Anschließend wurde er wieder zu Boden geworfen und ein tschechischer Zivilist schnitt mit einem Messer ein Hakenkreuz in den Rücken und streute Salz in die Wunde. Bisher mußten die Häftlinge alle zusehen, nun wurde ihnen befohlen, das Blut aus dieser salzigen Wunde zu lecken, dabei wurde mit Peitschen auf sie eingeschlagen. Der Mann lebte noch etwa eine Woche. Ähnliche Prügelszenen wiederholten sich täglich.‹

Marina weiß es am besten, denn fast jeden Tag verbindet sie die Opfer der Willkür. Sie arbeitet bis zum Umfallen. Sie sitzt neben dem Chef im Auto, unterwegs zu einem Notfall. Sie fahren am Elbufer entlang, und Marina weiß, daß die dunklen Schemen, die von der Moldau in die Elbe geschwemmt, jetzt an ihr vorbeitreiben, Ermordete sind. Sie macht sich nichts vor. Bruno wurde entweder umgebracht. Oder in das Gefängnis geworfen. Oder er ist auf der Flucht.

War es richtig, daß er in Prag zurückgeblieben ist? Wäre sein Vater vielleicht noch am Leben, wenn er nicht die Flucht riskiert hätte? Was ist richtig, was ist falsch? Marina findet keine Antwort. Wo der Mensch nicht mehr ist als ein Sandkorn zwischen den Mühlsteinen der Politsysteme, entscheiden Zufälle über Leben und Tod.

Sie wendet den Kopf, um die im Wasser treibenden Körper nicht sehen zu müssen. Der Fluß schwemmt die Toten nach Sachsen hinein. Hier, in der Nähe von Pirna, steht am 20. Mai der Pfarrer Karl Seifert, um mit Hilfe einiger alter Männer wenigstens einige Leichen zu bergen. Jürgen Thorwald schildert in seinem Buch ›Das Ende an der Elbe‹ die Szene:

›Sie kamen elbabwärts aus der Tschechoslowakei und es waren Frauen und Kinder und Säuglinge, Greise und Greisinnen und deutsche Soldaten. Und es waren Tausende und Abertausende, von denen der Strom nur wenige an jenen Teil des Ufers schwemmte, an welchem der Pfarrer und seine Männer die Toten in die Erde senkten und ein Gebet über ihren Gräbern sprachen.

An diesem Abend des 20. Mai geschah es, daß der Strom nicht nur solche Deutsche von sich gab, die zusammengebunden ins Wasser gestürzt und ertränkt worden waren, und nicht nur die Erdrosselten und Erstochenen und Erschlagenen, ihrer Zunge, ihrer Augen, ihrer Brüste Beraubten, sondern auf ihm trieb, wie ein Schiff, eine hölzerne Bettstelle, auf der eine ganze deutsche Familie mit ihren Kindern mit Hilfe langer Nägel angenagelt war.

Und als die Männer die Nägel aus den Händen der Kinder zogen, da konnte der Pfarrer nicht mehr die Worte denken, die er in den letzten Tagen oft gedacht hatte, wenn er sich mit den Tschechen beschäftigte und wenn Schmerz und Zorn und Empörung ihn übermannen wollten: Herr, was haben wir getan, daß sie so sündigen müssen. Dies konnte er nicht mehr. Aber er sagte leise: Herr, sei ihrer armen Seele gnädig!‹

Bruno will sich noch während der Nacht aus Prag stehlen, sagt sich aber dann doch, daß er bei Tageslicht weniger auffallen würde.

Bruno wählt sicherheitshalber nicht die westliche, sondern die südliche Richtung. Er nimmt an, daß er sich leichter nach Österreich durchschlagen kann als nach Deutschland. Keiner achtet auf ihn, keiner sieht, wie schwer ihm der Abschied fällt. Hinter ihm liegen der Hradschin und der Veitsdom im Sonnenglast, daneben die Weinberge, und er sagt sich: Dreh dich nicht um. Er geht blicklos durch eine Stadt, zu deren Söhnen die deutschen Dichter Rainer Maria Rilke und Franz Werfel, Franz Kafka und Egon Erwin Kisch gehörten. Und er fragt sich, ob der Pöbel auch Gregor Mendel, den Entdecker der Vererbungsgesetze, Bertha v. Suttner, die erste Trägerin des Friedens-Nobelpreises, den Poeten Adalbert Stifter, Aloys Senefelder, den Erfinder des Steindrucks und den Autokonstrukteur Ferdinand Porsche über die Brücken geworfen hätten, nur weil sie Deutsch-Böhmen gewesen waren. Er sucht den Satz des Heimatdichters Karl Hans Strobl zusammen: ›Prag ist eine seltsame und unergündliche Stadt, der vom Schicksal eine magische Kraft verliehen worden ist: Wer dieser Stadt einmal in die Augen gesehen hat, ist dazu verdammt, sie zu lieben.‹

»Halt!« ruft ihm eine Streife zu. »Ausweis.«

Bruno ist ganz ruhig, als er dem Polizisten das gefälschte Dokument reicht.

»Danke, Genosse«, sagt der Polizist nach quälend langer Prüfung. »Wohin willst du?«

»Nach Brünn«, antwortet Buno.

»Da hast du Glück«, sagt der Gendarm freundlich und ruft dem Fahrer des Wagens, den er gerade kontrolliert hat, zu: »Nehmt ihn mit!«

Und so verläßt Bruno seine Heimatstadt, und es fällt ihm schwer. Aber wie sehr ihn das Schicksal bevorzugt hat, stellt er erst in Brünn fest.

›Der größte Teil der Brünner Deutschen wurde nach einer vorübergehenden drei- bis fünftägigen Internierung zum Verlassen der Stadt aufgerufen und im Fußmarsch zur österreichischen Grenze getrieben‹, heißt es in der Dokumentation des Bundesvertriebenenministeriums (Band IV/1). ›Und als die österreichischen Grenzwachen den Abschub verhinderten, in Pohrlitz in einem Getreidesilo untergebracht, wo Hunderte an Entkräftung und an einer Epidemie starben . . . ‹

›Viele Kinder und kranke alte Leute konnten nicht mehr weiter, wurden aber mit Fußtritten und Gewehrkolbenhieben zum Weitergehen gezwungen, bis sie entkräftet im Straßengraben zusammenbrachen‹, stellt die Teilnehmerin Steffi Fischer in einer eidesstattlichen Erklärung fest. ›Auch ließ man sie nicht ruhig sterben. Sie wurden von tschechischen Begleitmännern mit Fußtritten ins Jenseits befördert.

Da bat eine Tochter, bei der sterbenden Mutter im Straßengraben verbleiben zu dürfen, aber sie wurde mit den Worten ›Die Sau verreckt schon allein‹ von der sterbenden Mutter fortgezerrt und weitergetrieben.

Auch wurde einer hochschwangeren Frau, die durch die Aufregungen im Straßengraben gebar, das Kind aus dem Leib getreten, und sie mußte daselbst verbluten. Grausamkeiten über Grausamkeiten begleiteten uns, immer schütterer wurden unsere Reihen.

Bei der Gluthitze wurde uns nicht einmal erlaubt, uns mit Wasser zu laben. Nicht einmal die Säuglinge durften von ihren Müttern gestillt werden. Eben deshalb sind auch unterwegs viele

Säuglinge gestorben. Die weinenden Mütter baten die Begleiter, ihr totes Kind irgendwo begraben zu dürfen, doch diese faßten die toten Kindlein bei den Füßen, warfen sie in den naheliegenden Wald und trieben die heulende Mutter weiter . . .

Bei dem österreichischen Zollhaus bot sich uns ein Bild des Grauens. Der ganze Straßengraben war mit Leichen gefüllt, welche von der Hitze aufgedunsen waren und einen Pestilenzgeruch verbreiteten.‹

Die Journalistin Ronda Churchill schrieb über den Todesmarsch in der ›Daily Mail‹: ›Die Österreicher weigerten sich, die Deutschen anzunehmen, die Tschechen weigerten sich, sie zurückzunehmen. Unter ihnen ist eine Typhusepidemie ausgebrochen. Man sagt, daß etwa hundert täglich dahinstarben. 25000 Männer, Frauen und Kinder machten diesen Gewaltmarsch von Brünn mit, unter ihnen eine Engländerin, die mit einem Nazi verheiratet war, eine Österreicherin im Alter von 70 und eine Italienerin im Alter von 86 Jahren . . . ‹

Die weiße Armbinde, die Elfriede Dubsky als Deutsche tragen mußte, wird vom Staub der Fronarbeit grau wie ihr Haar. Die Witwe des ermordeten Studienrats aus Prag schuftet noch immer als Landarbeiterin in der Umgebung von Aussig.

Einem strahlenden Frühling ist ein heißer Sommer gefolgt. Aber Frau Dubsky bringen nur die kurzen Besuche von Marina ein paar sonnige Stunden. Viele Deutsche sind aus ihren Wohnungen verdrängt, aus ihren Berufen vertrieben. Auf den Straßen werden keine Massenverbrechen mehr inszeniert, seitdem die tschechische Führung erkannt hat, daß Tote nicht mehr als Zwangsarbeiter ausgebeutet werden können.

Dafür läuft die Vergeltungsjustiz auf Hochtouren. Ein oft gerechter Zorn macht sich in einer ganz und gar ungerechtfertigten Weise Luft und trifft fast immer die Falschen. Denn die braunen Herrenmenschen, an denen im Protektoratsgebiet kein Mangel geherrscht hatte, sind noch vor Torschluß im früheren Reichsgebiet untergetaucht. Der aus seinem Londoner Exil zurückgekehrte Beneš und seine Satrapen aber brauchen Sündenböcke, schon um das offiziell abgestrittene, wahnsinnige Blutbad beim Umsturz zu rechtfertigen.

Mit Vorliebe greift die Unrechtsjustiz nach früheren deutschen Behördenangestellten, auch solchen, die noch vom alten Tschechenstaat angestellt worden waren. Viele Monate nach dem

Machtwechsel finden noch blutige Exzesse statt, die sich in nichts von den tollwütigen Standgerichtsurteilen der ersten Stunde unterscheiden.

Wie zum Beispiel der Fall des Oberregierungsrats Josef Zech.

Sein Bruder Alois Zech als Augenzeuge berichtet: ›Im neu errichteten Gemeindebüro wurde mein Bruder sofort so furchtbar geschlagen, daß er über und über blutüberströmt war. Als man ihn wieder in seine Wohnung zurückführte, um nach Papieren zu suchen, haben wir ihn zuerst nicht erkannt, so schrecklich hatte man ihn zugerichtet. Am nächsten Tag wurde er von den Tschechen nach der vier Kilometer entfernt liegenden Gemeinde Spachendorf gebracht. Zuerst mußte er sich aber die Schuhe ausziehen, man band ihm einen Strick um den Hals, hängte ihn an ein Fahrrad, hinter welchem er barfuß herlaufen mußte. Dabei wurde er ständig geschlagen.

In Spachendorf begann dann sein größtes Martyrium. Die Hände wurden ihm verbrannt. Dann wurde er an die Wand gestellt und man warf mit Messern nach ihm. Schließlich trennte man ihm beide Ohren ab. Mit einer schweren Fahrradkette haben die Tschechen ihn dann so lange geschlagen, bis ihm die Hirnschale zerbrach. Seine Schreie gellten weit hin. Das ganze Dorf war Zeuge.

Schließlich brachte man ihn zur Bahnstation Bennisch, wo man ihn wieder schlug, so lange, bis er in Agonie fiel. In diesem Zustand transportierten die Tschechen ihn in das Landgericht nach Troppau, wo er den entsetzlichen Mißhandlungen, die er erduldet hatte, erlag.

Später wurde pro forma eine ›Untersuchung‹ eingeleitet, bei der festgestellt wurde, daß mein Bruder völlig unschuldig war und selbst von seinen ehemaligen tschechischen Berufskollegen hoch geschätzt wurde. Dies alles erkläre ich an Eides Statt . . . ‹

Ungewißheit und Willkür quälen die Geschlagenen weit mehr als die kleinlichen Schikanen, denen sie täglich ausgesetzt sind. Niemand sagt ihnen, was ihnen bevorsteht, daß die Ausweisung, dieses Millionenverbrechen, mindestens seit der Konferenz von Potsdam eine beschlossene Sache ist. Sie sehen nur, daß Abenteurer aus dem Landesinnern ihr Land in Besitz nehmen und sich hinter einer durchsichtigen politischen Tarnung Raffgier und Grausamkeit austoben. Die ortsansässigen Tschechen, die seit Generationen mehr neben den Deutschen als mit den Deutschen gelebt hatten, beteiligen sich fast nie an den Plünderungen und Enteignungen. Sie lassen durch ihr Verhalten deutlich erkennen, daß sie viele der Neusiedler für den Abschaum ihres Volkes halten.

Es gehört zu den Zeichen einer schüchternen ›Normalisierung‹, daß sie mit deutschen Bekannten reden, wenn sie keiner beobachtet. Und die Mutigen unter ihnen suchen in Gefängnissen und Lagern nach unbelasteten Deutschen. Manchmal kommt ihre Hilfe zu spät, aber in vielen Fällen können sie ihre Bekannten oder Freunde den Folterknechten entreißen und wenigstens dafür sorgen, daß sie ohne weitere Mißhandlungen über die Grenze abgeschoben werden.

Mit den ersten Überlebenden kommt aber auch Kunde aus den Lagern. Helene Bugner wurde nicht durch das Eintreten menschlicher Tschechen, sondern durch eine Intervention der britischen Botschaft, bei der sie zwölf Jahre lang als Sekretärin gearbeitet hatte, aus dem Lager Hagibor in Prag befreit. Frau Bugner berichtet fürchterliche Dinge über Mißhandlungen: ›Eines Tages wurden wir zum Antreten befohlen‹, berichtet sie. ›Wir mußten sieben Stunden im Freien stehen, während sich ein furchtbares Gewitter mit Hagelschlag und einem Orkan, der zwei Baracken abdeckte, über der Gegend entlud. An diesem Tage wurden wir noch am Bahnhof auf offene, schwerbeschädigte Kohlenwagen so eng verladen, daß wir kaum stehen konnten.

Im strömenden Regen kamen wir um drei Uhr früh in Kolin an. Dort wurden wir in einer schwerbeschädigten Schule untergebracht. Auf dem Marsch vom Bahnhof in diese Schule starben zwei Frauen an Erschöpfung. Während des Marsches wurden wir mit Gummiknüppeln geschlagen, so daß fast alle bluteten.

Von der Schule wurden wir tags darauf in ein Gebäude des tschechischen Roten Kreuzes überführt. Von der tschechischen RK-Schwester wurden jede Nacht Gruppen von russischen Soldaten in das Lager gelassen und auf verschiedene hübsche Frauen und Mädchen aufmerksam gemacht, die dann in unmenschlichster Weise, oft bis 45mal in einer Nacht, vergewaltigt wurden. Während der ganzen Nacht waren die Hilferufe und Verzweiflungsschreie der Frauen zu hören. Manche hatten am Morgen zerbissene Gesichter, abgebissene Nasen und lagen apathisch ohne jede ärztliche Hilfe da, denn eine ärztliche Betreuung gab es auch in diesem Lager nicht . . . ‹

Drei Wochen nach seiner Flucht aus Prag über Brünn hat sich Bruno Dubsky der österreichischen Grenze bis auf zwanzig Kilometer genähert. Mit den gefälschten tschechischen Papieren in der Tasche war es ein Kinderspiel. Er hatte sich zuletzt einfach einer Horde Marodeuren angeschlossen, die betrunken durchs Sudetenland zogen wie Landsknechte im Dreißigjährigen Krieg.

Während sie dabei bisher von Polizei und Miliz nie behelligt wurden, werden sie plötzlich auf der Landstraße von einem adrett uniformierten Offizier angehalten:

»Hier können wir euch nicht brauchen«, sagt er. »Haut bloß ab!«

»Was ist denn los?« mault der Bandenchef.

»Wir führen gerade einer internationalen Kommission vor, wie anständig wir die Deutschen behandeln«, erwidert der Offizier.

Am Abend macht sich Bruno Dubsky selbständig. Die großen Zusammenhänge kann er natürlich nicht erkennen, aber er wittert eine Chance, heil über die Grenze zu kommen.

Die rüden Aussiedlungsmethoden der Tschechen, in der Regel brutaler als die der Polen oder Russen, die während des Krieges ganz anders unter den Deutschen gelitten hatten, sind der Welt nicht verborgen geblieben, und so erscheinen in den englischen und amerikanischen Zeitungen – kleiner als die Berichte über deutsche Kriegsverbrechen, doch unübersehbar – Schilderungen der an den Deutschen verübten tschechischen Greuel.

Daraufhin hat Beneš alliierte Zeugen ins Land gerufen und läßt von Kameraleuten herunterkurbeln, was nur für die Kameras gestellt wird: Wohlgenährte, ordentlich gekleidete Deutsche, schwer beladen mit Gepäck, das ihnen die Tschechen noch nachfahren, nehmen in der Polsterklasse der Eisenbahnwaggons Platz, betreut von hübschen Schwestern.

Bruno Dubsky erfaßt sofort die Situation: Er macht bei diesem Filmrummel mit. Er ist offensichtlich der Typ, den sie noch gesucht haben. Sie schenken ihm sogar einen neuen Anzug.

Ein paarmal wird die Szene heruntergedreht, dann rollt er im Erster-Klasse-Abteil über die Grenze nach Österreich.

Als der tschechische Propagandafilm ›Humane Aussiedlung‹ bei der Premiere in Wien ausgepfiffen wird, ist Bruno bereits in einem deutschen Auffanglager. Zuerst hat er Schwierigkeiten, weil ihn ein Landsmann als Tschechen denunziert. Er braucht ein paar Tage, um nachzuweisen, daß er Deutscher ist. Dann wird er als Bürger eines Landes anerkannt, in dem jedes dritte Haus, jede fünfte Fabrik zerstört sind, das in vier Besatzungszonen aufgeteilt ist, deren sowjetische am lautesten die Einheit beschwört und am konsequentesten die Spaltung Deutschlands vorbereitet.

Hitler hinterließ eine Trümmerlandschaft; ein Viertel des Gebietes rissen sich die Sieger sofort unter den Nagel, und jetzt drohen Demontage und Reparationen. Verkehrsmöglichkeiten wie in der Steinzeit. In Köln sind alle fünf Brücken zerstört.

Hier landet Bruno Dubsky, aber die Suche nach seinem Freund Schmitz ist vergeblich. Erst viel später wird ein Zeuge berichten, daß der fröhliche Rheinländer als lebende Fackel am Wenzelsplatz ermordet wurde.

Es gibt nur einen, von den Amerikanern gebauten Pioniersteg über den Rhein. Und über diese Notbrücke geht Bruno mit großen Schritten in eine erstaunliche Zukunft.

Schon am Morgen des 31. Juli 1945 ist das hübsche Städtchen Aussig im nördlichen Westen des Sudetengebiets aus seinem Alltag gerissen. Viele fremde Gesichter tauchen auf, wo bis vor kurzem jeder noch jeden kannte. Über Nacht sind einige hundert Svoboda-Gardisten aus Prag angekommen, fanatische Burschen zwischen achtzehn und dreißig, Mitglieder einer der zahlreichen kommunistischen Organisationen. Sie vertreiben sich die Morgenstunden damit, deutsche Passanten von den Gehsteigen zu jagen. Aber die Verfolgten – trotz wilder Austreibungen noch immer die große Mehrheit – haben gelernt, sich unsichtbar zu machen.

Überall hängen Plakate mit Befehlen, ausnahmslos in tschechischer Sprache. Eine deutsche Übersetzung fehlt, obwohl die Nichtbefolgung einiger Anordnungen mit Zuchthaus oder sogar mit Todesstrafe bedroht ist. Die meisten Deutschen können soviel Tschechisch, daß es reicht, und allzu gute Sprachkenntnisse sind gefährlich, vor allem für Facharbeiter und Spezialisten. Seit die ›Slawisierer‹ festgestellt haben, daß die Fließbänder stillstehen und die Fertigungshallen verrotten, werden diese kurzerhand zu ›Beute-Tschechen‹ erklärt und verlieren dadurch sogar noch das Recht auf Unrecht, auf die Ausweisung.

Elfriede Dubsky ist heute aus dem Dorf, in dem sie bei einem Bauern arbeitet, in die Stadt gekommen, um sich registrieren zu lassen. Alle Deutschen, die nicht schon während des Krieges in Aussig wohnten, sind dazu aufgefordert.

Die Wartenden auf der Polizeistation verbreiten Gerüchte: Die Pessimisten meinen, daß die Erfassung der erste Schritt zur Ausweisung ist; die Optimisten glauben, daß sie wieder in ihren Heimatort zurück dürfen.

»Ich weiß schon, wie ich meine Wohnung halten kann«, sagt Elfriede Dubsky. »Ich werde ein Zimmer an einen Studenten vermieten. Und wenn die mir keine Pension zahlen, dann arbeite ich eben in einem Büro oder gehe als Verkäuferin. Ich komm schon durch. Hauptsache, ich bin wieder in Prag zu Hause.«

Als sie am Nachmittag wieder zum Bauernhof zurückeilt, wird Aussig von einer gewaltigen Explosion erschüttert. Weitere Detonationen folgen. Die Druckwelle fetzt in einem Umkreis von drei Kilometern die Fenster aus den Rahmen.

Ort der Explosion ist die zweckentfremdete Zuckerfabrik im Ortsteil Schönpriesen, in der Granaten, Panzerfäuste und Flugzeugmotoren nicht sehr fachkundig gestapelt worden sind. Die tschechischen Aufseher sind meistens betrunken. Sie bedienen sich reichlich aus einer benachbarten Schnapsbrennerei.

Als die Munition um 15.45 Uhr hochgeht, ist kein einziger Deutscher auf dem Gelände. Die Katastrophe geht einwandfrei auf Schlamperei zurück.

Während noch dicke Rauchsäulen zum Himmel steigen, schreien die Tschechen sofort: »Werwolf! . . . Attentat! . . . Die Deutschen!«

Die Verleumdung löst die nächste, weit tödlichere Explosion aus. Der tschechische Bürgermeister Vondra, ein Ehrenmann, beschwört die Militärbefehlshaber, Ausschreitungen zu verhindern. Aber die Milizsoldaten und Gardisten stellen sich nicht gegen die Mörder, sie machen sogar mit.

So kommt es – fast drei Monate nach Kriegsende – zu einem stundenlangen Mordtreiben; sogar die in London erscheinende tschechische Zeitung ›Londynské Listy‹ spricht – gestützt auf Augenzeugenberichte – von einem tschechischen Gegenstück zu Lidice.

›Tschechische Soldaten und zivile Tschechen griffen alle Deutschen, die des Weges kamen und durch die weiße Armbinde gekennzeichnet waren, auf und schlugen wahllos auf sie ein, viele blieben blutüberströmt liegen‹, berichtet die Schuldirektorin Hermine Horyschi: ›Die ahnungslosen Deutschen, die um diese Zeit über die Brücke gingen, wurden gnadenlos in die Elbe geworfen. Den Müttern wurden die Kinder vom Arm gerissen und vor ihren Augen in den Fluß geworfen. Ich sah in allen Gassen blutende Menschen liegen; Jammergeschrei ertönte von allen Seiten. Ich hatte zufälligerweise an diesem Tag keine weiße Armbinde angelegt, so daß ich flüchtend mit heiler Haut davonkam. Von vier Uhr nachmittags bis in die späten Abendstunden hinein dauerten diese Schauerszenen.‹

Die Krankenschwester Therese Mager, damals wohnhaft in Aussig, Teplitzer Straße 36, geht kurz nach der Katastrophe über die Schönpriesener Straße nach Aussig. Ihre Rotkreuzbinde schützt sie. Hier ihr Bericht:

›Ich selbst lief zur Elbbrücke und sah hier, wie Hunderte deutscher Arbeiter, die aus den Schicht-Werken kamen, in die Elbe geworfen wurden. Auch Frauen und Kinder sowie Kinderwagen stießen die Tschechen in den Strom. Es waren meist schwarz uniformierte Tschechen mit roten Armbinden (SNB-Leute). Sie warfen Frauen und Kinder, die sich nicht wehren konnten, von der zwanzig Meter hohen Brücke in die Fluten. Ich selber vermied es, die Brücke zu überschreiten, sondern lief, nachdem ich diese schrecklichen Szenen gesehen hatte, durch die Töpfergasse zurück zum Aussiger Schulplatz. Dort begab ich mich in das Ordinationszimmer meiner Chefin Dr. N., wo bereits vier Verwundete anwesend waren. In diesem Augenblick kam dann Dr. N. selbst, die einen Schwerverwundeten von der Straße hereingezogen hatte. Es handelte sich um den siebzig Jahre alten Josef Horn aus Aussig, der drei schwere Kopfverletzungen aufwies und dem man den Hals durchschnitten hatte. Wir brachten den Horn zum Krankenhaus, wo man zunächst die Aufnahme verweigerte und den alten Mann erst nach langem Bitten in Pflege nahm.

Die Massenverfolgung der Deutschen dauerte bis in den späten Abend. Wir hörten aus allen Ecken und Straßen Schreie und Weinen. Weder eine Behörde noch die russische Besatzungsmacht schritten gegen diesen Massenmord ein. Zahlreiche Deutsche, die sich aus der Elbe schwimmend gerettet hatten, wurden durch Maschinengewehre beschossen. In Aussig schätzt man die Gesamtzahl der auf solche Weise ums Leben Gekommenen auf 800 bis 1000.‹

Max Becher aus Aussig arbeitet bei der Firma Georg Schicht AG auf dem rechten Elbeufer. Er berichtet über den Schreckenstag:

›Um 16.30 Uhr nach Arbeitsschluß wurden wir beim Fabriktor nach Waffen untersucht, vor dem Aufgang zur Brücke noch einmal. Wer einmal auf der Brücke war, durfte nicht mehr zurück.

Am Aussiger Ufer empfingen uns Hunderte von Tschechen mit Knüppeln und Eisenstangen. Ich hatte schon einige schwere Kopfverletzungen, meinem Begleiter, einem 67jährigen Obermeister, wurde vor mir der Kopf eingeschlagen. (Er wurde, wie ich später erfuhr, in die Elbe geworfen und dann zehn Kilometer stromabwärts ans Ufer geschwemmt.)

Mir wurde dann gesagt, ich soll einen am Gehsteig liegenden Toten, der den Schädel zertrümmert hatte, in eine nahe Grube tragen und wenn ich zurückkomme, sei ich an der Reihe, erschlagen zu werden.

Ich mußte dann meinen Rock ausziehen und die Blutlache aufwischen, da fielen die Schläge. Es gelang mir aber doch weiterzukommen, jedoch verfolgte mich ein Tscheche bis in eine Nebengasse. Er hatte einen fünf bis acht Zentimeter starken Knüppel, und dieser Mann brachte mir die schwersten Verletzungen bei; er ließ erst von mir ab, als er wahrscheinlich glaubte, daß ich tot sei. Ich kam dann wieder zu Bewußtsein und mit Hilfe von zwei Tschechen kam ich in eine Wohnung, deren deutsche Bewohner die Rotkreuzstation verständigten.‹

Die Zahl der Toten von Aussig wurde nie genau ermittelt; sie schwankt zwischen 1000 und 2700 Opfern. Dazu kommen noch viele Verletzte wie Elfriede Dubsky, die während der Feldarbeit mit Maschinenpistolen beschossen wurde und in einen angrenzenden Wald flüchten konnte. Die meisten blieben liegen; Brunos Mutter kam mit einem Streifschuß davon.

Mit dem Bluttag von Aussig ist für sie die letzte Illusion geplatzt, sie könnte wieder nach Prag zurückkehren. Wie viele andere, die sich gegen die Austreibung gewehrt hatten, betrachtet sie diese jetzt als eine Erlösung.

Endlose Züge des Elends kommen in Bayern, Sachsen oder Österreich an. Abgerissene, verhungerte, kranke Menschen, alle beraubt, die meisten mißhandelt. Viele sterben während des Transports auf offenen Güterwagen. Viele verlieren bei den Fußmärschen ihre letzte Habe im Pappkarton. Die Tschechen treiben sie an, um auf dem Rückweg die Beute zu kassieren.

Was mit den Sudetendeutschen geschieht, ist so grausam, daß sich auch die wenigen ausländischen Beobachter, die es verfolgen können, darüber empören.

Hier die nüchternen Zahlen: Dreieinhalb Millionen verloren ihre Heimat. 230000 ihr Leben.

Im früheren Reichsgebiet zunächst unwillig aufgenommen, leben manche, wie zum Beispiel die Gablonzer, in geschlossenen Siedlungen. Rund zwei Millionen Sudetendeutsche sind heute Bundesbürger. Etwa 800000 leben in der DDR, 150000 in Österreich und etwa noch 170000 in der ČSSR.

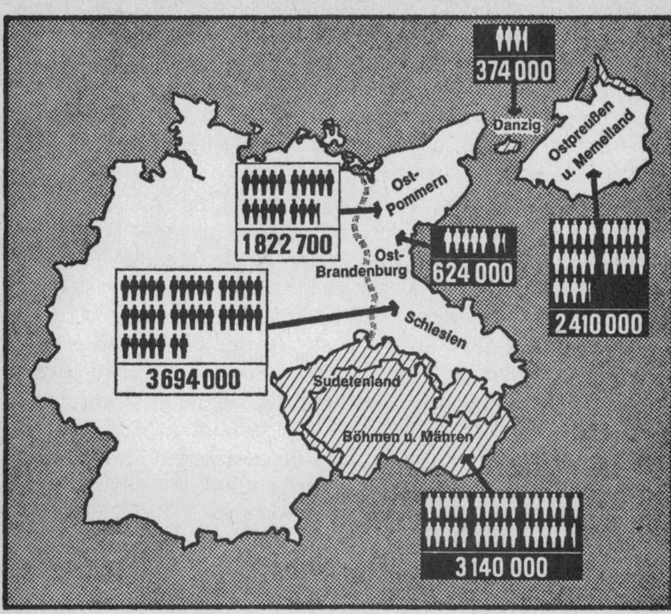

Der Zweite Weltkrieg wurde mit 14 Millionen deutschen Flüchtlingen quittiert. Aber nicht nur die Deutschen in Böhmen und Mähren, in Schlesien, in Ost- und in Westpreußen und in Pommern haben ihre Heimat verloren, sondern auch viele Volksdeutsche auf dem Balkan.

Von den fast 800000 Rumänien-Deutschen waren während des Krieges noch von Hitler 200000 zwangsumgesiedelt worden; 80000 flohen vor der Roten Armee nach Österreich; 100000 verloren in russischen Arbeitslagern ihr Leben. Die Rumänen selbst verzichteten auf eine Zwangsaussiedlung, so daß heute noch 400000 Volksdeutsche dort leben.

Von den 600000 Ungarn-Deutschen wurden 40000 in sowjetische Lager verschleppt – und fast keiner ist mehr zurückgekommen. Die Vertreibung im Januar 1946 geschieht ohne Ausschreitungen und wird auch nur teilweise vollzogen. 290000 Flüchtlinge wurden ›ausgesiedelt‹, 270000 blieben im Land.

Über eine halbe Million Deutsche hatten vor dem Krieg in Jugoslawien gelebt. Sie wurden nach dem Zusammenbruch besonders grausam behandelt. 135000 fanden den Tod; 300000 gelang die Flucht über die österreichische Grenze.

Die 14 Millionen vertriebenen Deutschen sind die einzigen Flüchtlinge der Welt, denen die Vereinten Nationen das Recht auf Selbstbestimmung verweigern. Zwar leistet Bonn tatkräftig Beihilfe für Flüchtlinge der dritten Welt, aber deutsche Flüchtlinge existieren nicht, gab es nie, wenigstens nicht für die UNO, zu denen auch die Bundesrepublik gehört.

›Ende Januar 1944 war in Abänderung der Atlantic-Charta in San Francisco die Charta der Vereinten Nationen beschlossen worden‹, schreibt in seiner Dokumentation ›Deutscher Exodus‹ Dr. jur. Gerhard Ziemer. ›Durch sie wurden die deutschen Vertriebenen ausdrücklich von der internationalen Flüchtlingsfürsorge ausgeschlossen, eine Bestimmung, die heute noch gilt.

Der Hohe Flüchtlingskommisar der Vereinten Nationen, der seinen Hauptsitz in Genf hat und Unterresidenten in den größeren Ländern u. a. auch in der Bundesrepublik unterhält, ist deshalb nicht für die Millionen Vertriebenen und DDR-Flüchtlinge in der Bundesrepublik zuständig . . .

Als Flüchtlinge, denen er seine Aufmerksamkeit und seine Hilfe zu geben hat, gelten in Deutschland, dem Hauptflüchtlingsland der westlichen Welt, nicht die deutschen Vertriebenen und Flüchtlinge, sondern die nichtdeutschen Flüchtlinge, die noch in der Bundesrepublik Deutschland leben.‹

Die Einbürgerung der Vertriebenen auf engstem Raum, ihre Eingliederung in den Wirtschaftsprozeß, ihre Assimilierung ist fraglos die größte Leistung Nachkriegs-Deutschlands. 14 Millionen Opfer des deutschen Exodus haben eine neue Heimat gefunden. So wie die Dubskys, die der Suchdienst des Roten Kreuzes nach einigen Monaten in München zusammenbrachte.

Bruno kam aus Köln, seine Mutter mußte aus Sachsen den Umweg über Berlin einschlagen. Marina fuhr mit dem Personenzug direkt nach Cham. Sie ist heute Ärztin, ihr Mann Ingenieur in einem Münchener Automobilwerk. Ihr Junge und ihr Mädchen sind bereits echte Münchner, für die Prag nicht mehr ist als ein Name auf der Landkarte.

Brunos gelungene Flucht hatte ein Nachspiel: Als der Prager Frühling unter den Panzern des Warschauer Paktes starb, flüchtete sein Retter, Zdeněk Sokol, nach dem Westen und wurde von Bruno aufgenommen, bis er ein Visum nach Kanada erhielt.

Millionen von Dubskys, von Scharfenbergs, von Helds, von

Zerkaulens. Millionen von Menschen sind damals durch die Hölle gegangen. Sie starben – oder sie retteten nur ihr nacktes Leben und mußten wieder von vorne anfangen.

Sie warfen keine Bomben, entführten keine Flugzeuge, haben durch keinen einzigen Terrorakt vor der Welt das Recht auf ihre Heimat unterstrichen.

Und selbst die gelegentlich falschen Töne bei ihren landsmannschaftlichen Versammlungen sind leiser geworden und seltener.